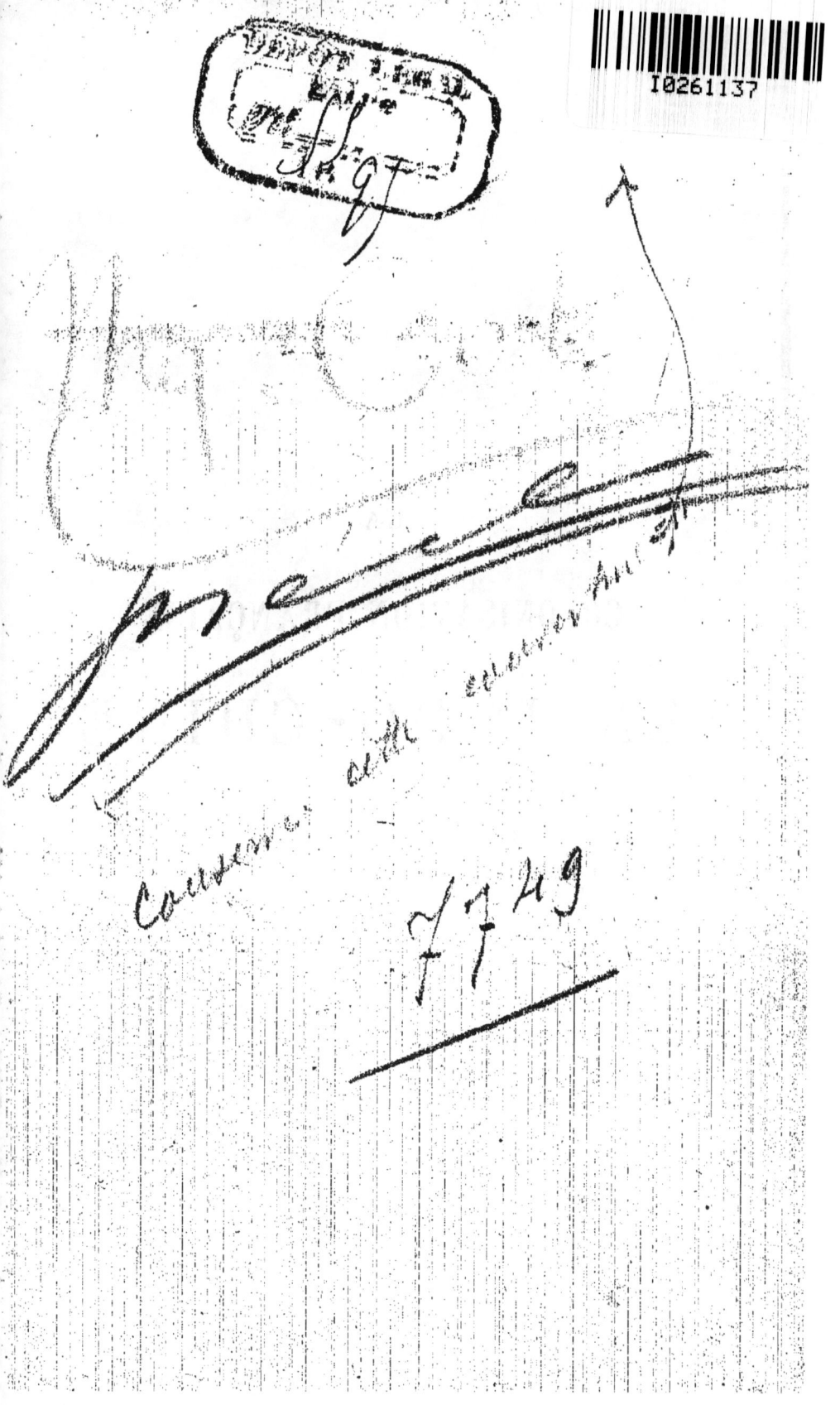

LA

COLONISATION FRANÇAISE

EN INDO-CHINE

A LA MÊME LIBRAIRIE

AUTRES OUVRAGES

DE

M. J.-L. DE LANESSAN

L'Indo-Chine française. Étude économique, politique et administrative sur *la Cochinchine, le Cambodge, l'Annam et le Tonkin.* (Ouvrage couronné par la Société de géographie commerciale de Paris, médaille Dupleix.) 1 vol. in-8, avec 5 cartes en couleurs hors texte. 1889.   15 fr.

L'Expansion coloniale de la France. Étude économique, politique et géographique sur les établissements français d'outre-mer. 1 fort vol. in-8, avec cartes.   12 fr.

La Tunisie. 1 vol. in-8, avec une carte en couleurs (*épuisé*).

ÉVREUX, IMPRIMERIE DE CHARLES HÉRISSEY

LA COLONISATION FRANÇAISE

EN

INDO-CHINE

PAR

J.-L. DE LANESSAN

ANCIEN GOUVERNEUR GÉNÉRAL DE L'INDO-CHINE

AVEC UNE CARTE DE L'INDO-CHINE

PARIS

ANCIENNE LIBRAIRIE GERMER BAILLIÈRE ET Cⁱᵉ

FÉLIX ALCAN, ÉDITEUR

108, BOULEVARD SAINT-GERMAIN, 108

1895

Tous droits réservés.

Je dédie ce livre à tous mes collaborateurs français et indigènes, aux colons de l'Indo-Chine, à tous ceux qui ont secondé mes efforts pendant près de quatre ans, à tous ceux qui m'en ont si grandement récompensé par les touchantes manifestations d'estime et de sympathie dont ils m'entourèrent au moment de mon départ.

Je le dédie aussi au ministère qui a doté l'Indo-Chine du décret organique du 21 avril 1891, en souhaitant qu'aucune atteinte ne soit portée, ni dans la lettre ni dans la pratique, à cette charte libérale sans laquelle aucun progrès nouveau ne serait réalisable.

Ecouen, le 13 février 1895.

De Lanessan.

PRÉFACE

On a reproché de tout temps à nos administrations coloniales d'être routinières et mesquines, d'attacher trop d'importance aux réglementations administratives et financières et de ne mettre qu'au second plan de leurs préoccupations les intérêts des colons et les progrès de la colonisation. A ces critiques on ajoutait un reproche non moins mérité : on accusait les ministres ou sous-secrétaires d'État de trop diriger de Paris nos colonies dont ils ne peuvent, si habiles et intelligents soient-ils, connaître exactement tous les besoins. La tendance à tout mener de Paris s'est, en effet, beaucoup accentuée depuis que les communications maritimes et télégraphiques sont devenues plus faciles entre la métropole et ses colonies. Les gouverneurs sont au bout d'un fil par lequel l'administration centrale pense, prévoit et commande.

Jusqu'en 1891, malgré l'étendue considérable de ses territoires, les variétés ethnologiques des 20 millions d'individus qui la peuplent, la diversité des coutumes sociales et religieuses, des régimes politiques et des systèmes administratifs qu'elle présente, malgré qu'on l'eût dotée d'un gouvernement général ayant des responsabilités considérables, l'Indo-Chine n'avait pas échappé aux vices qu'on reprochait à nos autres colonies. Elle en souffrait au même titre et plus peut-être que les autres, car étant d'origine plus récente et encore en voie de formation, elle avait davantage besoin d'une administration indépendante, souple et hardie.

Lorsque le ministère présidé par M. de Freycinet me confia, en 1891, je devrais dire m'imposa le gouvernement général de l'Indo-Chine, il résolut de doter cet établissement colonial d'une charte constitutionnelle qui lui permît de sortir du cercle administratif trop étroit où il avait été jusqu'alors enfermé. Le décret du 21 avril 1891 assignait au gouverneur général des pouvoirs assez étendus pour qu'il pût, d'une part, se soustraire à la direction journalière des bureaux de l'administration coloniale métropolitaine et, d'autre part, travailler avec moins d'entraves au développement du pays. Grâce à ce décret, une expérience toute nouvelle de colonisation pouvait être tentée. Celui qui la conduirait étant laissé maître de ses mouvements, pourrait à toute heure corriger ses erreurs, aller plus ou moins vite en besogne suivant que les circonstances seraient plus ou moins favorables, modifier ses vues et sa conduite en raison des résultats obtenus, etc. Je me laissai tenter par la nouveauté de la situation qui m'était offerte ; les difficultés de la tâche m'attiraient ; je partis pour l'Indo-Chine.

Pendant près de quatre ans, j'ai procédé à l'expérience dont la conduite m'avait été confiée. Ni le blâme ni l'éloge ne m'ont été ménagés. Des circonstances indépendantes de ma volonté ayant mis fin à ma mission, les colons et les indigènes que j'ai gouvernés m'ont donné à mon départ de telles marques de sympathie, d'attachement et de regrets, le gouvernement a prescrit si formellement à mon successeur de maintenir intégralement ma politique que je me crois encouragé à mettre sous les yeux du grand public, notre souverain juge à tous, les principes sur lesquels j'ai réglé ma conduite et la façon dont je les ai appliqués. En comparant la situation de l'Indo-Chine à l'époque où le gouvernement m'en fut confié avec l'état dans lequel elle se trouve aujourd'hui, on aura le moyen de juger si les principes mis en application de 1891 à 1895 doivent être étendus à nos autres possessions coloniales, ou s'il faut, au contraire, y renoncer, même dans le pays où ils ont été appliqués pour la première fois.

LA COLONISATION FRANÇAISE EN INDO-CHINE

CHAPITRE PREMIER

SITUATION DE L'INDO-CHINE AU DÉBUT DE 1891

On n'a probablement pas oublié dans quelle situation se trouvait l'Indo-Chine au commencement de 1891, lorsque le ministère présidé par M. de Freycinet m'offrit le Gouvernement général. Le Cabinet était interpellé par un membre de la droite dans des conditions particulièrement défavorables, car il était impossible de nier que nos affaires, au Tonkin, fussent en fort mauvais état.

Un télégramme du Gouverneur général par intérim, M. Bideau, dépeignait la situation financière par ce mot : « C'est un Langson financier » ; malgré le règlement fait à la fin de 1890, le protectorat marchait vers douze millions de déficit. On disait tout haut qu'à partir du mois d'août, il n'y aurait plus de quoi payer ni le personnel, ni le matériel, ni les vivres, ni aucune des dépenses les plus indispensables. Depuis plusieurs années, par suite du manque d'argent, tous les travaux d'utilité publique, même les plus urgents, étaient délaissés.

Quant à la situation politique, M. Bideau disait d'elle, à propos du Delta du Tonkin : « Ce n'est plus de la piraterie, c'est de la rébellion. » C'était réellement un état nouveau qui se montrait pour la première fois avec cette netteté depuis notre occupation. Il se produisait un mouvement général du peuple annamite contre nous. Les esprits étaient tellement surchauffés que les tirailleurs disaient tout haut devant nos officiers et sous-officiers : « Bientôt les Français quitteront le Tonkin. » Les mandarins, partout dédaignés et souvent maltraités, depuis longtemps privés de tout moyen d'action, restaient indifférents au désordre, si même ils ne l'encourageaient pas secrètement.

A la faveur du trouble moral et matériel qui régnait dans toute la population annamite du Tonkin, les malfaiteurs se livraient, sur tous les points du pays, au vol à main armée ; mélangés aux patriotes rebelles, ils semaient partout le désordre, l'incendie et le massacre. Rebelles et pirates occupaient, en face d'Hanoï, presque tout le Bay-Say dont les villages ruinés et les champs abandonnés portaient les traces de dix années de guerre, de rébellion et de piraterie. Les provinces de Quang-Yen, Haïduong, Haïphong, Bac-Ninh, Hong-Yen, Hanoï, Phuly, Sontay, Hong-hoa, étaient plus ou moins aux mains des rebelles et des malfaiteurs. Nam-Dinh et Ninh-Binh étaient les seules provinces à peu près tranquilles.

On se battait jusqu'aux environs d'Hanoï. Il était peu de soirées, à la fin de 1890 et au commencement de 1891, qui ne fussent éclairées par les incendies des villages autour des principales villes. On pouvait appliquer à la majeure partie du Delta ce qu'un

résident disait du Bay-Say : « Pirates et rebelles,
« malgré les troupes, ont réussi à soumettre toute
« la région à leur volonté et à s'y imposer sans
« réserve, grâce à la complicité générale, spontanée
« ou forcée, de la plupart des fonctionnaires ou
« agents cantonnaux et communaux. »

Le désordre n'aurait probablement pas tardé à gagner les provinces de l'Annam où des levains de rébellion n'ont jamais cessé de fermenter dans certains esprits, notamment dans les provinces de Thanh-Hoa, de Nghe-An, de Ha-Tinh, de Quang-Ngay. Il y avait alors sur ces points de nombreux restes des bandes qui nous avaient combattu avec tant d'acharnement en 1887.

Les régions montagneuses du Tonkin échappaient, au commencement de 1891, à peu près complètement à notre action gouvernementale et administrative. Entre la Rivière Noire et le Fleuve Rouge, deux chefs rebelles annamites, le Doc-Ngu et le Dé-Kieu avaient groupé contre nous d'importantes bandes annamites et de nombreux partisans Muongs mécontents de la conduite tenue à leur égard par le Protectorat. Ce sont eux qui commirent les massacres de Chobo dont on parla tant en France au commencement de 1891.

Dans toute la partie montagneuse du Tonkin située à l'est du fleuve Rouge, les pirates chinois étaient les maîtres absolus du pays. Les rares habitants de ces régions leur payaient régulièrement tribut ; nos troupes étaient pour ainsi dire cernées par eux dans leurs postes ; elles ne pouvaient ni les empêcher de circuler entre le Tonkin et la Chine, ni protéger le Delta contre leurs déprédations.

Ils y venaient à chaque instant et de cent points

à la fois, voler du riz, des buffles, des femmes qu'ils allaient échanger en Chine contre de l'opium, des munitions et des armes. Celles-ci trouvaient dans le Delta un écoulement facile parmi les malfaiteurs et les rebelles.

Quelques points avaient vu plus particulièrement se concentrer les bandes des pirates chinois : c'étaient les massifs du Dong-Trieu où les bandes obéissaient au chef Luu-Ky ; le Yen-Thé où les Chinois étaient à la solde des Annamites rebelles Ba-Phuc et Dé-Than, le massif montagneux du Mauson, près de Langson, les massifs du Bao-Day et du Caï-Kinh, de chaque côté de la route de Langson, les cirques calcaires des Lung-Quê, près de Dong-Dang, ceux de Caobang, etc.

La rébellion du Delta et la piraterie des régions montagneuses se donnaient la main entre nos postes et dominaient tout le pays.

Nos frontières n'étant pas occupées, les pirates passaient journellement du territoire de la Chine sur celui du Tonkin et réciproquement, sans avoir aucun risque à courir. Les autorités chinoises les chassaient volontiers sur nos terres pour s'en débarrasser et fermaient les yeux sur le butin qu'ils rapportaient du Tonkin, préférant les voir opérer chez le voisin qu'en Chine. Les petits mandarins chinois ne se faisaient même pas faute de prélever une part des femmes, filles et buffles volés dans les villages annamites.

A Hué, nos affaires étaient en mauvais état. La cour était menacée depuis quelques mois d'un changement de monarque et d'un bouleversement de tout le Conseil de régence et du Comat, auxquels plus d'un haut mandarin n'aurait pas survécu. Il y régnait une telle inquiétude, qu'il est à supposer que rien n'était fait par les hauts mandarins de l'Empire pour apaiser la rébellion du Tonkin.

Les troubles et le déficit avaient naturellement arrêté tous les travaux dans toute l'étendue du protectorat de l'Annam-Tonkin.

Nos dépenses d'administration de l'Annam Central dépassaient considérablement nos recettes. L'Annam était une lourde charge pour le Tonkin.

La situation n'était pas beaucoup meilleure à Pnom-Penh qu'à Hué. Après plus de vingt-cinq années de protectorat nous étions presque aussi étrangers dans le pays qu'au premier jour ; nous n'avions à peu près aucun contact administratif ni avec les mandarins des provinces, ni avec la population, et les abus les plus graves se perpétuaient sous nos yeux sans que nous pussions rien faire pour les réprimer. Le pays était tranquille, mais la piraterie y existait pour ainsi dire à l'état de métier exploité par la classe dirigeante. Le budget du roi et celui du protectorat étaient aussi misérables l'un que l'autre et nul travail d'utilité publique n'avait été fait depuis la proclamation de notre protectorat.

Que dirai-je de la Cochinchine? Considérablement affaiblie par les contingents trop forts qui lui avaient été imposés en faveur du Tonkin, elle voyait toutes ses ressources passer en paiement de fonctionnaires trop nombreux et ne faisait plus depuis longtemps le moindre travail d'utilité publique. Néanmoins, sa population annamite était enrichie par les exportations sans cesse croissantes du riz et ses rares colons vivaient dans un bien-être tranquille que le climat semblait leur rendre préférable à une activité plus productive mais aussi plus fatigante.

CHAPITRE II

PACIFICATION DU DELTA ET DES PAYS ANNAMITES. — CONDUITE TENUE A L'ÉGARD DES AUTORITÉS ET DU PEUPLE ANNAMITES.

On admet généralement en France : 1° que les mandarins annamites constituent une sorte d'aristocratie distincte du peuple et détestée par lui au point qu'il serait disposé à servir quiconque l'en débarrasserait; que, par conséquent, si l'on gouverne avec les mandarins, on gouverne contre le peuple; 2° que l'empereur d'Annam exerce un pouvoir autocratique et que, par suite, c'est avec lui qu'il faut gouverner, qu'il faut même se servir de lui pour détruire les mandarins; 3° que le Tonkin et l'Annam sont habités par des populations très différentes les unes des autres, hostiles même, celles du Tonkin allant jusqu'à préférer la domination des étrangers à celle de la Cour de Hué.

C'est sur ces idées que toute notre politique fut édifiée de 1883 à 1891. Comme elles étaient radicalement fausses, notre conduite ne pouvait qu'être défavorable à notre influence, car elle allait nécessairement à l'encontre de toutes les idées et de tous les intérêts de la société annamite.

Il est d'abord absolument faux que les mandarins constituent une aristocratie quelconque. Dans l'Annam pas plus qu'en Chine où le peuple annamite a pris sa source, il n'y eut jamais d'aristocratie, ni de naissance, ni terrienne, ni d'aucune autre sorte. Les plus hauts mandarins ne possèdent souvent pas autre chose qu'une modeste maison et un jardin à peine assez grand pour contenir les tombeaux de la famille. Quant aux titres nobiliaires ils sont à peu près individuels. Un jésuite qui écrivait sur la Chine à la fin du siècle dernier dit à ce sujet : « Ils établissent pour sixième maxime qu'on ne doit point reconnaître de noblesse héréditaire ni d'autre rang parmi les hommes que celui auquel les charges les élèvent. » Cela s'applique aussi bien à l'Annam qu'à la Chine d'où l'Annam est sorti.

Toutes les fonctions sont acccessibles aux gens instruits. Il n'y a pas de village, ni même de hameau qui n'ait son école fréquentée par tous les enfants sans que l'instruction soit obligatoire et dans laquelle tous reçoivent la même éducation. Celle-ci comporte presque exclusivement les préceptes du savoir-vivre familial et social, avec les règles principales de l'administration et du gouvernement. Tout enfant qui suit les leçons de l'école est, en principe, un administrateur en herbe. Tout licencié peut croire que son bonnet noir à garniture d'argent protège le cerveau d'un futur ministre. Et il en est ainsi dans toute l'étendue de l'Empire. Au Tonkin comme dans l'Annam central, les enfants pullulent dans les écoles et les concours des lettrés attirent tous les trois ans des milliers de candidats qui deviendront un jour huyen (sous-préfet), phu (préfet), tong-doc (gouverneur de province), ministres ou régents et colonnes de l'Empire.

On a souvent dit que le Tonkin était avant notre arrivée la proie des mandarins de l'Annam. Cette assertion est contraire à la vérité. A toutes les époques la majeure partie des mandarins du Tonkin a été formée de Tonkinois. Les concours des lettrés du Tonkin ont de tout temps compté des milliers de candidats, c'est-à-dire, d'aspirants administrateurs, car si tout Annamite peut espérer parvenir, grâce à l'étude, aux plus hautes fonctions, il faut ajouter qu'en ce pays, où les carrières dites libérales de l'Europe n'existent pas, les fonctions publiques sont le but unique de tous ceux qui se livrent au travail intellectuel. On lit dans les livres classiques commentés par tous les instituteurs devant tous les enfants de la Chine et de l'Annam cette maxime de Mencius : « Les uns travaillent de leur intelligence, les autres travaillent de leurs bras. Ceux qui travaillent de leur intelligence gouvernent les hommes, ceux qui travaillent de leurs bras sont gouvernés par les hommes. »

Non seulement les licenciés des concours du Tonkin étaient assurés de trouver des places dans les administrations locales, mais encore il n'était pas rare que les mandarins tonkinois terminassent leur carrière dans l'Annam central et y parvinssent aux plus hautes dignités. S. E. Nguyen-Trong-Hiep, président du Conseil Secret, troisième régent, colonne de l'Empire, l'homme d'Etat le plus considérable de la cour d'Annam, est né dans les environs d'Hanoï. Au moment de la signature du traité de 1884, il occupait déjà les fonctions de ministre des Affaires étrangères.

En Annam comme au Tonkin, les mandarins sortent du peuple par une sélection incessante des individus les plus intelligents, les plus laborieux, les plus zélés, les plus instruits, les plus habiles dans l'art d'administrer et de gouverner; sans distinction d'origine, les plus capables peuvent s'élever graduellement jusqu'aux plus hautes dignités gouvernementales.

Le peuple tout entier étant la source à laquelle s'alimente le mandarinat, il est tout naturel que le peuple ait pour ses mandarins le plus grand respect. Chacun voit, en effet, dans le mandarinat le but vers lequel tous ont le droit de tendre les efforts de leur vie.

Ce respect du peuple pour ses mandarins est aussi, en quelque sorte, le corollaire de celui que les enfants ont pour leurs parents. Le mandarin, d'après l'éducation annamite, est « le père et la mère » de tous ses subordonnés, de même que l'empereur est le « père et la mère » de tous les habitants de l'Empire. Le jésuite de Pékin que j'ai cité plus haut écrivait à ce sujet, il y a plus d'un siècle : « Ce profond respect des enfants pour leur père et cette vénération que les peuples ont pour leurs mandarins assurent plus que tout autre chose la paix dans les familles et la tranquillité dans les villes, et je suis persuadé que le bon ordre parmi un si grand peuple vient principalement de ces deux sources. »

Proposer au peuple annamite, soit au Tonkin, soit en Annam, de faire son bonheur en supprimant les mandarins, c'est heurter toutes ses idées, tous les principes introduits dans son esprit par l'éducation; c'est aussi menacer de ruine toutes ses espérances,

1.

ses plus légitimes ambitions, ses rêves les plus consolants, son excitant le plus noble au travail intellectuel et à la vertu. Il ne faut donc pas s'étonner que le peuple de l'Annam et du Tonkin se soit toujours montré hostile à toute politique ayant pour base la suppression des mandarins et des lettrés. Certes, il sera d'accord, comme tous les peuples du monde, avec ceux qui corrigeront les abus, grands ou petits, commis par les mandarins, mais qu'on ne lui parle ni de supprimer ceux-ci, ni de leur enlever la part d'autorité qui leur revient traditionnellement, car ce sont ses propres ambitions qu'on froisse.

D'ailleurs, la suppression des mandarins, c'est-à-dire des fonctionnaires annamites, est-elle possible ? Ce qui s'est passé en Cochinchine depuis que nous en avons pris possession fournit les éléments d'une réponse tirée de l'expérience. Lorsque nous nous emparâmes de la Cochinchine, tous les mandarins, par ordre de la Cour, rentrèrent en Annam, ne laissant en face de nous que les notables des communes et les chefs de canton, c'est-à-dire, toute la portion des pouvoirs publics annamites qui émane du peuple par élection. Nous essayâmes d'abord de gouverner avec ces éléments, mais nous eûmes beau les prendre de toutes les façons, les fausser même et en changer la nature pour les mieux adapter à nos vues et à nos habitudes administratives, transformer les maires et les chefs de canton en agents administratifs, nous n'obtînmes que des résultats très douteux. La population échappait à l'administration directe que nous voulions lui imposer; nous dûmes rétablir les huyen (sous-préfets) et les phu (préfets), c'est-à-dire, les agents administratifs auxquels le peuple a l'habitude d'obéir. Comme la Cochinchine était une colonie annamite trop jeune encore pour qu'une bourgeoisie lettrée importante eût eu le temps de s'y former, nous fûmes obligés de recruter nos phu et nos huyen un peu au hasard. C'est surtout parmi les interprètes, les miliciens et même les boys que nous les prîmes. Ce recrutement n'a produit que ce qu'il pouvait produire : des sujets en majorité mauvais, ignorants de l'administration, pressurant les populations avec d'autant moins de retenue qu'ils agissent exclusivement en notre nom. De plus, ils sont ignorants; il n'y en a pas un sur dix qui connaisse les caractères chinois et qui soit capable de lire les titres de propriété ou les documents les plus simples conservés dans les communes.

Le *Rapport au Conseil colonial* sur la situation de la Cochinchine pour l'année 1893 signale les mêmes vices chez les maires dont nous avons fait, contrairement aux coutumes annamites, des agents de notre autorité : « La plupart des administrateurs, lit-on dans ce rapport, ont, cette année encore, signalé la répugnance des hommes riches et influents à occuper les fonctions communales et l'accaparement de ces places par des intrigants sans scrupules qui ne cherchent qu'à tirer le meilleur parti possible de leur situation. »

Ces résultats n'ont pas empêché certains adversaires des « mandarins et des lettrés » de vouloir recruter, au Tonkin, les fonctionnaires annamites en dehors des lettrés, parmi les gens qui nous avaient rendu des services à divers titres. Ils pensaient avoir dans ces agents des intermédiaires entre l'administration française et les populations indigènes plus dévoués que n'auraient pu l'être les lettrés. Mais le dévouement, en cette matière, ne suffit pas. Les agents recrutés de la sorte mécontentaient toute la bourgeoisie annamite — si je puis donner ce nom à la collectivité des gens instruits, des « lettrés » — et ne nous gagnaient aucune sympathie dans le peuple. Celui-ci n'avait ni respect, ni considération, ni obéissance pour les « parvenus » que nous prétendions lui imposer en violation des coutumes et des traditions nationales. Que dirait en France le peuple lui-même d'un gouvernement qui aurait la fantaisie de recruter tous ses préfets et sous-préfets, en dehors des gens instruits, sous le prétexte de manque de confiance en ces derniers ? Pourquoi faire au Tonkin ce que nous trouverions dangereux et ridicule ici ? Puisqu'il existe en ce pays une classe de gens éduqués en vue de l'administration et du gouvernement, soucieuse de mériter l'estime publique qui est la base véritable de son autorité, démocratique en plus, car elle naît incessamment du peuple par une sélection ininterrompue des individus les plus laborieux, n'est-il pas préférable de gouverner avec cette catégorie d'hommes que de la remplacer par des individualités sans autorité sur leurs concitoyens ?

Dans la pratique on peut constater que la plupart des fonctionnaires recrutés par nous en dehors des lettrés annamites valent moins que les autres, sont moins honnêtes, moins consciencieux dans l'accomplissement de leurs fonctions et, même quand ils nous sont dévoués, ne nous rendent qu'insuffisamment service, parce qu'ils n'ont pas l'autorité morale que l'éducation et l'instruction peuvent seules donner.

Avec une organisation sociale et politique aussi profondément démocratique que celle de l'Annam, il est impossible que les empereurs exercent, comme on l'a dit, un pouvoir autocratique. L'empereur est la personnification rituelle (en Europe on dirait constitutionnelle) du peuple annamite ; il est « le père et la mère » de tous les annamites, mais il ne prend, même quand il s'appelle Minh-Mang et Tu-Duc, qu'une part assez restreinte à la gestion des affaires publiques. En Annam, c'est la collectivité des lettrés, que l'on peut appeler la bourgeoisie annamite, et non l'empereur qui gouverne, comme beaucoup de personnes, même parmi nos agents, l'ont cru à tort. Du reste, n'en est-il pas ainsi en Chine où est le berceau du peuple annamite et la source d'où sont sorties ses institutions sociales, administratives et politiques ? Par conséquent, quand on nous demande de gouverner avec l'empereur seul, on préconise une politique contraire à toutes les traditions du peuple annamite. Celui-ci respecte ses rois, mais il entend se gouverner lui-même. L'histoire d'Annam pourrait montrer des empereurs qui furent tenus enfermés pendant une partie plus ou moins longue de leur vie, parce qu'on redoutait leurs fantaisies. Tout l'enseignement classique de l'Annam est imbu de ce principe que l'empire n'est pas nécessairement héréditaire, qu'il doit revenir au plus digne, et que les mauvais empereurs sont fatalement condamnés à perdre le trône. Voici une formule de Confucius que les enfants apprennent dans les écoles : « Le livre des vers dit : le seul prince qui inspire de la joie, c'est celui qui est le père et la mère du peuple ! Ce que le peuple aime, l'aimer ; ce que le peuple hait, le haïr.

Voilà ce qui est appelé être le père et la mère du peuple. » En voici une autre que les lettrés citent souvent dans les compositions des concours : « Obtiens l'affection du peuple et tu obtiendras l'Empire. Perds l'affection du peuple et tu perdras l'Empire. » Mencius dit encore, dans les livres classiques : « Les fondateurs des trois dynasties obtinrent l'Empire par l'humanité, leurs successeurs le perdirent par l'inhumanité et la tyrannie. Voilà les causes qui renversent ou élèvent les empires, qui les conservent ou les font périr. »

Voici une anecdote d'où il me paraît naturel de conclure que cet enseignement pénètre jusqu'au plus profond de l'esprit des annamites. En mars 1892, lorsque j'arrivai à Hué, j'étais très préoccupé des attaques dont certains journaux du Tonkin étaient coutumiers envers la Cour ; je voulais savoir ce qu'on en pensait parmi les régents, sans toutefois laisser trop voir mes préoccupations. Je profitai de la première occasion qui se présenta. En causant avec un mandarin fort au courant des opinions du palais, je mis la conversation sur la question de la presse, je dis que malgré ses intempérances il était encore préférable de la laisser parler que de lui imposer silence, que la suppression de cette liberté n'avait guère profité aux gouvernements qui en avaient usé. Mon interlocuteur qui avait fort bien compris où j'en voulais venir dit en souriant : « Il y eut jadis, chez nous, un empereur qui défendait de parler politique à la Cour et dans le peuple, on n'en parla jamais autant que sous son règne. » Désireux de savoir jusqu'où il me suivrait j'ajoutai que chez nous le bâillonnement de la presse n'avait pas empêché certains monarques de perdre leur trône. Mon interlocuteur ajouta avec un nouveau sourire : « J'avais oublié de dire que le même accident survint à l'empereur auquel je faisais allusion tout à l'heure. » Il n'était pas possible de dire plus clairement qu'en Annam le pouvoir réel n'est pas aux mains de l'Empereur.

Je tiens pour certain que cela est très profitable à notre action, car il est plus facile de s'entendre avec des ministres dont la fortune est passagère qu'avec un empereur ou un roi qui se croit et ne craint pas de se dire : « Fils du Ciel. »

Il me paraît donc tout naturel que notre politique soit orientée vers un accord aussi parfait que possible entre nos représentants et les autorités annamites.

Parmi les personnes qui ne nient pas la justesse des observations exposées ci-dessus, il en est qui ont combattu pendant longtemps ma politique, en se basant sur ce préjugé que la cour de Hué est tellement détestée au Tonkin qu'en s'appuyant sur elle on doit provoquer le mécontentement du peuple tonkinois. Quelques-uns ajoutaient que le Tonkin était encore fidèle à la dynastie des Lé et qu'il eût été de bonne politique de l'y restaurer.

Un administrateur de Cochinchine, aujourd'hui décédé, me remit, il y a quelques années, une note dans laquelle il raconte qu'en 1871 des « aventuriers tonkinois vinrent proposer au gouverneur de la Cochinchine de provoquer une rébellion au Tonkin contre la cour d'Annam, au nom d'un « descendant authentique de la famille des Lé qu'on placerait sur le trône ». Un des représentants de l'autorité locale proposa à de Champeaux de le charger de cette mission. « L'amiral

Dupré hésita, puis refusa » et « fit bien », ajoute de Champeaux, « et il ne fut plus question de cette équipée qui vue de mes quarante-sept ans me paraît une folie que l'on a fort heureusement évitée. »

Aujourd'hui, on ne pense plus guère à la dynastie des Lé. On a laissé mourir dans la misère la vieille femme que l'on conservait jadis dans la citadelle de Hanoï, au milieu de nos casernes, comme le dernier débris de cette dynastie, mais il ne manque pas de gens qui considèrent encore le Tonkin et l'Annam comme deux pays rivaux, le premier détestant le second et ne supportant qu'avec peine l'autorité de la cour.

On sait que le mouvement inspiré à notre politique dans le sens de l'occupation du Tonkin est parti de la Cochinchine. Les ambitions de notre colonie trouvaient des résistances sérieuses dans la métropole qui craignait de se mettre sur les bras la cour d'Annam et l'empire Chinois dont l'Annam reconnaissait la suzeraineté. Dans le but de diminuer ces résistances, il devait naturellement venir à l'esprit des promoteurs d'une action au Tonkin de représenter ce pays comme échappant déjà, dans une certaine mesure, à l'influence de la cour de Hué. Ils invoquaient en faveur de cette assertion les rébellions assez fréquentes alors du Tonkin, rébellions dans lesquelles les malfaiteurs et les révoltés mettaient en avant le nom des Lé, comme les bandits se servent aujourd'hui de celui de Ham-Nghi. Mais, en réalité, la masse de la population n'avait aucun souvenir de cette dynastie ; les Français qui en parlaient ignoraient probablement que la capitale de l'empire d'Annam fut d'abord Hanoï et que c'est seulement vers la fin du siècle dernier, à la suite d'une rébellion de l'Annam central, que les Nguyen se fixèrent à Hué.

Il fut donc admis généralement, parmi les Français, soit par tactique, soit par ignorance, que le Tonkin se détacherait de lui-même de l'empire d'Annam dès le jour où nous y apparaîtrions, et qu'il nous acclamerait comme des libérateurs.

[C'est cette opinion qui inspira le projet de traité signé par M. Harmand le 25 août 1883. Les bases sur lesquelles M. Jules Ferry lui avait prescrit de traiter étaient « la reconnaissance formelle par l'Annam de l'occupation du Tonkin par la République Française », et non l'établissement d'un protectorat sur tout l'empire, auquel le gouvernement ne paraissait pas songer.

La même idée présida à la rédaction du traité définitif signé par M. Patenôtre le 6 juin 1884. M. Ténot, rapporteur à la Chambre de ce traité, n'ose par nier l'identité de nationalité des Tonkinois et des Annamites, mais il affirme qu'il s'est produit « une réelle opposition politique entre l'Annam proprement dit et le Tonkin. Sous le roi Tu-Duc, les provinces tonkinoises ont été souvent opprimées et traitées en pays conquis par les mandarins de Hué ».]

En 1883, la cour de Hué profita très habilement de notre croyance à cette prétendue hostilité entre le Tonkin et l'Annam pour amener notre plénipotentiaire à renoncer presque entièrement au protectorat de l'Annam central. D'après le projet de traité du 25 août 1883, la cour conservait dans l'Annam central toute son action gouvernementale et administrative; les provinces de cette portion de l'empire restaient en dehors de notre contrôle et même de notre influence. L'article 6 du projet établissait que les fonctionnaires annamites « administrent comme par le passé, *sans aucun contrôle de la France*, sauf en ce qui concerne le service des douanes, celui des travaux publics et, en général, tout ce qui exige une direction unique et la compétence de techniciens européens ».

Au Tonkin, notre protectorat était beaucoup plus efficace, mais nous l'achetions chèrement, car l'article 27 du projet attribuait à la cour de Hué « sur le produit des douanes, des taxes télégraphiques, etc., du royaume, des impôts et revenus du Tonkin et des monopoles et entreprises industrielles qui seront concédés au Tonkin » une part « à déterminer dans des conférences ultérieures », part qui « ne pouvait pas être inférieure à 2 millions de francs par an. » Si ce projet avait été accepté par le gouvernement français, nous aurions donc déjà payé à la cour 24 millions de francs au minimum, nous n'aurions pas même un pied dans l'Annam central et notre intervention au Tonkin serait à peu près ce que la fit le traité définitif du 6 juin 1884.

Ce dernier, encore en vigueur, ne diffère du projet de M. Harmand que par des traits secondaires : l'esprit en est le même. Il consacre la dualité des régimes de protectorat appliqués à l'Annam et au Tonkin. « Dans l'Annam proprement dit, les quan-bo perçoivent l'impôt annamite *sans le contrôle* des fonctionnaires français et pour le compte de la cour de Hué (art. 11). Les fonctionnaires annamites continuent à administrer les provinces comprises dans ces limites, sauf en ce qui concerne les douanes, les travaux publics, et, en général, les services qui exigent une direction unique ou l'emploi d'ingénieurs ou d'agents européens » (art 3). C'est seulement dans les ports ouverts et non dans les provinces que le gouvernement français pouvait « entretenir des agents placés sous les ordres du Résident à Hué » (art. 14).

Au Tonkin, d'après le traité du 6 juin 1884 « les résidents éviteront de s'occuper des détails de l'administration intérieure des provinces. Les fonctionnaires indigènes de tout ordre continueront à gouverner et à administrer sous leur contrôle, mais ils devront être révoqués sur la demande des autorités françaises » (art. 7). D'où il résulte clairement que leur nomination et leur révocation étaient réservées à la cour de Hué.

Les négociateurs de ces actes diplomatiques avaient pensé, sans aucun doute, qu'en séparant l'Annam central du Tonkin, même au prix d'une indépendance très grande du premier, ils rendraient plus facile l'établissement de notre autorité dans le second ; ils comptaient pour cela sur l'hostilité du Tonkin à l'égard de l'Annam. La cour avait tout intérêt à ne pas dissiper leurs illusions; elle comptait sur l'indépendance laissée à l'Annam central pour combattre notre influence au Tonkin où elle savait bien que son autorité était universellement reconnue. Peut-être aussi était-elle poussée par le désir assez naturel de sauver du naufrage non douteux de l'Empire tout ce qui en pouvait être sauvé. Elle encourageait nos représentants dans la voie où ils étaient entrés au point que, pendant la discussion du projet de 1883, elle alla, un instant, jusqu'à proposer l'abandon complet du Tonkin, au prix de l'indépendance absolue de l'Annam central. Elle recula bientôt, jugeant sans doute qu'il valait mieux ne pas aller jusqu'au sacrifice complet, espérant qu'avec l'indépendance relative dont l'Annam central allait jouir, il lui serait plus aisé de nous chasser du Tonkin si nous y avions un simple protectorat que si elle nous en concédait elle-même la propriété.

Il est permis de dire que la cour trouva dans le traité du 6 juin 1884 non seulement les moyens de nous résister, mais encore une sorte d'encouragement à le faire. Le régent Thuong n'y manqua pas. Il entrait bientôt en relations avec la Chine qu'il poussait à nous combattre au Tonkin, et avec les Pavillons noirs, pirates, etc., des frontières du Quang-Tong et du Quang-Si qu'il soudoyait pour nous harceler. Cela finit par l'échauffourée de Hué, le 5 juillet 1885, la prise et le pillage de la citadelle, la fuite du roi Ham-Nghi et du régent Tuyet et les quelques mois de gouvernement militaire du général de Courcy.

Cette période fut marquée par un curieux incident politique que j'ai déjà signalé dans mon livre sur *l'Indo-Chine française*. Le général de Courcy s'était rendu compte des vices radicaux du traité de 1884 et s'était mis en tête de les corriger par l'institution d'un protectorat s'étendant sur tout l'Empire dans les mêmes conditions, l'autorité de la Cour étant reconnue par nous aussi bien au Tonkin que dans l'Annam, mais, en revanche, notre protectorat s'exerçant avec la même efficacité dans l'Annam central qu'au Tonkin.

Un projet de convention fut établi sur ces bases par une commission dans laquelle figuraient de Champeaux et le régent Thuong qui n'avait pas quitté Hué le 5 juillet. On y lit que « toutes les provinces du royaume d'Annam (Annam proprement dit et Tonkin) seront soumises au même régime de protectorat », que « le contrôle et la direction la plus absolue sur la perception et l'emploi des revenus publics appartiendront à la France, sans qu'il soit rien changé au mode d'administration annamite », que « le budget des dépenses sera fixé par le protectorat », que « les revenus des douanes, postes et télégraphes seront versés intégralement au Trésor du Protectorat qui supportera toutes les dépenses de ces services ».

L'armée était composée de troupes indigènes avec cadres européens et d'un corps de troupes françaises « le tout sous les ordres d'un commandant français ».

Le budget des dépenses « fixé par le Protectorat » comportait toutes les dépenses sans exception, tant celles du Gouvernement annamite que du Gouvernement français : « 1° la liste civile du Roi ; 2° les dépenses de l'armée indigène, cadres compris ; 3° les frais d'administration publique ; 4° les dépenses des troupes françaises ; 5° les travaux publics. » Les ministres des finances de l'Empire et celui de la guerre, si on les rétablissait, seraient doublés chacun d'un contrôleur français qui siégera au conseil des ministres. » Quant au Résident Général, « il pourra en toute circonstance convoquer le Conseil secret et, dans ce cas, il en aura la présidence ».

N'est-il pas évident qu'avec cette convention, le protectorat français établi sur l'Empire tout entier, organisé d'une manière logique, respectant et faisant respecter, sur tous les points du territoire de l'Annam et du Tonkin, l'autorité du Roi et de ses fonctionnaires, ainsi que la religion, les mœurs, les coutumes du peuple, ne brisant aucun des rouages administratifs du pays, les utilisant tous, au contraire, n'est-il pas évident, dis-je, que ce protectorat loyal, bienveillant, nous aurait assuré la direction des affaires sans secousse, ni difficultés d'aucune sorte ?

Le Gouvernement annamite avait tellement souffert depuis quelques années qu'il acceptait avec reconnaissance la convention préparée par de Champeaux et Thuong. A la fin de la conférence, ce dernier « prit la parole au nom des membres annamites pour exprimer les sentiments de reconnaissance qu'inspirent à l'Annam les marques de modération et de bienveillance que lui donne la France en cette circonstance ».

Si tels étaient alors les sentiments de l'Annam central, voici ceux des Tonkinois exposés par l'homme qui connaissait le mieux le Tonkin. Monseigneur Puginier, évêque d'Hanoï, écrivait en 1884 : « Les Tonkinois préfèrent, sans aucun doute, conserver leur roi et leur autonomie, que de devenir Français. Ils auront moins de répugnance à accepter le protectorat qui les blesse moins dans leurs sentiments nationaux que l'annexion. » Il écrivait encore, à la même date : « On conservera au pays sa législation et son roi, pour éviter de froisser les esprits dans leurs sentiments légitimes et patriotiques, afin de s'attirer par là plus facilement les populations. » Il écrivait, en 1886 : « Je trouve moins difficile de travailler en même temps à la pacification générale de l'Annam et du Tonkin que de s'astreindre exclusivement à celle du Tonkin. »

A Paris, malheureusement, on était imbu de l'idée que le Tonkin voulait être émancipé de l'Annam et que notre mission providentielle était de le débarrasser de la cour de Hué. Puis, les partisans de la politique d'annexion, de conquête, d'administration directe étaient alors dominants. On rejeta la convention proposée par le général de Courcy. Celui-ci ne s'en occupa plus ; il rentrait en France après quelques mois ; le régent Thuong était envoyé à Taïti où il mourait ; de Champeaux quittait Hué.

A partir de ce jour, chaque Résident général et Gouverneur général en fit à sa guise, piétinant le traité de 1884, ou réclamant son application, suivant le caprice des circonstances ou la direction des idées régnantes ; l'un s'efforçant de conquérir telles ou telles parties de l'Annam central, l'autre renonçant aux efforts faits par son prédécesseur dans cette direction ; l'un promettant tout, l'autre refusant tout à la Cour ; tous, d'ailleurs, ne montrant guère aucun respect pour les autorités annamites, ni dans l'Annam central, ni au Tonkin et laissant chaque Résident chef de province diriger les affaires à sa fantaisie. Tout cela sans règle ni méthode, ou avec des méthodes qui changeaient en même temps que les chefs. Or, de 1883 à 1891 il y a eu vingt Résidents généraux ou Gouverneurs généraux, sans parler de huit Résidents supérieurs du Tonkin et de sept Résidents supérieurs de l'Annam. Je ne parle pas des Résidents chefs de province qui changeaient à chaque instant, au gré des fantaisies des Résidents supérieurs, sous les plus futiles prétextes. Souvent les Résidents emmenaient avec eux, d'une province dans une autre, tout ou partie des autorités annamites provinciales. De ces changements incessants il ne pouvait sortir qu'une anarchie profonde.

Il me paraît inutile de refaire ici l'histoire de ces années. Je me bornerai, pour donner une idée de la politique suivie à l'égard des autorités annamites, à citer ce passage d'une note écrite par M. Bideau, Gouverneur général par intérim, en avril 1891. Il attribuait la situation déplorable qui existait à cette époque : « surtout à l'attitude passive des autorités indigènes que nos résidents ont trop souvent mises à l'écart, découragées ou mécontentées par des procédés maladroits. Or, nos agents, en admettant même qu'ils possèdent toutes les qualités nécessaires dans leurs délicates et difficiles fonctions, changent trop souvent pour pouvoir se substituer aux mandarins et inspirer confiance aux populations que nous avons à rallier. »

Un des meilleurs résidents du Tonkin écrivait de son côté : « L'administration française a des tendances à être trop absorbante ; elle manque souvent avec les indigènes de pondération dans la sévérité ou dans l'indulgence. Elle se trompe souvent dans l'appréciation des moyens. Son isolement de la population la rend timide et l'empêche d'appliquer certaines mesures dont elle redoute la portée. » Et il demandait que les autorités indigènes fussent d'avantage utilisées pour la pacification et l'administration du pays.

Le Kinh-Luoc rappelait, à la même époque, que le gouvernement annamite, avec ses seuls moyens, obtenait autrefois le maintien de l'ordre au Tonkin ; puis il ajoutait : « Maintenant que nous avons à notre disposition des troupes bien armées, nous réussissons difficilement à maintenir la tranquillité dans le pays. En examinant la cause, je trouve que les autorités indigènes n'ont plus, non seulement de forces à leur disposition, mais aussi aucun prestige et aucune autorité. Il en résulte que les pirates n'en ont plus peur et se rendent maîtres du pays. »

Il terminait en demandant que la police fût confiée, avec des linh-co, aux autorités provinciales qui, disait-il, « peuvent être renseignées par tous les chefs de canton, maires et notables de village qui n'osent pas leur cacher ce qui se passe chez eux ».

C'est dans le même temps que notre représentant à Hué s'était mis en tête de détrôner le jeune roi et de le remplacer par un prétendant adulte dont l'apparition aurait amené un bouleversement complet du haut mandarinat de Hué et peut-être l'incarcération ou la mise à mort de plus d'un membre du Conseil de régence et du Comat. Il n'est donc pas étonnant que la Cour et les mandarins se montrassent indifférents au désordre qui existait sur toute la surface du territoire tonkinois.

En réalité, l'Annam, le Tonkin et même la Cochinchine forment un empire aussi uni que possible, habité par des populations ayant la même langue, les mêmes mœurs, les mêmes coutumes, la même religion, la même organisation sociale et administrative, reconnaissant toutes l'autorité de l'empereur d'Annam et respectant les mandarins nommés par lui. Il a pu y avoir au Tonkin des rébellions contre tel ou tel monarque, comme nous en avons eu dans notre France jadis, mais jamais le Tonkin ne s'est considéré comme distinct de l'Annam. Le nom de Tonkin n'existe même pas dans la langue annamite, il n'est connu que sous le nom de « provinces du nord » comme la Cochinchine sous celui de « provinces du sud » et l'Annam sous celui de « provinces du centre ». Dans tous les actes officiels que nous avons passés avec la Chine, notamment dans les procès-verbaux de délimitation des frontières, les villages tonkinois sont désignés sous le nom de « villages de l'Annam ». En essayant d'arracher le Tonkin à l'Annam nous nous faisions des ennemis dans les deux parties du pays, sans nous créer, comme on nous l'avait promis, des amitiés au Tonkin.

Chose digne de remarque, ceux qui avaient le plus contribué à répandre l'idée de l'hostilité du Tonkin contre la cour étaient, en 1891, les plus ardents à rejeter sur le compte de la cour le désordre et la rébellion du Tonkin. Ils paraissaient ne pas voir que si la cour a le pouvoir de le rebeller, elle peut également le pacifier.

C'est le raisonnement sur lequel je réglai ma conduite. Dès ma première entrevue avec la cour de Hué, en juillet 1891, tous mes efforts tendirent à convaincre la cour que mon intention était de ne rien faire sans elle, que je voulais rendre à l'empereur et à son gouvernement toute leur autorité légale et leur prestige traditionnel, que j'étais bien résolu à m'appuyer, pour administrer les provinces, sur les mandarins dont je restaurerais la situation, en un mot que ma politique serait celle d'un protectorat loyal. En même temps, je ne leur cachais pas que je considérais comme une nécessité absolue d'arriver à uniformiser notre protectorat, en rapprochant le Tonkin et l'Annam, de manière à faire sentir à la fois l'influence du gouvernement annamite et celle du gouvernement français sur toutes les parties de l'empire.

Comme entrée en matière je mis fin aux intrigues qui avaient pour objet le détrônement du jeune Than-Thaï; j'avisai les régents qu'il ne serait rien changé à l'organisation des hauts pouvoirs de l'Annam, et j'expulsai de la capitale un interprète saïgonnais qui avait été le principal instigateur de la révolution de palais que les régents redoutaient si fort. L'horizon s'éclaircit immédiatement. On m'avait annoncé que je trouverais la cour de Hué très peu disposée à avoir des bonnes relations avec nous. J'y avais, en effet, au moment même de mon arrivée, constaté un peu de défiance, mais après les déclarations, si nouvelles pour eux, qu'ils venaient d'entendre, ce sentiment fit place à une sympathie et à une confiance nullement douteuses. Les régents m'avaient fait remettre à mon arrivée un long exposé de leurs doléances, assez semblable à celui que S. M. Dong-Khan m'avait confié pour le Président de la République en 1887 (voir mon livre sur l'Indo-Chine française). Quand je leur proposai de nous entretenir de ce document, ils me dirent : « Que ces doléances ne m'avaient été remises que pour la forme, qu'elles étaient plutôt à l'adresse de mon prédécesseur, qu'ils avaient pleine confiance en moi et qu'ils me laissaient le soin de résoudre, au mieux des intérêts des deux gouvernements, les questions soulevées dans leur lettre. » De fait, il n'en a jamais plus été parlé.

Les régents s'offraient à m'aider par tous les moyens en leur pouvoir dans l'œuvre de pacification du Tonkin qui m'avait été confiée par le gouvernement de la République. Ils se montraient particulièrement enchantés de ce que le Gouvernement m'avait donné des pouvoirs supérieurs à ceux de mes prédécesseurs, car ils redoutent beaucoup les fluctuations de l'opinion en France.

Après mûre délibération, le conseil de Régence m'offrit d'adresser au peuple et aux mandarins du Tonkin une ordonnance impériale leur prescrivant de remplir fidèlement leur devoir et d'exécuter mes ordres, sans quoi ils s'exposeraient aux peines les plus sévères. C'était la première fois, depuis que la France a mis le pied en Indo-Chine, que la cour de Hué se mettait en avant avec une résolution aussi nette. Les régents tinrent à ce que le document impérial revêtit un caractère tout particulier d'authenticité et de solennité.

Le texte arrêté par les régents me fut soumis, puis copié en autant d'exemplaires qu'il y a de provinces au Tonkin. Chaque exemplaire fut revêtu d'un cachet spécial que l'empereur doit apposer lui-même. Comme ils ne pouvaient être prêts que quelques jours après mon départ de Hué, il fut convenu qu'ils me seraient envoyés directement et que je devrais les remettre moi-même aux gouverneurs annamites des provinces pour être affichés solennellement. Ces détails attestent, d'une part, l'importance exceptionnelle que la cour attachait à la proclamation impériale et, d'autre part, la confiance qu'elle avait dans l'autorité de l'empereur sur les fonctionnaires et les populations du Tonkin.

Quand j'arrivai au Tonkin, à la fin de juillet 1891, de grands efforts avaient été faits depuis deux ou trois mois pour rétablir l'ordre. Des résultats incontestables avaient été obtenus, grâce au concours que l'on s'était enfin décidé à demander aux mandarins.

Désespérant de pacifier le Delta à l'aide des troupes régulières et de la milice qui comptait cependant alors huit mille hommes, le gouverneur général par intérim, et le résident supérieur du Tonkin avaient organisé avec des miliciens et des linh-co, sous les ordres du kinh-luoc et de quelques mandarins, des « colonnes de police » qui opéraient dans les provinces les plus troublées, notamment dans celles de Bac-Ninh, Hong-Yen, Haïduong, Hanoï, etc. Les inspecteurs et les gardes principaux de la milice détachés dans ces colonnes avaient été placés sous les ordres des mandarins. Une très grande énergie avait été déployée par tous les hommes chargés de ces opérations et vers la fin de juillet des résultats notables pouvaient être signalés par le résident supérieur. On se battait encore cependant dans le Bay-Say, en face d'Hanoï, sur la rive gauche du fleuve Rouge, dans la province d'Hanoï, dans celles de Haïduong, de Hong-Yen, de Bac-Ninh, où les colonnes opéraient; on se battait dans celles de Quang-Yen, de Haïphong, de Sontay, de Hong-Hoa où les colonnes n'avaient pas opéré. La province de Hong-Hoa était presque entièrement aux mains des pirates, ainsi que le Yen-Thé, les plaines de Lam et toutes les côtes du golfe, etc. Je ne parle ici, bien entendu, que du Delta et de ses abords peuplés par les Annamites.

Le 23 juillet 1891, le résident supérieur écrivait, au sujet des provinces où les colonnes avaient opéré : « S'il y a eu des progrès accomplis, ils l'ont été par la force. Cette pacification relative n'existe pas encore dans les esprits et la situation actuelle ne peut être maintenue qu'au prix d'une surveillance constante et d'une action énergique et continue de nos forces de police. »

J'étais moins partisan de l'emploi de la force brutale. Certes je n'étais pas d'avis de faire cesser brusquement la chasse donnée aux malfaiteurs et aux rebelles par les colonnes de police ; cela était impossible, car on attaquait encore les postes les plus voisins d'Hanoï et d'Haïphong, et les malfaiteurs rôdaient de tous côtés ; mais je n'envisageais pas la « force » comme le seul moyen de pacifier le pays et j'avais hâte de mettre fin aux abus que la « force » déchaînée commettait depuis trop longtemps. Il me paraissait que les incendies de villages, les massacres en masse, les baïonnettades, les exécutions de notables, devaient faire place à d'autres procédés moins violents. Les colonnes de police ne valaient guère mieux à cet égard que les troupes régulières ou la milice. Celles dont je viens de parler s'étaient livrées à des actes d'une incroyable brutalité. Je pourrais citer un huyen (sous-préfecture) de la province d'Hanoï, dans lequel on avait décapité, en quinze jours, soixante-quinze notables, parce qu'ils n'avaient pas pu ou voulu — qui peut savoir en pareil cas la vérité — dire quels chemins suivait une bande de malfaiteurs qui avait traversé leurs villages. Je voulais à tout prix faire cesser ces massacres. J'étais décidé à renoncer à mon mandat s'il m'était démontré que la pacification du Delta ne pouvait pas être obtenue par d'autres moyens.

En dépit du scepticisme de la majorité des Français du Tonkin, je comptais beaucoup sur l'ordonnance impériale pour modifier, dans un sens favorable à notre cause, l'esprit des mandarins et des populations. L'appel qu'on venait de faire au concours des premiers pour rétablir l'ordre les avait déjà favorablement disposés; l'ordonnance royale arrivait dans un bon moment pour réchauffer les zèles hésitants et tirer de leur indifférence ou de leur hostilité les mandarins qui avaient plus particulièrement les yeux tournés du côté de Hué.

Mais je sentais fort bien que les ordres de la cour auraient moins d'effet si je ne donnais pas moi-même aux fonctionnaires annamites, tant de fois trompés et bernés, des gages de la loyauté de mes intentions.

Mon premier soin fut donc de rendre aux mandarins annamites la considération et l'autorité qu'on leur avait si inconsidérément enlevées. Je ne pris aucun arrêté ; je me bornai à une simple circulaire aux résidents supérieurs et aux résidents chefs de province dans laquelle je traçais les règles de la conduite qu'ils devaient désormais tenir à l'égard des fonctionnaires indigènes et des populations. Insérée au *Journal Officiel* du protectorat, cette circulaire fut connue des mandarins et de tous les lettrés en même temps que des fonctionnaires français auxquels elle était destinée.

Par-dessus tout, je prêchai d'exemple, m'attachant à traiter les mandarins des divers grades avec les égards leur revenant d'après les coutumes du pays. La forme est beaucoup chez ce peuple très délicat, très lettré. Les nhaqués eux-mêmes (paysans) savent lire et écrire, connaissent sur le bout du doigt les règles les plus minutieuses du savoir-vivre. L'éducation familiale et sociale est si forte que jamais on ne verra un Annamite manquer de respect à un vieillard, encore moins à son père, ni désobéir aux ordres d'un représentant quelconque de l'autorité royale. On raillera le mandarin dans des pamphlets plus ou moins spirituels, on le tournera en ridicule sur le théâtre, on le désignera, entre soi, par quelque sobriquet soulignant son défaut capital, mais on exécutera toujours fidèlement ses ordres, sauf à se plaindre en haut lieu si le mandarin est injuste ou exploite les habitants.

Je n'eus aucune peine à faire accepter par la majorité des résidents les habitudes nouvelles que je voulais introduire dans nos relations avec les fonctionnaires annamites. On avait si peu réussi avec les autres méthodes qu'on était assez disposé à les abandonner. Seules, quelques individualités viciées par leur éducation antérieure, rebelles à toute autre conception que la force, résistèrent en sous-main, firent faire dans les journaux des articles contre la cour, contre la nouvelle politique inaugurée, contre moi-même, m'accusant d'abaisser les résidents devant les mandarins, parce que je recommandais aux premiers d'être polis avec les seconds. Ils portèrent leurs plaintes jusqu'en France et ne furent pas sans rencontrer des oreilles complaisantes dans des milieux où il eût été bon que je trouvasse un appui dès le premier jour.

L'attitude nouvelle qui venait d'être prise à l'égard des mandarins et qui avait été imposée à nos agents de tous ordres produisit tout de suite un excellent effet sur l'esprit des lettrés et des populations. Mais cela était insuffisant pour m'assurer le concours efficace de tous les indigènes. Il fallait, d'une part, leur donner un gage plus tangible de la loyauté du gouvernement général de l'Indo-Chine et, d'autre part, enlever aux mandarins le prétexte sous lequel ils avaient jusqu'alors dissimulé leur indifférence ou leur hostilité. Les linh-co me fournirent le moyen d'atteindre ce double résultat.

On donne ce nom, en Annam, à une troupe composée d'individus fournis par les villages dans des conditions déterminées, mise à la disposition des mandarins et utilisée par ces derniers pour faire la police des phu et des huyen. C'est une sorte de milice sans cadres européens, commandée par les mandarins militaires annamites, sous l'autorité des fonctionnaires provinciaux, des phu et des huyen. Lorsque j'arrivai au Tonkin, il existait déjà plus de 3,000 linh-co. Ce n'est donc pas moi, comme on l'a dit, qui les ai créés. Ils avaient été armés par nos soins, étaient à la disposition exclusive des mandarins annamites et formaient le noyau principal des « colonnes de police » dont il a été question plus haut. Ils étaient nés de la nécessité inéluctable où l'on s'était trouvé de faire appel au concours des mandarins ; ils pouvaient disparaître par un simple caprice. Je résolus de leur donner une existence légale, de les organiser et de les mettre officiellement, solennellement en quelque sorte, sous les ordres des mandarins, en imposant à ces derniers l'obligation de faire avec eux la police locale des campagnes ; la milice resterait chargée, sous l'autorité des résidents, de la grande police du Delta. Un arrêté du 5 septembre 1891 fixait à 4,000 l'effectif des linh-co du Delta, réglait leur solde et leur costume qui n'existaient pas auparavant, déterminait les conditions dans lesquels ils étaient placés par rapport aux mandarins et aux résidents, les premiers les ayant directement sous leurs ordres, les seconds étant chargés de les contrôler très étroitement et d'exercer la surveillance des armes. On avait jusqu'alors distribué un grand nombre de fusils sans en tenir le compte, sans savoir même ni à qui, ni dans quelles conditions ils étaient donnés. Les linh-co seuls désormais devaient, dans le Delta, être armés. Les résidents avaient le contrôle de tout ce qui les concernait. C'était donc plutôt une régularisation et une organisation des linh-co auxquelles je procédais, qu'une création de ce corps de police.

Néanmoins, ces mesures flattaient beaucoup l'amour-propre des mandarins. Ils y voyaient, ce qu'on avait désiré qu'ils y trouvassent : le gage de la sincérité de la politique récemment inaugurée. Ils redevenaient des autorités réelles, puisqu'ils avaient auprès d'eux la force qui en est le signe le moins contestable.

La réforme fut moins bien accueillie par les Européens. Elle fut l'objet des critiques les plus violentes, tant au Tonkin qu'en France. On m'accusait de fournir des armes à nos ennemis traditionnels « les mandarins et les lettrés », on annonçait qu'elles serviraient bientôt pour quelque insurrection générale qui nous jetterait à la mer, etc., etc.

Pendant ce temps, les événements se déroulaient, la pacification se faisait. Dans un rapport d'ensemble sur l'année 1892, le résident supérieur du Tonkin disait des linh-co : « Entre les mains de leurs chefs ils sont devenus en peu de temps un des meilleurs facteurs de la pacification, et chaque fois qu'ils ont marché au feu, leur courage et leur fermeté ont prouvé qu'ils étaient dignes de prendre place à côté de nos autres auxiliaires. »

Aujourd'hui les craintes du début sont dissipées ;

les autorités militaires, qui avaient vu d'assez mauvais œil la création des linh-co, sont les plus ardentes à les réclamer. Dans le Delta, on ne les redoute plus et tous les résidents s'en servent. Seule, la milice et certains résidents plus portés vers les armes que vers l'administration les voient d'un assez mauvais œil ; mais personne ne songe plus à contester leur utilité ni à demander leur suppression. En raison de l'état de paix du Delta, ils ont été réduits à 2.600, nombre suffisant aux besoins, mais au-dessous duquel il ne serait pas possible d'aller sans troubler l'esprit des mandarins et leur faire croire à un changement de politique.

Nous n'avons eu, d'ailleurs, que très rarement à nous plaindre du zèle des linh-co ou de l'activité des mandarins qui les commandent. Peu de temps après leur organisation une négligence fut commise. Un jour de fête, dans un phu du Vinh-Yen, quelques fusils furent enlevés. Des malfaiteurs sans armes s'étaient introduits dans son enceinte sous le prétexte d'aller à la pagode ; ils avaient profité de la foule pour se glisser dans le poste des linh-co et enlever des fusils qui n'étaient pas gardés. Le phu n'était que peu coupable, mais il fallait faire un exemple. Le kinh-luoc lui-même alla présider au jugement de l'affaire. Le tribunal mixte ayant prononcé la peine de mort, l'exécution de la sentence eut lieu immédiatement. Un autre incident du même genre s'étant produit vers la même époque dans un autre poste du Vinh-Yen, le fonctionnaire annamite, qui était moins coupable encore que le précédent, paya sa négligence de la peine des travaux forcés à perpétuité. Afin que la responsabilité fût sentie d'un bout à l'autre de la province le tong-doc fut suspendu de ses fonctions pendant six mois.

Le peu de gravité réelle de ces faits aurait dû les faire négliger, mais il importait de bien établir, dès le premier jour, que si nous entendions rendre aux fonctionnaires annamites une part importante d'autorité, nous n'étions pas moins résolus à exiger d'eux un zèle et un dévouement proportionnés à notre confiance.

Quelques semaines plus tard le kinh-luoc adressait à tous les mandarins du Tonkin une fort curieuse circulaire qui fut affichée partout et publiée au journal en caractères. Il leur rappelait qu'avant la création des linh-co et l'application de la politique nouvelle, ils ne pouvaient avoir aucune responsabilité puisqu'ils n'avaient ni autorité, ni moyens d'action ; qu'il en était désormais autrement, que leurs négligences n'auraient plus d'excuses et qu'ils en seraient sévèrement punis. « Vous ferez bien, leur disait-il en terminant, de faire broder sur le pan de votre robe le mot : vigilance. »

Le prestige et l'autorité rendus aux fonctionnaires indigènes, avec la responsabilité qui doit toujours correspondre à l'autorité, et l'organisation officielle des linh-co transformèrent rapidement l'esprit des mandarins, des lettrés et des populations du Tonkin. La police était mieux faite, les malfaiteurs tombaient rapidement entre nos mains ou disparaissaient de la circulation, les provinces rentraient dans l'ordre et le recouvrement des impôts prenait une telle activité qu'après avoir, en septembre 1891, prévu les recettes probables de 1891 à 16 millions, nous pouvions, dans le courant d'octobre, élever nos prévisions pour 1892 à 17 millions, en restant encore de près de 1 million et demi au-dessous de la réalité.

Non seulement les mandarins du Delta se montraient confiants et dévoués, mais même certains chefs d'au delà du Delta, restés à l'écart jusqu'alors, vinrent se mettre à la disposition du gouvernement. Parmi ceux-là, on peut citer le Doc-Xuyet, beau vieillard de soixante-quinze ans, maître incontesté d'une partie du massif montagneux du Dong-Trieu. Les Annamites disaient de ce vieillard qu'on ne tuait pas deux oiseaux dans le pays sans lui en apporter un. Il vint un jour, spontanément, voir à Hanoï le représentant de la France, disant qu'il avait repoussé les invitations qui lui avaient été faites précédemment, parce qu'il n'avait pas confiance, mais il avait lu la proclamation de la Cour, savait pouvoir compter sur la parole du gouverneur général et venait se mettre à sa disposition avec ses deux fils. Il est mort fidèle à sa parole ; ses deux fils nous ont rendu depuis trois ans les plus grands services.

Grâce aux efforts de tous, résidents et mandarins, miliciens et linh-co, chacun rivalisant de zèle, les populations, il faut bien le dire, rentrant d'elles-mêmes dans leurs villages et nous aidant à maintenir l'ordre, avant la fin de 1891, la majeure partie du Delta était assez tranquille pour qu'on pût la déclarer pacifiée. Le 10 octobre, M. Morel, résident de la province de Haïduong, qui avait été l'une des plus troublées, en donnait publiquement l'affirmation et reconnaissait qu'il devait en grande partie les résultats obtenus dans sa province, au zèle des mandarins de tous grades. En France, on eut beaucoup de peine à admettre ces résultats ; on les considérait comme trop rapidement obtenus pour être solides et durables. Il était, en effet, impossible de croire qu'on ait pu, par la seule force des armes, ramener la tranquillité parmi des populations qui, trois mois auparavant, offraient l'image de l'agitation la plus ardente. C'est, qu'en réalité, M. Bideau était dans le vrai quand il disait de cette agitation que ce n'était plus de la piraterie, mais de la rébellion. Ce qui dominait dans le Delta, au commencement de 1891, c'était la rébellion. Grâce à elle, les malfaiteurs opéraient aisément, comme en tout pays troublé ; mais la rébellion venant à cesser, les malfaiteurs avaient été facilement détruits ou contraints de disparaître. Or, la rébellion s'était éteinte — il n'était pas possible d'en douter — devant les ordres formels de la proclamation impériale.

A la fin d'octobre 1891, la cour envoyait à Hanoï le deuxième régent, prince Hoaï-Duc et le troisième régent S. E. Nguyen-Trong-Hiep avec mission de s'informer auprès de qui de droit et de voir par eux-mêmes si les prescriptions de la proclamation impériale avaient été exécutées. On ne put que leur faire une réponse tout à fait affirmative.

A Hanoï, l'accord du gouverneur général avec les deuxième et troisième régents s'était fait plus complet par la solution de diverses questions de détail, mais il ne s'attendait pas aux déclarations que fit publiquement à Nam-Dinh S. E. Nguyen-Trong Hiep. Je m'étais rendu dans cette localité avec les deux régents pour procéder à l'ouverture du concours des lettrés. Le soir, je réunissais à dîner, outre les régents, un certain nombre de résidents et de hauts fonctionnaires annamites. A la fin du repas, en présence des mandarins et d'un gros afflux de population qui se pressait autour de la table, — le dîner ayant lieu dans le jardin de la Résidence — le troisième régent se leva et d'une voix très émue déclara « qu'il consacrerait le reste de ses jours à m'aider dans mon œuvre de paix et de progrès ». Avant même que ses paroles eussent été traduites, j'en avais deviné l'importance, d'après la solennité qu'il leur avait données et l'émotion très manifeste qu'elles avaient provoquée parmi les Annamites. Les journaux les discutèrent beaucoup. C'était la première fois que S. E. Nguyen-Trong-Hiep prenait un engagement de cette sorte. On le considérait au Tonkin comme très hostile à l'influence française et l'on évoquait, à l'appui de cette manière de voir, des raisons en apparence assez bonnes. On ne voulait pas admettre que ses déclarations de fidélité fussent sincères. Il les renouvela cependant, le jour de son départ d'Hanoï, devant le prince Hoaï-Duc, le Kinh-Luoc et cinq ou six hauts mandarins tonkinois dans les termes les plus formels, déclarant « au nom du conseil de régence et du Comat, que les instructions du gouverneur général seraient désormais pour eux des ordres ».

En dépit des opposants, il n'était pas permis de douter que dans sa bouche, ces déclarations n'étaient pas de vains mots. La suite des événements en a fourni la preuve irrécusable. Que S. E. Nguyen-Trong-Hiep, chef autorisé du parti national annamite — car ce parti existe dans l'Annam quoi qu'on ait pu dire — ne se soit jamais incliné volontiers devant la politique de conquête et d'annexion qu'on a essayé pendant dix ans d'introniser au Tonkin, je l'admets bien volontiers ; mais toute sa conduite depuis 1891 me permet de considérer comme sincères les déclarations reproduites plus haut, ainsi que la phrase suivante d'une lettre particulière qu'il m'écrivit dans une circonstance très grave : « Je suis entré dans les affaires de l'État depuis 1873, c'est-à-dire à l'époque où a été signé le premier traité d'amitié entre la France et mon pays. J'ai toujours été convaincu que pour conserver notre empire et consolider ses fondements, il faut absolument que nous comptions sur l'influence de la France et que nous nous mettions tous sous sa puissante protection. »

Ce qui a valu à S. E. Nguyen-Trong-Hiep l'hostilité et l'aversion de beaucoup de Français, c'est qu'il n'a nullement les allures de certains mandarins qui se jettent, qu'on me passe le mot, dans nos jambes pour y recueillir, séance tenante, profits et honneurs. Ce n'est pas chez lui que l'on peut aller boire le champagne, fumer l'opium et voir danser les bayadères annamites. Il laisse ces agréments de société aux mandarins « nouvelle couche », chez lesquels nous avons trop de tendances à porter notre confiance en même temps que notre besoin de distractions locales. Le troisième régent est un homme froid, correct, laborieux, vivant très retiré dans sa famille, ne disant jamais que ce qu'il veut dire, mais le disant avec une netteté qui étonnerait beaucoup d'occidentaux. Il est très attaché à son pays, très ferme dans la défense des coutumes, des rites, de la religion, disons le mot, de la patrie d'Annam, ce qu'aucun patriote français ne saurait lui reprocher, mais il a l'esprit très dégagé des passions religieuses, assez ouvert pour juger sainement les situations réciproques de son pays et du nôtre et pour être résolument le collaborateur fidèle de tout représentant de la France qui aura pour but le progrès et la grandeur de l'empire d'Annam et non l'asservissement du peuple annamite. En diverses circonstances il a donné des preuves d'une grande tolérance, notamment à propos des querelles qui surgissent trop souvent entre catholiques et boudhistes. Grâce à lui et au concours que j'ai trouvé, d'autre part, chez nos évêques, toutes les fois que j'en eus besoin, j'ai pu traverser près de quatre années de gouvernement sans avoir à résoudre un seul conflit religieux de quelque importance.

A la fin de 1891, je fis une tentative qui devait me servir de critérium pour apprécier exactement la loyauté des mandarins et la docilité du peuple. Les voies de communication avaient été négligées par tous mes prédécesseurs. Au moment de mon arrivée au Tonkin il n'existait, en fait de voies carrossables, que la route d'Haïphong au Lac Tray, longue de 3 kilomètres, quelques kilomètres non empierrés servant aux promenades du soir autour d'Hanoï, les routes d'Hanoï à Sontay et d'Hanoï à Bac-Ninh et Phu-Lang-Thuong. Je voulais faire un essai de ce que donneraient les corvées. Je décidai, vers la fin de novembre 1891, dans une conférence avec le Kinh-Luoc, la construction dans le Delta d'environ 350 kilomètres de routes larges de 11 mètres et de 7 mètres. Des ordres furent immédiatement donnés à tous les mandarins et, dès les premiers jours de décembre, la population se mettait au travail sur tous les tracés qui avaient été préparés par des employés des travaux publics ou des officiers d'artillerie. A la fin du mois de janvier, le travail était terminé, sauf sur quelques points particulièrement difficiles. Toutes ces routes devant être surélevées en chaussées au-dessus des rizières, un cube fabuleux de terre avait été remué par des centaines de milliers d'hommes, femmes et enfants.

On me prédit d'abord tous les malheurs : il ne pouvait manquer de sortir de là une insurrection terrible ; les populations pressurées, violentées par les mandarins se dresseraient contre nous, etc., etc. Aucune de ces calamités ne se produisit. La pacification continua ses progrès et les routes n'eurent d'autre effet que de l'activer ; le pays était désormais traversé par des voies qu'il suffirait de perfectionner, d'empierrer et d'entretenir.

Le travail gigantesque accompli pendant l'hiver de 1891-92 par la population du Delta était un gage précieux de l'accord établi avec les mandarins et les populations annamites. J'ai su depuis que la cour elle-même avait donné des ordres pour l'exécution de ces travaux, désireuse de témoigner ainsi, même à mon insu, la sincérité de ses sentiments et la loyauté des engagements qu'elle avait pris.

Les provinces du Delta dont la pacification se fit le plus longtemps attendre, furent celles de Quang-Yen, Bac-Ninh, Sontay et Hong-Hoa, la première à cause de son voisinage du massif du Dong-Trieu et des plaines de Hacoï dans lesquels les Chinois circulaient alors très facilement à travers nos frontières non gardées, la seconde à cause de son voisinage du Yenthé où les Annamites rebelles Ba-phuc et Dé-than avaient leurs repaires, les deux dernières à cause de leur voisinage des massifs montagneux du Tam-Dao, sur la rive gauche du fleuve Rouge, et des montagnes de la rivière Noire.

La province de Quang-Yen était déjà tranquille dès les premiers mois de 1892, mais elle ne fut complètement organisée qu'un peu plus tard, à la suite d'accords successifs avec les autorités maritime et militaire qui se l'étaient d'abord disputée. Elle est fort importante, en raison du voisinage des mines de Hongay et de Kébao où travaillent de nombreux ouvriers annamites et chinois venus un peu de partout. Dans les premiers mois de 1892, quelques malfaiteurs parvinrent à tromper notre surveillance et incendièrent un village de mineurs près de Nagotna. Il s'ensuivit un grand émoi dont on profita pour donner une organisation plus solide à la protection de la province. Depuis cette époque, la tranquillité la plus absolue n'a pas cessé de régner dans cette région qui est très bien administrée par M. Benoit. Les qualités personnelles de ce résident conviennent tout particulièrement au rôle à la fois délicat et très actif qui lui incombe. On fera sagement de ne pas le déplacer. Au Tonkin les hommes comptent beaucoup plus que les institutions, ainsi que dans tous les pays neufs. Il a souvent suffi de changer le résident d'une province pour modifier son état politique.

L'état de la province de Bac-Ninh fut beaucoup amélioré, dès la fin de 1891, par M. Auvergne, mais la partie mamelonnée, voisine du Yen-Thé, a été troublée jusque dans ces derniers temps. Un nouveau pas fut fait vers sa pacification au printemps de 1892, grâce aux opérations militaires du Yen-Thé; elle présenta de nouveau des troubles vers le milieu de 1893 par suite de la mauvaise direction donnée par un résident trop partisan des mesures violentes. Elle fut complètement pacifiée à la fin de 1893 par son résident actuel M. Muselier qui finit par obtenir la soumission de Ba-Phuc au mois de février 1894. Celle du De-Than, son parent, survenue dans l'été de 1894, mit fin à un état qui n'avait jamais cessé d'être pénible, même alors que la tranquillité matérielle existait.

La province de Sontay fut toujours l'une des plus agitées du Tonkin à cause de son voisinage des montagnes du Tam-Dao dans lesquelles malfaiteurs et rebelles trouvaient aisément un repaire et qui sont elles-mêmes en communication avec les forêts de Thaï-Nguyen où résident les partisans de Baky et de Luong-Tam-Ky. Dès la fin de 1891 la partie de la province située autour du chef-lieu, sur la rive droite du fleuve Rouge, rentra complètement dans l'ordre. La partie située sur la rive gauche, au pied du Tam-Dao, et qui formait alors le Dao de Vinh-Yen fut plus longue à pacifier. On avait créé le Dao de Vinh-Yen dans le but de rendre notre action plus efficace en en multipliant les centres. L'expérience a démontré que cette idée était fausse. La subdivision des provinces n'eut d'autre résultat que d'affaiblir l'autorité des fonctionnaires annamites dans les centres secondaires ou Dao, sans nous permettre d'y implanter la nôtre qui n'avait aucun point d'appui sérieux dans la population. Tous les Dao qui avaient été créés avant 1891 ont été supprimés sur la demande non seulement des autorités annamites mais encore des résidents, chefs de province, qui en signalaient les dangers. Encore un fait qui prouve combien l'administration directe est difficile à réaliser dans la pratique.

La suppression du Dao de Vinh-Yen fut suivie de

très près par la pacification de toute la portion de la province de Sontay située sur la rive gauche du fleuve Rouge. Ces résultats furent dus à l'activité de M. Neyret, très bien secondé, d'après ses propres déclarations, par les autorités annamites. Dès le mois de septembre 1892, deux mois après que M. Neyret eut pris la direction de la province, tout le pays était rentré dans un ordre parfait qui s'est maintenu jusqu'à ce jour. Des routes ont été construites sur tous les points; les villages, encouragés par des avances d'argent et de buffles, se sont reconstitués et la province a versé en 1893 et en 1894, la totalité des impôts indigènes inscrits sur ses rôles. Il est à souhaiter, dans l'intérêt du pays, que cette province conserve longtemps son résident et son tong-doc. Celui-ci, lettré distingué, est l'un des meilleurs mandarins du Tonkin.

La province de Hong-Hoa fut pacifiée à peu près en même temps que celle de Sontay. Confinant au pays muong de la rivière Noire, cette province ressentit de tout temps le contrecoup de la politique suivie à l'égard des Muongs. En 1887, lorsque je visitai le Tonkin, je reçus à Phuong-Lam la visite des chefs de la rivière Noire; ils m'apportaient les plaintes et les réclamations provoquées parmi leurs populations par la politique suivie alors et qui consistait à leur imposer des chefs annamites. Ils demandaient qu'on respectât leurs mœurs, leurs coutumes, leur organisation sociale; ils manifestaient la crainte de voir leurs compatriotes nous devenir hostiles si cette satisfaction ne leur était pas donnée. Je notai ces faits dans mes rapports, j'en parlai à différentes personnes compétentes et qui avaient autorité pour orienter la politique vers une autre direction, mais il ne fut tenu aucun compte de mes avis.

En 1887, il y avait à Chobo un poste militaire assez fort pour défier toute surprise; on le remplaça par un poste de miliciens moins solide et l'on ne changea pas de politique; on continua de mécontenter les Muongs. Au commencement de 1891, le poste de Chobo était assailli pendant la nuit. Le chef du poste était massacré ainsi qu'un grand nombre de miliciens et l'on affirmait bientôt que les auteurs de cet attentat étaient des Muongs conduits par un chef annamite très entreprenant, le Doc-Ngu.

L'attaque de Chobo ne pouvait m'apparaître que comme une conséquence de la politique suivie à l'égard des Muongs. Aussi, mon premier soin fut-il, en arrivant au Tonkin, d'en changer. Je plaçai à Chobo un agent spécial, M. Vacle, qui avait pour instructions de rétablir l'accord entre nous et les Muongs en leur faisant bien comprendre que désormais leur organisation sociale et administrative serait scrupuleusement respectée. Le colonel Pennequin, commandant du 4ᵉ territoire, et le résident de Hong-Hoa ayant suivi les mêmes règles, le Doc-Ngu était, au mois d'août 1892, égorgé avec tous ses partisans annamites par les mêmes Muongs qui, en 1891, lui avaient donné leur concours dans l'attaque de Chobo. La mort du Doc-Ngu ne tardait pas à être suivie de la soumission du Dé-Kiew, son parent et son chef, et toute la province de Hong-Hoa rentrait dans un état de paix absolue où elle s'est constamment maintenue.

En résumé, les parties du Delta dont la pacification fut le plus en retard étaient elles-mêmes entièrement pacifiées avant la fin de 1892. Depuis cette époque, le bon ordre n'a cessé de régner partout, et quand un crime est commis, les coupables ne tardent pas à tomber entre les mains de la justice. On n'exagère certainement pas quand on dit, au Tonkin, que le Delta est aussi tranquille que n'importe quel département français. On pourrait ajouter que les crimes contre les personnes y sont beaucoup moins nombreux. Dans l'Indo-Chine, en effet, il ne se commet presque pas d'attentats passionnels; les seuls crimes courants sont les vols à main armée; or, dans le Delta, ceux-ci n'existent pour ainsi dire plus. A la fin de 1894, le résident supérieur du Tonkin écrivait : « Dans le Delta, la tranquillité est partout maintenue complète et la situation générale est aussi bonne que l'on pourrait le souhaiter même après une occupation séculaire. » Il disait encore : « Si depuis deux ans et plus on a pu constater les heureux effets, au point de vue de la pacification, de la politique inaugurée vers le milieu de 1891, il est aujourd'hui démontré par une expérience déjà longue que les résultats acquis étaient durables. Par leur attitude et par un concours dévoué de chaque heure apporté à l'œuvre de la pacification, les fonctionnaires annamites et les populations indigènes se sont chargés de prouver d'une manière indéniable que l'administration du protectorat, s'inspirant des principes nouveaux, avait eu raison de compter sur l'influence des mandarins et sur le bon esprit des habitants et d'inaugurer une politique loyale, basée sur la confiance réciproque de la nation protectrice et de ses protégés. »

L'auteur de ces lignes, M. Rodier, était autrefois — cela n'est peut-être pas inutile à dire ici et en ce moment — l'un des résidents les plus résolument portés vers le système de l'administration directe. Mais, esprit souple et hardi, travailleur infatigable et d'une conscience profondément honnête, il fut l'un des premiers à comprendre tout le profit que nous pouvions tirer de la collaboration loyale des autorités annamites et il a su déterminer autour de lui, d'abord comme résident de Nam-Dinh, puis comme résident supérieur du Tonkin, la loyauté de cette collaboration. Entre ses mains, la résidence supérieure du Tonkin sera fructueuse en progrès de toutes sortes.

Pour en finir avec la pacification des pays annamites, il faut dire un mot de l'Annam central. Cette partie de l'Empire est passée depuis douze ans par les plus singulières alternatives de trouble profond et de tranquillité. Le moment où l'agitation atteignit son point culminant est celui qui coïncida, en 1886, avec les tentatives faites par la Cochinchine pour s'emparer des deux provinces du sud de l'Annam central (le Binh-Thuan et le Khan-Hoa), tandis que P. Bert tentait de relier au Tonkin les deux provinces du nord (Thanh-Hoa et Nghé-An). Sauf la province du Quang-Ngaï où nos troupes ne mirent pas les pieds, l'Annam tout entier fut, à cette époque, en état de guerre. En 1887, lorsque je le visitai, l'insurrection était encore très forte dans la majeure partie des provinces septentrionales. Les troubles ne cessèrent qu'après le retrait des troupes, en 1889; subitement alors tout l'Annam central redevint paisible. Il ne subsista de bandes insurrectionnelles ou plutôt de rebelles mêlés à des malfaiteurs que dans le Hatinh, le Nghé-An et le Thanh-Hoa.

En 1891, au moment de mon arrivée, le Thanh-Hoa était tranquille. Il y avait bien dans les montagnes quelques anciens rebelles entretenant des relations avec certains villages de la plaine, mais aucune action ne se produisait. Il en était ainsi encore au mois de mars 1892, quand je visitai cette province. Le Nghé-An était, à cette époque, à peu près dans la même situation avec, toutefois, un peu plus d'agitation en dessous, dans les parties voisines du Hatinh. Celui-ci était en proie à une piraterie assez active contre laquelle M. Luce bataillait, avec le concours des autorités annamites, sans y attacher une grande importance. De temps en temps on s'emparait, dans ces provinces, de quelques malfaiteurs ou de quelques anciens rebelles, on les décapitait et tout rentrait dans l'ordre jusqu'au jour où l'idée venait de nouveau à quelque individu de tenter une échauffourée qui se terminait toujours de la même façon. Dans les riches deltas du Thanh-Hoa et du Nghé-An les malfaiteurs étaient rapidement arrêtés, car les populations laborieuses sont les premières intéressées à s'en débarrasser, aussi ces deltas sont-ils depuis longtemps paisibles. La région pauvre et peu habitée du Hatinh se prêtait mieux aux opérations des malfaiteurs, aussi c'est là que de tout temps ils ont été le plus nombreux.

Chaque année, à l'époque du têt, on voit se renouveler dans les provinces du nord les mêmes faits : des proclamations sont lancées dans les villages au nom du roi Ham-Nghi qui est interné en Algérie, prévenant les populations qu'une insurrection générale va éclater, que les Français seront chassés de l'empire, etc., et se terminant par des menaces si les villages ne consentent pas à payer un tribut aux chefs de la rébellion. Ceux-ci se tiennent, d'ailleurs, prudemment, dans les montagnes, à l'abri de notre police. Chaque année quelques opérations de la milice suffisent pour mettre fin à ces tentatives de désordre dont la partie riche du pays ne souffre, en réalité, que fort peu et qui finiront par ne plus se renouveler faute d'aliments.

Au commencement de 1894, un mouvement de cette nature se produisit avec un peu plus d'intensité que les années précédentes, par suite d'une fausse manœuvre du tong-doc du Thanh-Hoa dans ses relations avec les Muongs de la région et l'un de leurs chefs Camba-Thuoc. On disait que ce chef avait réuni auprès de lui dans les montagnes tous les anciens rebelles du pays et qu'il se disposait à attaquer la citadelle de Thanh-Hoa. On parlait, d'autre part, d'une autre levée de boucliers qui aurait lieu sous la conduite d'un ancien serviteur de Ham-Nghi nommé Phan-dinh-Phong; on racontait que ce dernier avait créé dans les montagnes une fabrique de fusils à tir rapide d'où plusieurs milliers d'armes étaient déjà sorties; on parlait couramment enfin, dans certains rapports officiels, parvenus à Paris pendant le séjour que j'y fis en 1894, et remis à des journaux, d'une insurrection générale prochaine de tout le nord de l'Annam. Ce mouvement insurrectionnel était provoqué, bien entendu, d'après les rapports en question, par la détestable politique que j'avais inaugurée en 1891.

Six mois plus tard, au moment de ma rentrée au

Tonkin, l'insurrection annoncée ne s'était pas encore produite. Le résident du Thanh-Hoa, M. de Miribel, et celui du Nghé-An, M. Duvilliers, avaient très activement poursuivi les quelques bandes de malfaiteurs qui tentaient de transformer en réalités les menaces rappelées plus haut et ils déclaraient que leurs provinces étaient maintenant tout à fait paisibles. Il y avait eu, comme toujours, en pareil cas, plus de fumée que de feu et non pas une fumée entièrement désintéressée.

Dans le courant de décembre 1894 un des lieutenants de Phan-Dinh-Phong vint à Hanoï faire sa soumission. Phan Dinh-Phong lui-même, très activement traqué par les autorités provinciales et par la cour avait, dès le mois de novembre, annoncé l'intention de se soumettre. Vers la fin de décembre je fus averti qu'il se disposait à venir au Tonkin dans ce but. Mon départ précipité ne m'a pas permis de suivre cette affaire.

Quoi qu'il advienne, d'ailleurs, de ces vieux rebelles, leur influence est aujourd'hui tout à fait nulle; la cour nous prête un concours efficace contre eux, les mandarins provinciaux nous aident activement dans la chasse que nous leur faisons. Il est donc permis de croire que si rien ne modifie la tournure qu'avaient les choses au moment de mon départ tout le nord de l'Annam doit être considéré comme définitivement pacifié.

Il y a eu récemment dans le Quang-Ngaï un incident qu'on a tenté d'exploiter pour faire croire que cette partie de l'Annam était profondément troublée. Le bureau de poste de Quang-Ngaï fut attaqué pendant une nuit de décembre par une poignée de malfaiteurs qui, n'ayant pu y pénétrer, se dirigèrent vers la douane. Le commis des douanes fut assassiné et les malfaiteurs emportèrent la caisse. Il s'agit là d'un crime de droit commun. Tous les coupables ont été arrêtés quelques jours plus tard et ont subi le châtiment mérité.

En résumé, dans ce moment, toute la portion centrale de l'Annam est tranquille comme le Delta du Tonkin et tous les pays de l'Indo-Chine peuplés par des Annamites jouissent de la paix la plus complète.

Cette paix se maintiendra — tout le monde aujourd'hui partage cette manière de voir — tant que nous gouvernerons et administrerons les pays peuplés d'Annamites avec le concours du gouvernement annamite et des autorités provinciales et communales, tant que nous fournirons à ces autorités les moyens de faire la police en les rendant responsables du maintien de l'ordre.

La milice, avec ses cadres européens, doit être chargée de la police générale de tous les territoires annamites. C'est elle qui doit occuper les postes de la périphérie du Delta, de manière à protéger les plaines habitées contre les incursions des maraudeurs qui ont leurs repaires dans les montagnes. Son rôle peut, à cet égard, être comparé à celui de l'armée régulière qui a pour fonction principale de fermer et de garder les frontières contre les malfaiteurs ou les ennemis du dehors.

Quant à la police immédiate des villages, elle doit être réservée de préférence aux linh-co, sous les ordres et la responsabilité des mandarins annamites. Il en doit être ainsi, non seulement au Tonkin où cette force est déjà bien organisée, mais encore dans l'Annam où je n'ai pu qu'ébaucher sa formation.

Dans l'Annam central, le gouvernement annamite ne dispose que de moyens très insuffisants de surveillance. Nous avons supprimé son armée et réduit à rien, ou peu s'en faut, les forces de police dont les mandarins disposaient autrefois. Par suite, les autorités provinciales que nous rendons moralement responsables de l'ordre sont, en réalité, tout à fait impuissantes à le maintenir. D'autre part, nous n'avons pour tout l'Annam, indépendamment de 400 hommes de troupes européennes à Hué et à Thuan-An, que 2,500 miliciens, l'état de nos finances ne nous permettant pas d'en entretenir d'avantage. Cela est insuffisant ; on peut dire que si depuis quatre ans l'Annam central est resté paisible, c'est bien parce qu'il l'a voulu. La contrainte n'y a été pour rien.

Depuis longtemps je m'étais proposé de créer dans l'Annam central des linh-co semblables à ceux du Tonkin, des considérations diverses m'en avaient empêché jusqu'au commencement de 1894. A ce moment, je profitai du mouvement du nord de l'Annam dont il a été question plus haut pour proposer à la cour la création de six cents linh-co à lever dans les provinces du Thanh-Hoa et du Nghé-An et qui seraient chargés, sous les ordres des mandarins et le contrôle des résidents, de la police des phu et des huyen. Je demandai au troisième régent de consentir à payer ces hommes sur le budget propre du gouvernement annamite, le Protectorat se bornant à fournir les armes. Ma proposition fut immédiatement acceptée et je pus, avant mon départ pour la France, prendre l'arrêté qui organise les premiers linh-co de l'Annam central. La cour était très disposée à donner son concours financier pour la création de cette police dans toutes les provinces ; des instructions furent données dans ce sens au résident supérieur actuel, M. Baille, qui jouit de toute la confiance de la cour et qui a toutes les qualités voulues pour la mériter. Il est désirable qu'il soit donné suite à ces projets interrompus par mon départ.

La milice et les linh-co ne sont pas les seuls éléments de surveillance et de maintien de l'ordre qui existent dans les pays annamites. Chaque village est, en outre, en vertu des traditions du pays, organisé de manière à se protéger lui-même contre tous les malfaiteurs qui tenteraient de s'y introduire. Dans tout le Delta du Tonkin et dans certaines parties de l'Annam les villages sont entourés de haies de bambous très épaisses, de fossés, de barrières, etc., et ne sont que très difficilement pénétrables. Dans le voisinage des montagnes du Tonkin, chaque village est pourvu de véritables fortifications en terre et en bambous ; on ne peut y pénétrer que par un petit nombre de portes fermées pendant la nuit. Nos troupes ont souvent détruit ces défenses pour rendre plus facile la surveillance des villages ; elles les condamnaient ainsi à être la proie des pirates chinois.

Grâce à ces divers éléments, la police des pays annamites, au Tonkin et dans l'Annam central, est désormais suffisante pour que les villages n'aient à peu près rien à redouter des malfaiteurs du dehors. Mais les autorités supérieures françaises ne sont pas suffisamment informées de ce qui se passe et surtout de ce qui pourra se passer. Il manque un système de renseignements aboutissant directement au gouvernement général. Celui-ci ne sait que ce que les résidents chefs de province et les résidents supérieurs veulent bien lui dire.

J'avais songé à modifier cette situation par la création d'une gendarmerie indigène, auxiliaire de la gendarmerie coloniale et placée comme cette dernière sous les ordres de l'officier commandant la gendarmerie. Après m'être entendu à ce sujet avec le ministre des Colonies, j'avais fait envoyer au Tonkin un officier de grande valeur et qui connaît admirablement le pays pour organiser le système dont il vient d'être parlé. Mon départ, au moment même de l'arrivée de l'officier dont il s'agit, ne m'a pas permis de mettre ce projet à exécution. Je souhaite qu'il se réalise, car c'est, à mon avis, une des réformes les plus urgentes qu'il y ait à faire en Indo-Chine.

CHAPITRE III

PACIFICATION DES RÉGIONS MONTAGNEUSES DU TONKIN. — CONDUITE TENUE A L'ÉGARD DES POPULATIONS SÉDENTAIRES DE CES RÉGIONS.

Les régions montagneuses qui entourent le Delta du Tonkin ne diffèrent pas seulement de ce dernier par la configuration du sol, mais encore par les habitants. Ceux-ci ne sont plus des Annamites. Réunis sous la dénomination commune de « Muongs », qui signifie simplement « hommes des montagnes, montagnards », ils paraissent appartenir à des sous-races humaines dans lesquelles il est assez facile de constater l'intervention du sang chinois et propablement du sang malais. Les uns habitent de préférence les vallées et les flancs des montagnes, ce sont les Thos ; les autres recherchent les plus hauts sommets, ce sont les Mans. Ils cultivent du riz de montagne, du maïs, du tabac, etc., sont plus grands, plus forts, plus élégants que les Annamites, mais ne sont ni aussi intelligents ni aussi âpres au travail et au gain. Leur organisation sociale et administrative est rudimentaire. Ils ne connaissent d'autre autorité que celle de chefs héréditaires, sont rebelles aux impôts, aux corvées, à toutes les obligations sociales.

Leur isolement dans les montagnes, en villages nécessairement petits à cause de la rareté des terres arables, les a mis de tout temps à la merci des malfaiteurs chinois. Ils ont doublement souffert de la triste situation à laquelle ils étaient condamnés. N'étant pas assez forts pour résister aux pirates, ils étaient nécessairement réduits à leur donner asile et à leur fournir des vivres. Ils s'attiraient par là de notre part l'accusation méritée de complicité avec les bandits et voyaient brûler par nos troupes leurs villages que les malfaiteurs chinois avaient préalablement dépouillés. Nous disparaissions après avoir exercé notre vindicte et nous les abandonnions de nouveau à la merci des pirates.

Jusqu'en 1891, notre action dans les régions montagneuses du Tonkin s'était bornée à des opérations militaires accidentelles, se renouvelant tous les hivers, tantôt sur un point, tantôt sur un autre, et à l'établissement de postes dans les points qui nous paraissaient les plus propres à la surveillance du pays. Ces postes étaient de misérables réduits en paillottes, mal installés, sans voies de communication entre eux, et par suite presque sans relations. Nos hommes y tombaient rapidement malades de nostalgie ou de fièvre ; leurs effectifs étant trop peu nombreux pour faire la police dans un grand rayon, chaque poste était une sorte de sentinelle perdue au milieu de montagnes dont les pirates chinois étaient les maîtres incontestés. Comme les frontières n'étaient pas ou à peine gardées, et seulement sur un très petit nombre de points, les malfaiteurs chinois circulaient sans difficulté entre le Tonkin et la Chine. Ils descendaient avec presque autant de facilité dans les plaines du

Delta, les abords de ce dernier n'étant pas suffisamment protégés contre leurs incursions.

Il avait été universellement admis, avant 1891, que notre établissement dans les régions montagneuses ne devait rien avoir de définitif. A la première inquiétude du côté de la Chine, nos troupes se replieraient dans le Delta. On ne conservait en dehors de ce dernier qu'un très petit nombre de points : Moncay, Langson, Tuyen-Quan et Yen-Bay. Tout le reste était évacué. Comme conséquence de ce plan, on ne devait faire aucun établissement définitif ni sur les frontières ni dans la zone montagneuse qui les sépare du Delta. On ne devait pas non plus construire de routes, car celles-ci auraient facilité la pénétration des Chinois vers le Delta. Nous n'avions donc systématiquement rien fait en vue d'occuper les frontières, et c'est avec intention que nous n'avions construit ni routes ni postes en maçonnerie. Cependant, la nécessité de nous protéger contre les attaques incessantes des pirates, nous avait conduits à établir çà et là les postes provisoires de surveillance ou de protection dont il a été question plus haut. Leur nombre dépassait 150, en 1891, tous en plus mauvais état les uns que les autres.

Ces postes, en 1891, étaient occupés en partie par les troupes régulières, en partie par la milice. Près de 4,500 hommes de milice formaient les garnisons de postes qui sont aujourd'hui en territoires militaires. Sur certains points, à Moncay, à Langson, à Laokay, à Lam, etc., il y avait des résidents chargés de l'administration des provinces, dont l'autorité militaire partageait la garde avec la milice. D'un autre côté, il y avait des postes militaires en plein Delta

Le mélange des résidents et des commandants de cercles militaires, des postes de milice et des postes militaires était la source de conflits incessants et faisait disparaître à peu près complètement toutes les responsabilités. Chacun, civil ou militaire, accusait volontiers son voisin de tout ce qui survenait de fâcheux; chacun s'attribuait le mérite des quelques incidents heureux qui pouvaient se produire; chacun se réjouissait des mauvais coups reçus par son prochain; il n'était pas rare même qu'il y restât indifférent au point de ne pas le secourir.

La plus grande anarchie régnait, d'ailleurs, dans toutes ces régions; les postes ne communiquant qu'avec beaucoup de difficultés entre eux et avec le Delta, leurs chefs n'avaient guère à redouter l'intervention imprévue d'aucune autorité supérieure. Chacun se sentait son maître et n'en faisait qu'à sa guise, les uns s'abandonnant à l'indolence, au risque de se laisser surprendre; les autres, au contraire, se livrant à des mouvements si exubérants qu'il n'était pas rare de les voir tomber dans les embuscades des pirates. Ceux-ci profitaient avec la plus grande habileté de toutes les fautes commises pour piller les convois, attaquer les postes, surprendre les colonnes insuffisamment gardées, nous infliger en maintes circonstances des pertes qui avaient en France le plus douloureux retentissement. C'est dans le but d'éviter ces inconvénients que M. Piquet avait pris la décision — tant attaquée alors — par laquelle il interdisait aux postes militaires de sortir de leurs enceintes, sans quelque prétexte que ce fût, sans autorisation préalable. Il évitait, il est vrai, de cette façon, des pertes d'hommes trop souvent inutiles, mais les militaires pouvaient, non sans raison, lui reprocher de livrer le pays aux pirates. L'audace de ces derniers ne pouvait, en effet, qu'être considérablement accrue par l'inaction de nos troupes.

Les militaires reprochaient encore à l'autorité civile de cette époque de laisser plus de latitude, au point de vue des opérations contre les pirates, à la garde civile qu'aux troupes régulières. La rivalité des deux forces était alors d'autant plus ardente que la milice avait réellement été chargée, dans les territoires militaires, des mêmes fonctions que l'armée régulière. Du reste, il y avait parmi les colons et les fonctionnaires civils une tendance très marquée à opposer la milice à l'armée, en louant toujours la première au détriment de la seconde.

Ces discussions et ces rivalités dataient de l'époque même de la création de la milice. On n'avait pas caché alors qu'on voulait en faire une sorte d'« armée civile » que le gouvernement et les résidents auraient dans la main et dont ils espéraient tirer plus de profit pour la pacification que de l'armée régulière. On avait, dans la suite, graduellement augmenté les effectifs de la milice, tandis qu'on réduisait ceux des troupes françaises et des tirailleurs. Les effectifs de la milice dépassaient huit mille hommes pour le Tonkin et ils allaient sans cesse en augmentant. Dans l'Annam, on avait remplacé le régiment de tirailleurs par trois mille hommes de milice.

Les autorités militaires et tous les officiers tiraient parti de ces faits pour se plaindre d'être relégués en dehors de leur métier par l'armée des résidents. Ceux-ci répondaient que les troupes régulières s'étaient montrées impuissantes à pacifier le pays et qu'il avait fallu faire appel à d'autres moyens de rétablir l'ordre. Certains militaires, parmi les plus haut placés, reconnaissaient que les opérations avaient réellement été mal conduites, « sans vue d'ensemble », et qu'il était indispensable de renoncer à ces colonnes accidentelles, dont il ne sortait aucun résultat tangible. Pour cela, ils demandaient plus d'indépendance et une répartition plus précise de l'autorité et des responsabilités.

C'est probablement sous l'influence de ces dernières idées et pour leur donner satisfaction que M. Étienne, alors sous-secrétaire d'État, avait désigné, au commencement de 1891, le colonel Servière et le lieutenant-colonel Pennequin pour aller organiser au Tonkin des territoires militaires. Mais, à mon arrivée, aucune mesure conforme à cette décision n'avait encore été prise. Le colonel Servière m'attendait à Hanoï, le colonel Pennequin ne devait partir de France que plus tard.

La situation était donc telle que je l'ai décrite plus haut, à la fin de juillet 1891, quand je débarquai au Tonkin avec le général Reste. On venait de faire dans le Dong-Trieu, contre les bandes chinoises de Luu-Ky, une colonne qui n'avait produit aucun résultat. Les postes militaires et les postes de garde civile qui se partageaient les régions montagneuses étaient aux prises de toutes parts avec les pirates qui tuaient fréquemment des hommes, des officiers, des gardes et inspecteurs de la milice.

Il me parut que le plus pressé était de bien délimiter le rôle et la zone d'action de l'armée régulière et de la milice. Certes, les gardes principaux et les inspecteurs de la milice s'étaient montrés toujours d'une admirable bravoure, ils avaient, en général, sur leurs hommes une très grande action morale et ils les avaient entraînés, dans maintes circonstances, à de véritables actions d'éclat. Mais la milice n'était ni assez nombreuse ni assez fortement encadrée pour prétendre au même rôle que l'armée régulière. Elle convenait admirablement à la grande police du Delta et de ses abords ; elle était même mieux outillée pour ce rôle que l'armée régulière dont l'éducation est exclusivement militaire et qui a toujours en vue des opérations de guerre, même quand de simples mesures de police suffiraient.

Je résolus donc de consacrer la milice exclusivement à la pacification et à la garde du Delta. Placée directement entre les mains des résidents, elle pourrait être pliée sans difficultés aux nécessités de la politique ; ses cadres pourraient être l'objet d'une surveillance qui faisait nécessairement défaut quand ils étaient dispersés dans les territoires militaires.

L'armée, de son côté, ne devrait plus conserver dans le Delta que ses réserves ; toutes ses troupes actives seraient consacrées à la destruction des grandes bandes des régions montagneuses. Contre les Chinois qui forment ces bandes, il n'y a pas d'autres moyens d'action que la force brutale. Cela était vrai surtout en 1891, alors que notre inertie depuis plusieurs années, l'abandon de nos frontières, l'absence de voies de communication, la rébellion des pays annamites, avaient exalté l'audace de tous les malfaiteurs du Quang-Tong et du Quang-Si et les avaient conduits à penser que le Tonkin était une proie offerte à leurs convoitises.

Mais si l'armée avait raison de demander qu'on lui

rendît son rôle légitime, il fallait, d'autre part, qu'elle se résignât à ne faire désormais que des « opérations raisonnées, complètes, en vue d'un but bien déterminé », suivant les expressions de l'officier supérieur auquel j'ai déjà fait allusion plus haut. Il fallait aussi qu'elle fût mise en face de responsabilités adéquates à l'autorité et à la liberté d'action qui lui seraient données.

C'est pour atteindre ce double but que je créai les territoires militaires.

Par arrêté du 6 août 1891, toutes les régions montagneuses qui entourent le Delta furent divisées en quatre territoires militaires, commandés chacun par un colonel ou un lieutenant-colonel et subdivisés en un nombre variable de cercles. Les commandants de territoires réunissent aux pouvoirs militaires ceux du résident supérieur du Tonkin, sauf pour l'ordonnancement des dépenses ; les commandants de cercle ont les pouvoirs des résidents chefs de province. Les pouvoirs et les responsabilités étaient ainsi nettement partagés. L'autorité militaire devenait seule responsable de ce qui se passerait dans les territoires militaires où elle réunissait sur sa tête tous les pouvoirs. L'autorité civile n'avait plus qu'à administrer les provinces du Delta et à y faire la police. Les postes militaires qui existaient encore dans le Delta furent remplacés par des postes de garde civile, ceux de la garde civile des territoires militaires durent céder la place à des postes militaires. Chacun serait chez soi et chacun serait à sa place naturelle.

Le général en chef fit remarquer qu'il y avait dans les régions devenues territoires militaires plus de 2,500 gardes civils, tandis que les postes militaires du Delta ne comptaient qu'un très petit nombre d'hommes. Il en concluait que ses effectifs étaient insuffisants pour faire face à l'occupation de tous les postes qui lui étaient attribués. Il demandait la reconstitution du 4ᵉ régiment de tirailleurs tonkinois.

Il était manifestement impossible de donner satisfaction à cette demande ; il fallait pour reconstituer le 4ᵉ régiment de tirailleurs demander aux pouvoirs publics des crédits spéciaux ne s'élevant pas à moins de 2 millions de francs (les trois régiments actuels coûtent 5.900.000 francs).

C'était ouvrir des discussions aussi dangereuses pour l'existence du Tonkin que pour celle du cabinet. Cependant, je ne contestais pas l'utilité d'une augmentation des effectifs de l'armée régulière. Je trouvais qu'on avait réduit un peu trop rapidement les forces militaires du Protectorat. Non seulement, on avait diminué les effectifs européens. — ce qui était fort raisonnable — non seulement on avait supprimé le régiment de chasseurs de l'Annam dont la population se plaignait beaucoup et le 4ᵉ tonkinois, mais encore on avait réduit les effectifs des trois autres régiments. Il leur manquait environ 4,000 hommes. Je proposai au général Reste de les lui donner. Je diminuai d'autant la garde civile. Celle-ci composée alors de plus de 8.000 hommes, était trop nombreuse pour la garde du Delta, surtout avec l'aide qu'allaient lui donner les linh-co ; elle pouvait donc être réduite sans inconvénient ; les économies données par cette réduction permettraient de faire face jusqu'à la fin de l'exercice à la dépense occasionnée par l'augmentation équivalente des tirailleurs.

Je m'étais, dès le premier jour, entendu avec le général Reste et le contre-amiral Fournier pour rompre avec les habitudes militaires du passé. Il avait été convenu qu'on renoncerait à ces opérations sans vue d'ensemble, aussi meurtrières qu'improductives, dont l'autorité militaire s'était jusqu'alors contentée et qu'on procéderait méthodiquement au nettoyage des régions montagneuses, en commençant par les parties les plus rapprochées du Delta, de manière à refouler peu à peu les pirates loin des pays cultivés où ils trouvaient à se nourrir et à voler et à les rejeter vers les frontières que je me proposais de fermer aussi hermétiquement que possible.

Avant d'engager aucune opération militaire, le général Reste avait résolu de réorganiser tout le corps d'occupation. Cela fut long, mais était nécessaire. Un grand relâchement s'était produit peu à peu dans la discipline, par suite de la multiplicité des petits postes et de la façon dont ils étaient composés. On les avait formés les uns après les autres, au fur et à mesure des besoins et avec les éléments qu'on avait sous la main. Des hommes de compagnies, de bataillons, de corps différents se trouvaient réunis, n'ayant entre eux aucun lien que cette rencontre de hasard. Le général voulait d'abord reviser la liste des postes, de manière à supprimer ceux qui seraient jugés inutiles, puis réunir dans les postes d'une même région les hommes appartenant à un même corps, à un même bataillon, à une même compagnie, de façon que les chefs des corps, des bataillons et des compagnies pussent, de temps à autre, faire l'inspection des hommes et des postes.

Pendant que le général Reste procédait à cette

besogne, le contre-amiral Fournier réorganisait la flottille du Tonkin. Elle en avait grand besoin. Toutes les chaloupes disponibles furent mises à sa disposition. Il procédait ensuite à une chasse méthodique des pirates de mer qui étaient devenus les maîtres absolus du golfe. Il prenait aussi toutes les mesures nécessaires pour aider les mouvements des troupes qui allaient commencer leurs opérations par le massif du Dong-Trieu. Il devait empêcher le ravitaillement par mer des bandes de ce massif.

Le résident supérieur, de son côté, organisait la protection des provinces voisines, de façon que les pirates ne pussent pas, au moment où on leur donnerait la chasse, se précipiter dans le Delta ou dans la région des mines. Des postes et des blockhauss occupés par la garde civile et les linh-co furent établis dans tous les lieux de passage; des canonnières et des chaloupes gardaient les fleuves; les villages étaient sur la défensive. Si les bandes du Dong-Trieu avaient commis la faute de descendre dans le Delta, elles n'en seraient pas ressorties.

Le massif du Dong-Trieu était alors le domaine incontesté de nombreuses bandes chinoises obéissant toutes plus ou moins au chef Luuky. Le nombre des hommes armés était, disait-on, de plusieurs milliers, mais il y a eu toujours un peu de légende dans les récits relatifs aux bandes et dans l'estimation de leurs forces. Ce qui est incontestable, c'est que l'audace de ces malfaiteurs ne connaissait plus de bornes. Ils sortaient quotidiennement des montagnes du Dong-Trieu pour piller les villages de l'île des Deux-Songs, de Quang-Yen, de Haïduong, d'Haïphong et de la région des mines. Ils conduisaient ensuite en Chine, pour les y vendre, les femmes et les buffles volés dans le Delta et en rapportaient de l'opium et des armes qui trouvaient un écoulement facile parmi les malfaiteurs et les rebelles. Ils inspiraient aux Européens eux-mêmes une telle crainte que les propriétaires des mines étaient obligés de fermer les yeux sur la fourniture de riz que leurs compradors chinois faisaient, à leurs dépens, aux bandits. C'est à ce prix seulement que les mines jouissaient d'une tranquillité relative. Nos frontières n'étant pas gardées, rien ne gênait les pérégrinations des bandes entre le Tonkin et la Chine. Le gouverneur général, dès son arrivée en juillet 1891, avait bien fait commencer la construction d'une route entre Langson et Tien-Yen qui séparait le massif du Dong-Trien de la Chine, mais elle ne devrait être achevée que dans les premiers mois de 1892.

Les opérations militaires du Dong-Trieu commencèrent le 22 novembre 1891. Elles étaient conduites par le lieutenant-colonel Terrillon, commandant du 1er territoire militaire, homme actif, infatigable, ayant le souci de la vie de ses soldats et prenant toujours les précautions nécessaires pour éviter les pertes inutiles, mais n'ayant peut-être pas une connaissance suffisante des besoins particuliers du pays et de l'organisation qu'il fallait lui donner. Ce n'est pas ici le lieu de raconter les opérations du Dong-Trieu. Elles consistèrent, comme toutes celles du même genre, en poursuite des pirates à travers les vallées et les montagnes, les marécages et les forêts, les bandes ne se trouvant jamais le lendemain à l'endroit où on les avait signalées la veille, fuyant devant nos fusils, mais, de temps à autre, surprenant dans une embuscade habilement dressée telle ou telle compagnie dont elles tuaient quelques hommes. Nos pertes furent cependant peu considérables, grâce à la précaution prise par le lieutenant-colonel Terrillon de faire suivre à ses troupes les crêtes des montagnes et non le fond des vallées et des ravins, comme on l'avait fait trop souvent avant lui. Des mesures avaient été arrêtées d'avance pour empêcher les bandes de se rejeter vers la Chine. Nos troupes surveillaient les passages et purent saisir des convois importants de femmes et de buffles que les pirates expédiaient de l'autre côté de la frontière. La plus importante de ces captures fut celle qu'opéra le capitaine de Saint-James. Il surprit une nuit une bande qui essayait de faire passer en Chine une centaine de femmes et une grande quantité de riz. Il s'empara de tout le butin, mais la bande disparut.

Le colonel Terrillon fut enfin assez heureux pour surprendre, le 15 décembre, Luuky et sa bande. On se battit chaudement pendant quelques heures, les pirates subirent de grosses pertes et le prestige de Luuky en reçut un coup tel que les bandes le reconnaissant pour chef se dispersèrent. Sur la proposition du général en chef et du gouverneur général, le lieutenant-colonel Terrillon fut, pour cette affaire, promu au grade de colonel. Il continua de poursuivre les bandes disloquées de Luuky, leur infligea des pertes sensibles, mais ne put réaliser son objectif qui était la prise du chef. Au printemps de 1892, il rentra en France désolé, a-t-on dit, de n'avoir pu s'emparer de Luuky, au point qu'il niait lui-même, les résultats qu'il avait obtenus et qu'il déclarait à son débarquement, nécessaire d'envoyer dans le Dong-Trieu dix mille hommes de troupes fraîches. Ce renfort était inutile. Le colonel Terrillon avait, en dépit de sa propre opinion, bel et bien nettoyé le massif de Dong-Trieu autant qu'il pouvait le faire à cette époque. Les bandes de Luuky ne se reformèrent jamais; ce chef lui-même est mort dans l'embuscade qui coûta la vie au commandant Bonneau, près de Bac-Lé, en juillet 1892, et il a suffi d'organiser méthodiquement le premier territoire pour soustraire définitivement le massif du Dong-Trieu aux bandes qui le détenaient en 1891.

Après le nettoyage du Dong-Trieu, le général Reste proposa d'organiser une colonne contre le Yen-Thé. Des chefs rebelles annamites, Ba-Phuc, De-Than, etc., y avaient depuis plusieurs années établi de solides repaires. Ils avaient dressé dans le fond des forêts des fortifications en terre, des palissades en bambous, des chemins couverts, des fosses à loups et une foule d'autres ouvrages contre lesquels le colonel Frey s'était heurté vainement à deux reprises en 1890. Une partie notable des pirates du Dong-Trieu était allée chercher un asile dans ces forêts fortifiées. De tout temps, les rebelles annamites et leurs auxiliaires les pirates chinois y avaient régné en maîtres absolus. Ils descendaient dans les plaines de Bac-Ninh, pillaient et rançonnaient les villages qui, peu à peu, avaient été abandonnés par leurs habitants, si bien que des huyens entiers, autrefois fort riches, étaient maintenant déserts et incultes. Il était manifestement impossible de laisser durer plus longtemps un pareil état de choses. Le résident de Bac-Ninh, l'un des fonctionnaires les plus calmes et les plus pacifiques du Tonkin, M. Auvergne, réclamait lui-même des opérations militaires, les jugeant indispensables pour mettre sa province à l'abri des malfaiteurs. J'étais donc favorable, en principe, à la colonne qui était proposée par le général Reste et le général Voyron. Ce dernier, qui se proposait de la commander lui-même, y poussait, au commencement de 1892, avec une extrême vigueur.

Cependant j'aurais voulu pouvoir éviter cette nouvelle action militaire. Avant de donner l'autorisation officielle, je fis faire quelques tentatives de soumission auprès des chefs annamites du Yen-Thé. Il y avait, dans cette région, beaucoup de catholiques vivant en très bonne intelligence avec les pirates. Mgr Velasco, coadjuteur de l'évêque espagnol de Bac-Ninh dont dépendent les villages catholiques, fit faire des démarches auprès de Bac-Phuc dans le but d'obtenir sa soumission ; elles furent infructueuses ou, pour mieux dire, elles traînèrent tellement en longueur que je me vis contraint de les faire cesser. Les chefs annamites étaient décidés, en principe, à se soumettre, mais ils en étaient empêchés par leurs partisans, surtout par les malfaiteurs chinois à leur solde.

Les opérations commencèrent le 25 mars ; elles ne durèrent que cinq ou six jours. Les préparatifs avaient été faits d'une façon très consciencieuse par le général Voyron, à qui je n'avais rien refusé comme moyens d'action. Les lieux avaient été fort soigneusement étudiés, des points avaient été relevés d'où l'artillerie pouvait canonner les forts des rebelles et les détruire sans être exposée au moindre danger ; il avait été convenu que pour éviter les pertes subies par le colonel Frey, l'infanterie n'entrerait en jeu qu'après l'anéantissement des forts annamites. Malheureusement cet ordre fut méconnu, il en résulta la mort de trois officiers et de quelques hommes. Nous étions les maîtres de ce pays où jamais nous n'avions pu pénétrer ; mais les pirates n'avaient subi que des pertes insignifiantes et ils étaient en fuite ; ils se dérobèrent tous en une nuit à travers nos colonnes. En cela, l'opération du Yen-Thé ne différa pas de toutes les opérations analogues.

Je n'ai pas besoin de rappeler l'émotion que nos pertes produisirent en France ; elle fut à peine calmée par l'annonce des succès obtenus. Dans un télégramme dont je ne saurais perdre le souvenir, le sous-secrétaire d'Etat, après m'avoir envoyé des félicitations pour les troupes, ajoutait que le gouvernement espérait bien que ces opérations militaires « seraient les dernières ».

Au Tonkin, la satisfaction fut extrêmement vive. Le Yen-Thé était considéré depuis des années comme la citadelle inexpugnable de la grande piraterie et de la rébellion. Son évacuation sous les coups de quelques canons, la fuite des bandes qui occupaient ses forts, la retraite dans laquelle s'enfermèrent aussitôt les chefs annamites étaient des faits absolument nouveaux dans l'histoire de nos luttes contre les pirates et l'on tirait de ces succès les meilleurs augures pour l'avenir.

Les opérations du Dong-Trieu et du Yen-Thé avaient occupé la majeure partie des troupes européennes pendant tout l'hiver de 1891-1892. L'action militaire avait été, par suite, peu importante dans les autres portions du territoire où elle était, du reste, moins urgente. Le nettoyage du Dong-Trieu et du Yen-Thé avait porté un coup terrible à la grande piraterie. Il lui avait fait perdre ses repaires les plus solides, ceux d'où il lui était le plus facile de descendre dans le Delta.

Pendant que les troupes nettoyaient ces régions, le contre-amiral Fournier présidait à la destruction des pirates de la mer. La piraterie maritime s'est exercée de tout temps sur les côtes de la Chine et du Japon. Des jonques ayant l'allure de bateaux de pêche ou de cabotage, montées par un petit nombre d'hommes résolus et bien armés, circulent constamment le long des côtes, rançonnant la pêche et le commerce, n'employant la violence que quand on leur résiste, défiant par leur ruse la surveillance la plus active. Cette industrie s'exerce jusque dans le voisinage des plus grands ports. Il n'est pas rare que les journaux anglais signalent des actes de piraterie accomplis dans le voisinage ou même dans l'intérieur de la baie de Hong-Kong et à l'embouchure de la rivière de Canton. Les pirates de mer ont leurs familles dans les îles ou sur les côtes, mais c'est dans les ports qu'ils échangent, par l'intermédiaire des commerçants chinois, le produit de leurs rapines, contre de l'opium, des munitions et des armes.

En 1891, la piraterie maritime était en pleine floraison dans le golfe du Tonkin. Depuis longtemps, nos navires, soit par incurie, soit pour des raisons d'économie, ne lui faisaient qu'une chasse très modérée. Parmi les îles de la baie d'Along, la Cac-Ba était le repaire le plus important de ces malfaiteurs. On les y avait attaqués en 1890, sur les ordres de

M. Bonnal, mais, l'expédition terminée, personne ne s'était plus occupé d'eux et ils avaient, au bout de quelques mois, recouvré toute leur audace. Les villages de la côte souffraient beaucoup de leurs déprédations. Ils étaient aussi des auxiliaires sérieux pour les bandes du Dong-Trieu qu'ils ravitaillaient. Quelques chefs sans valeur propre, mais particulièrement audacieux, régnaient sur cette tourbe. Les jonques de pêche et de cabotage, ainsi que les villages des côtes leur payaient des impôts réguliers et dont on a retrouvé les rôles.

A peine arrivé au Tonkin, le contre-amiral Fournier fit rapidement mettre en état tous les navires de la station ; toutes les chaloupes du service local et de la douane qu'on pût détacher furent mises à sa disposition et la chasse aux pirates de mer fut menée avec une très grande vigueur.

L'amiral fut particulièrement secondé dans cette campagne par quelques officiers dont les noms méritent d'être cités ici : le capitaine de vaisseau Ferran, commandant de l'*Aube*; le lieutenant de vaisseau Lamothe du Portail, commandant du *Lutin*, qui finit par s'emparer de Déong, un chef pirate qui avait désolé l'archipel pendant des années; M. de Kérillis, lieutenant de vaisseau, aide de camp de l'amiral Fournier, qui tous se donnèrent beaucoup de mal et rendirent d'importants services.

Au mois de mai 1892, la piraterie maritime du Tonkin avait vécu, l'amiral en annonçait la destruction complète dans un ordre du jour qui était la consécration officielle de ce fait important. Depuis cette époque, les pirates de la mer n'ont plus fait parler d'eux; on peut dire qu'ils n'existent plus ou qu'ils sont allés ailleurs exercer leur métier. Par contre, les côtes du Tonkin sont de plus en plus fréquentées par les bateaux de pêche chinois, dont le port d'attache principal est Packoï.

Après les sérieux efforts qui avaient été faits avec succès contre la grande piraterie pendant l'hiver de 1891, il aurait fallut procéder tout de suite à l'occupation définitive et à l'organisation méthodique des territoires que nous venions d'enlever aux pirates. Il aurait fallu aussi nous établir solidement sur la route de Langson où les travaux du chemin de fer et les convois incessants de vivres et de piastres ne pouvaient manquer d'attirer les malfaiteurs chinois chassés du Dong-Trieu et du Yen-Thé. Il fallait également en finir avec les contestations relatives aux deux cantons de Hoan-Mo et de Déo-Luong qui traînaient encore entre nous et la Chine. Les cantons contestés n'étant surveillés ni par les Chinois ni par nous, servaient de repaires à tous les brigands. Il fallait enfin occuper solidement nos frontières, en commençant par celles du Quang-Tong et du Quang-Si.

Avant de partir pour Hué, à la fin de février 1892, le gouverneur général avait donné des instructions très précises sur ces divers points, mais son éloignement et surtout la maladie qui bientôt s'empara de lui et le força d'aller se rétablir au Japon, retardèrent l'exécution des mesures qu'il avait en vue jusqu'à la fin de l'année 1892.

A la fin du mois d'août 1892, lorsqu'il revint du Japon, les esprits étaient dans un état de trouble profond, la répercussion de ce trouble s'était fait sentir jusqu'en France. Depuis plus de deux mois il n'était question à Hanoï que de l'invasion du Tonkin non seulement par les pirates chinois, mais encore par les troupes régulières de la Chine. Au moment même du débarquement du gouverneur général à Haïphong, on ne parlait de rien moins que de la prise de Langson et de la mort du colonel Servière, commandant du 2e territoire militaire.

Il y avait réellement, depuis quelques mois, une certaine agitation sur nos frontières et dans le 2e territoire militaire. Des bandes allaient et venaient de la Chine au Tonkin, des villages étaient pillés sur divers points, des reconnaissances militaires étaient tombées dans des embuscades où elles avaient subi des pertes cruelles. A quoi cette agitation était-elle due ? Était-ce, comme on le disait dans certains milieux, la suite de menaces proférées contre la Chine par des chefs militaires, notamment celle de nous emparer par la force du canton contesté de Déo-Luong ? Était-ce l'effet des paroles et des écrits de ceux qui demandaient qu'on exerçât des représailles sur les côtes de la Chine ? Y avait-il réellement parmi les pirates des réguliers chinois ? Ne fallait-il pas voir aussi dans l'agitation intérieure du 2e territoire le résultat des menaces adressées au chef soumissionnaire Luong-Tam-Ky ? Celui-ci prenait-il ses précautions contre une attaque de son territoire ? Il y avait de tout cela sans doute dans l'agitation des régions voisines du Quang-Tong et du Quang-Si.

Il est certain que quelques officiers avaient pris, à l'occasion des pourparlers relatifs au canton contesté de Déo-Luong, une attitude tout à fait menaçante à l'égard de la Chine, et qu'ils haussèrent encore le ton à la suite de quelques incidents de frontière, assez semblables, d'ailleurs, à ceux qui se passaient chaque année. La presse locale se fit l'écho des menaces parties des cercles militaires. Des renseignements pessimistes, dont l'exagération aurait dû faire soupçonner la fausseté, furent mis en circulation. Bientôt on parla d'une véritable invasion de notre territoire, non seulement par des pirates ou des réguliers déguisés en pirates, mais encore par les troupes chinoises que le général Sou en personne devait conduire à l'attaque de That-Khé, de Caobang et de Langson. Le général en chef me faisait part de ces renseignements au Japon, sans y ajouter les appréciations rassurantes dont le colonel Servière les avait accompagnés. Il s'appuyait sur eux et sur les incidents fâcheux rappelés plus haut pour réclamer une augmentation immédiate de ses effectifs et des mesures de représailles contre la Chine ; il proposait en même temps d'attaquer Luong-Tam-Ky comme complice des Chinois, et le bruit se répandait au Tonkin que l'attaque ne tarderait pas à se produire.

L'opinion publique, de son côté, s'échauffait ; les bruits les plus ridicules trouvaient des croyants ; on envoyait en France, dans des centaines de lettres, l'écho de ces inquiétudes et l'annonce non douteuse d'un prochain envahissement du Tonkin par les troupes chinoises.

Peu de jours après mon arrivée, la lumière se faisait dans ce chaos. Sans rentrer dans des détails qui risqueraient d'enlever à ce livre son caractère de sérénité, je me bornerai à dire que la plupart des renseignements sur lesquels on s'était fondé pour annoncer « l'invasion chinoise » et demander des mesures exceptionnelles étaient les uns tout à fait faux taisistes, les autres fort exagérés. En même temps, l'agitation se calmait sur les frontières par suite d'une entente entre le général Sou et le colonel Servière, au sujet du canton de Deo-Luong et, dans l'intérieur du 2ᵉ territoire, par la remise de la région de Luong-Tam-Ky au régime civil.

Avant la fin du mois de septembre, la tranquillité était revenue à la fois dans les esprits des Français du Tonkin et sur nos frontières.

C'est aussi à partir de ce moment qu'on commence à procéder à l'organisation méthodique des deux premiers territoires militaires et des frontières du Quang-Tong et du Quang-Si. Commencée avec beaucoup d'intelligence par le lieutenant-colonel Clamorgan, dans le 1ᵉʳ territoire, cette organisation est surtout l'œuvre du colonel Galliéni, qui prit, à la fin de 1892, le commandement du 1ᵉʳ territoire et à qui fut donné, en outre, plus tard, le commandement du 2ᵉ territoire. C'est à lui, à son infatigable activité, à l'esprit d'administration et d'organisation dont il est doué, à sa grande autorité sur les troupes et leurs officiers, à sa bienveillance remarquable pour les indigènes que doit être légitimement attribuée la pacification, aujourd'hui complète, du 1ᵉʳ et du 2ᵉ territoire militaire, c'est-à-dire de toute l'étendue de la région montagneuse qui borde le Quang-Tong et le Quang-Si. Il faut ajouter que, s'il a pu réussir dans cette œuvre, ce n'est pas seulement à cause des moyens financiers mis à sa disposition, mais aussi grâce à la confiance qu'a bien voulu lui témoigner avec moi le général Duchemin.

Pour que l'action des commandants des territoires militaires soit efficace, il faut non seulement qu'ils soient doués des qualités nécessaires à l'exercice de ces délicates fonctions et qu'ils aient l'entière confiance du gouverneur général, mais encore que le commandement militaire veuille bien leur laisser, au point de vue technique, toute l'autorité qui leur a été accordée, au point de vue administratif et politique, depuis leur création. De même que le gouverneur général de l'Indo-Chine ne peut rien faire d'utile sans des pouvoirs très étendus, de même les commandants des territoires militaires seraient réduits à l'impuissance le jour où les autorités supérieures — militaires ou civiles — auraient la prétention de se mêler des détails de leur action. A ce point de vue, la présence d'un deuxième général au Tonkin ne saurait être que fâcheuse. Ou bien, il faut qu'il consente à ne rien faire, ce qui va mal aux hommes actifs ; ou bien il a la prétention de se placer entre le général en chef et les commandants des territoires militaires, et, fatalement, quelles que soient ses intentions et ses idées, il devient nuisible, en refroidissant les bonnes volontés par une intervention intempestive.

Le colonel Galliéni n'a fait qu'un petit nombre d'opérations militaires. En dehors de quelques colonnes rapides dans les massifs du Baoday, du Mauson, des Lung-Qué, son expédition du Caï-Kinh, à la fin de 1893, mérite une mention spéciale, tant à cause de l'habileté avec laquelle elle fut organisée et conduite, qu'en raison des résultats qu'elle a donnés.

Le massif calcaire du Caï-Kinh, avec ses hautes murailles droites et ses cirques boisés, où l'on ne pénètre que par des gorges très étroites, offrait aux pirates chinois chassés du Dong-Trieu et du Yen-

Thé un refuge d'autant meilleur qu'il communique assez facilement avec la Chine par Nacham et qu'il borde sur une trentaine de kilomètres la route de Langson. Il était admirablement placé pour les vols à commettre. En quelques minutes des gens hardis et lestes pouvaient faire une descente sur la route de Langson, piller un convoi, enlever un Européen et regagner les crêtes inaccessibles de la montagne. Les opérations de la fin de 1893 ont complètement nettoyé ce massif. Nos troupes ne trouvèrent aucune bande à combattre ; les pirates avaient fui devant elles, mais les habitants encouragés par notre présence se mirent à la poursuite des fuyards et rapportèrent une cinquantaine de têtes. Les pirates ne sont plus revenus dans le Caï-Kinh que nous occupons aujourd'hui solidement.

Les procédés qui ont été mis en œuvre pour obtenir la pacification du 1er et du 2e territoire sont aussi simples que sûrs. Ils consistent dans la fermeture des frontières par des postes et des blockhauss au niveau de tous les passages ; l'occupation du pays par des postes et des blockhauss situés de manière à dominer les routes principales et à protéger les plus gros centres de population ; la construction de routes reliant tous les postes ; l'armement des populations sédentaires dont il faut avoir soin de respecter les mœurs, les coutumes, l'organisation sociale et administrative.

Ce dernier point est celui auquel il faut attacher le plus d'importance. Pour arriver à des résultats positifs contre les bandits chinois, il est avant tout indispensable que nous ayons avec nous les populations des montagnes du Tonkin. Or, nous ne pouvons gagner leurs sympathies qu'à la condition de ne pas modifier leurs habitudes. Elles n'aiment pas les Annamites et n'ont jamais pu en supporter la domination ; il faut donc se bien garder de placer au milieu d'elles des mandarins annamites. Elles tiennent à leurs chefs, elles aiment à les choisir elles-mêmes, il ne faut pas nous mêler de leurs choix ; elles détestent les corvées, il faut avoir soin de ne pas leur imposer d'autres travaux que ceux qu'elles consentent à faire moyennant un salaire équitablement rémunérateur ; elles sont peu portées à payer les impôts, il est indispensable de les ménager à cet égard dans toute la mesure du possible. Nous avons d'autant plus d'intérêt à agir de la sorte que ces populations ont beaucoup souffert par notre faute pendant de nombreuses années ; prises entre l'enclume et le marteau, entre les pirates chinois et nos troupes, elles n'ont que trop souvent subi les vindictes des deux partis. Il faut leur donner le temps de reprendre haleine, de se refaire, de rétablir leurs villages et leurs cultures, de reconstituer leurs troupeaux, etc. Jusqu'à ce que le bien-être nous apparaisse bien visible parmi elles, nous ferons sagement de ne les imposer qu'avec la plus grande modération.

Dès la fin de 1891, le Gouverneur général avait tracé ce programme dans une circulaire du 3 septembre 1891 : « Je vous recommande, disait-il, de veiller avec le plus grand soin à ce que les autorités indigènes soient exclusivement Annamites en pays annamite, exclusivement Muongs en pays muongs, en un mot à ce qu'il y ait toujours identité absolue de race entre elles et les populations placées sous leur dépendance. La même recommandation doit, d'ailleurs, s'appliquer avec la même rigueur au recrutement de tous les agents, sans exception. Pas un Annamite ne doit être employé à la police des territoires muongs, pas un Muong à la police des territoires annamites, et de même pour toutes les variétés d'indigènes des différentes régions qui nous sont confiées. C'est là une prescription essentielle, à l'observation de laquelle j'attache la plus grande importance. » Il a fallu un peu de temps pour que les idées exprimées dans ces instructions se répandent parmi les autorités des territoires ; il a fallu aussi l'intervention des chefs militaires actuels, particulièrement du général Duchemin, du lieutenant-colonel Pennequin, du colonel Servière et du colonel Galliéni. Sous leur habile direction il s'est formé un groupe important d'officiers qui ont rendu à la pacification des territoires militaires les plus grands services en traitant les populations avec bienveillance, justice et respect de leurs habitudes. Le commandant Amar en 1893, dans le cercle de Moncay, les lieutenants-colonels Clamorgan et Vallière aujourd'hui dans les cercles de Langson et de Caobang, le commandant Gérard dans le cercle du Caï-Kinh, le capitaine de Grandmaison à Dongdang et beaucoup d'autres excellents et vaillants officiers, auxquels va se joindre le lieutenant-colonel Perreaux, qui a rendu déjà de grands services au Tonkin, forment une école nouvelle, aussi habile à administrer les populations qu'ardente à combattre les pirates, école que le Gouvernement a le devoir d'encourager, car c'est à elle que sera due la pacification définitive du Tonkin.

Il ne suffit pas de laisser les populations des régions montagneuses suivre leurs habitudes traditionnelles, il faut encore, comme dans le Delta, donner à leurs chefs les moyens de faire eux-mêmes la police du pays. Il faut leur distribuer des armes qui leur permettent de se défendre contre les malfaiteurs chinois. Le colonel Servière eut, le premier, l'idée, fort juste, d'armer les populations sédentaires des montagnes. Aujourd'hui tous les officiers sont d'accord pour reconnaître que l'armement des habitants figure au premier rang des moyens à employer pour pacifier les territoires militaires et y maintenir ensuite la tranquillité.

Cet armement se fait de deux façons différentes : d'abord par la création de linh-co organisés en compagnies, payés, revêtus d'un costume spécial et employés à un service permanent de surveillance, d'escortes, de garnisons des blockhaus, etc., sous les ordres immédiats des chefs indigènes et la direction des commandants des cercles militaires. On n'osa d'abord recruter les linh-co des territoires militaires que parmi les races annamites de ces régions ; puis on les recruta parmi les Muongs dont on fut très satisfait. Au commencement de 1894, le commandant Amar eut l'idée de créer dans le cercle de Moncay des linh-co chinois. La tentative a si bien réussi que son successeur le colonel Chapelet a demandé, en novembre 1894, l'augmentation de ces linh-co. Ils montrent une grande activité et un zèle admirable dans la chasse aux pirates.

En second lieu, l'armement se fait par la distribution aux villages d'un certain nombre de fusils dont les chefs de village sont responsables et qu'ils doivent représenter à l'autorité militaire à des époques déterminées. Chaque fusil est accompagné d'un paquet de cinquante cartouches. La plupart des villages thôs du 2⁰ territoire ont sollicité la délivrance de ces armes. Le colonel Galliéni y procède avec une très grande générosité. Il fait faire chaque mois une inspection. Jusqu'à ce jour il n'a pas eu à constater la disparition d'un seul fusil, sur une douzaine de mille qu'il a distribués. Les villages armés font une chasse incessante aux pirates chinois ; ils suppriment tous les maraudeurs. C'est particulièrement à leur action que le colonel Galliéni attribue la suppression complète de la piraterie dans tout le 2⁰ territoire à la fin de 1894. Les mêmes résultats ont été produits par les mêmes moyens dans le premier territoire.

Les blockhauss et les postes en maçonnerie bâtis, tant sur la frontière que dans l'intérieur du pays, ont aussi joué un très grand rôle dans la pacification des deux premiers territoires. J'ai dit que jusqu'en 1891 on avait systématiquement délaissé les frontières et qu'on ne les avait pourvues d'aucun poste permanent, parce qu'il était entendu qu'on les abandonnerait pour se replier dans le Delta en cas de guerre avec la Chine. C'est seulement depuis la fin de 1892 que l'on a renoncé à ces erreurs et que l'autorité militaire s'est mise résolument à l'occupation permanente des frontières. Aujourd'hui les postes et blockhauss qui les ferment sont déjà très nombreux tout le long des frontières du Quang-Tong et du Quang-Si. Ils ont été placés de préférence en face des postes chinois qui eux-mêmes sont disposés sur tous les passages praticables entre le Tonkin et la Chine. L'importance de nos postes varie avec les points sur lesquels ils ont été bâtis ; leur rôle est tantôt celui d'une simple surveillance, tantôt celui d'une véritable protection du pays ou d'une défense contre le dehors. A Dong-Dang et à Nacham, en face des superbes postes chinois en maçonnerie qui se dressent sur toutes les hauteurs, nous n'avions jusqu'à l'année dernière que de misérables paillottes. L'impression produite par ces rudimentaires habitations était si pitoyable que le taotaï de Long-Tchéou demandait récemment encore à un de nos officiers supérieurs s'il était bien vrai que nous eussions l'intention de garder le Tonkin, si nous le ne quitterions pas après être rentrés dans nos dépenses et avoir satisfait notre amour-propre national. Aujourd'hui, à Dong-Dang et à Nacham, nous avons des casernes superbes en maçonnerie, des établissements dignes de notre pays et qui inspirent aux autorités chinoises le respect de notre force et de notre richesse avec la certitude de la pérennité de notre occupation.

Ces postes permanents, solides, bien outillés, bien placés donnent aussi aux populations une confiance qu'elles n'avaient pas auparavant. Elles sont certaines maintenant, comme les Chinois, que nous ne quitterons pas le pays, que nous leur assurerons une protection permanente ; leur hardiesse contre les Chinois qu'elles détestent, dont elles ont tant souffert pendant si longtemps, en est considérablement accrue. Au moment où ce livre paraîtra, tous les postes, blockhauss, casernes, etc., du 1er et du 2e territoires militaires seront achevés ; j'ai pu — je dirai plus loin par quels moyens, — assurer au colonel Galliéni les ressources financières nécessaires à l'accomplissement de ces travaux. Il y ajouta la main-d'œuvre de ses hommes, la surveillance de ses officiers, le concours de tout son monde et l'on a pu faire des travaux considérables dans un temps très court avec des dépenses relativement peu élevées.

La construction des routes est moins avancée. Cependant un très grand progrès a été réalisé. Dans le 1er territoire, la route de Tien-Yen à Langson est en service depuis les premiers mois de 1892. On a commencé la construction d'une très belle voie carrossable le long de la frontière, de Moncay à Loc-Phu et à Bac-Phong-Sinh ; elle sera prolongée jusqu'à sa rencontre avec celle de Langson. La route de Lam à Bac-Lé, à travers le Baoday, coupe un massif qui était autrefois un des repaires les plus dangereux des pirates ; celle de Quan-La à Vi-Loaï et Anchau traversera le massif du Dong-Trieu. D'autres routes encore qu'il me paraît inutile d'énumérer ici sont en construction dans le 1er territoire. Il a pu être inscrit au budget de 1895 un crédit assez important pour ces travaux.

Dans le 2e territoire, on a ouvert récemment une excellente route carrossable entre Langson et Don-Dang et Nacham, on la continue vers That-Khé et Caobang. On travaille en même temps à une route qui descend de Caobang sur Ngan-Son, Chomoï et Thaï-Nguyen ; on a commencé la construction d'autres routes à travers le Yen-Thé et le Caï-Kinh. Ce sont des travaux de longue haleine qui ne pourront jamais aller bien vite à cause de l'absence de main-d'œuvre, des difficultés du terrain et des dépenses considérables à faire ; mais il importe de ne pas les négliger, car ils sont indispensables au parachèvement de la pacification. Il n'y a de pays définitivement tranquilles que ceux où la circulation est facile.

La pacification du 4ᵉ territoire militaire, qui embrasse tous les pays situés entre le fleuve Rouge et la rivière Noire et une partie de la rive gauche du fleuve Rouge, a marché beaucoup plus vite que celle des 1ᵉʳ et 2ᵉ territoires. Les populations y sont extrêmement rares, très pauvres et n'offrent par conséquent que peu de tentations aux malfaiteurs. De plus, le Yunnan ne fournit pas de pirates. Tous ceux qui se trouvent dans le haut du fleuve Rouge sont venus du Quang-Tong ou du Quang-Si à une époque plus ou moins reculée. Cependant quelques petites bandes chinoises étaient, en 1891, errantes sur les deux rives du fleuve Rouge, où elles rançonnaient les jonques de commerce montant au Yunnan ou descendant de Manhao au Tonkin. Le colonel Pennequin les avait toutes refoulées, en 1892 et 1893, sur la rive gauche du fleuve et finalement les avait rejetées jusque dans le canton de Tu-Long, à l'est de Laokay, sur la frontière du Yunnan. Le canton de Tu-Long appartenait alors à la Chine. Après qu'il nous eut été cédé par elle, au printemps de 1894, on eut la malencontreuse idée de donner la chasse à ces malfaiteurs ; ils fuirent devant nos troupes, repassèrent le fleuve Rouge et allèrent de nouveau s'établir sur sa rive droite, entre lui et la rivière Noire. Il a fallu, dans ces derniers temps, refaire les opérations du colonel Pennequin pour chasser de nouveau ces gens vers le Yunnan. L'autorité militaire était décidée à les laisser retourner dans le canton de Tu-Long où le besoin de vivre les obligera probablement à se fixer. En dehors des opérations rappelées plus haut, l'action du colonel Pennequin dans le 4ᵉ territoire fut surtout politique. Il obtint la pacification de ce territoire en rendant aux populations l'exercice de leurs coutumes administratives, l'élection de leurs chefs, le soin de faire elles-mêmes la police du pays, etc. Par ces moyens, le 4ᵉ territoire a été pacifié au point que, depuis la fin de 1893, il est aussi tranquille que les provinces du Delta.

La rareté des habitants a naturellement fait négliger ce territoire davantage que ceux qui avoisinent le Quang-Tong et le Quang-Si. Le seul point qui eût attiré jusqu'à ces derniers temps l'attention de l'autorité militaire est Yen-Bay. En vertu des idées qui avaient cours avant 1891, toute la partie du fleuve Rouge située au-dessus de ce point, devait, en cas de guerre avec la Chine, être abandonnée, les troupes se repliant depuis Laokay jusqu'à Yen-Bay. Sous l'influence de ces vues, on y fit des travaux importants en constructions militaires et en fortifications.

Aujourd'hui qu'il est bien entendu que les frontières devront être gardées et défendues quoi qu'il arrive, Yen-Bay devient sans intérêt. Avant mon départ, il avait été convenu avec le général en chef qu'on transporterait à Laokay le siège du 4ᵉ territoire et qu'on y ferait les constructions nécessaires pour une compagnie de troupes européennes, une compagnie de tirailleurs et de l'artillerie. Les crédits exigés par ces constructions ont pu être inscrits au budget ordinaire du protectorat pour 1895.

En dehors de Laokay, deux autres points, sur les bords du fleuve Rouge, devront être l'objet d'une attention particulière : Baxat, à 30 kilomètres en amont, sur la rive droite, et Pholu, à 30 kilomètres en aval, sur la rive gauche.

Il n'existe à Baxat qu'un très faible noyau d'habitants indigènes, dans une petite vallée, au pied du poste militaire que nous y entretenons et un peu en aval d'un poste et d'un marché chinois situés en face, sur l'autre rive du fleuve. L'intérêt de Baxat est dans la route qui le relie à Laïchau. Cette route a dû être autrefois très fréquentée, car elle est encore dallée sur certains points comme les voies mandarines de la Chine ; elle dessert tout le territoire de Déo-Van-Tri.

Quant à Pholu, il est le point de départ de la seule route qui existe entre le fleuve Rouge et le canton de Tu-Long. De Pholu on gagne en quatre jours le premier poste de ce canton, celui de Xin-Man. C'est par cette route que passent toutes les marchandises se rendant vers Tu-Long. Tous les cinq jours, il part de Pholu plus de 500 mulets chargés pour cette destination.

En dehors de ces postes et de Laïchau, Dien-Bien Phu et Van-Bu, tous les autres postes du 4ᵉ territoire n'ont plus guère aucun intérêt.

La seule partie du Tonkin où la pacification ait encore des progrès notables à faire est la région située entre la rivière Claire et ses affluents, le Song-Chay et le Song-Gam, la frontière du 4ᵉ territoire à l'est et le Delta au sud. Cette région comprend le 3ᵉ territoire et les pays habités par les chefs soumissionnaires Ba-ky et Luong-Tam-Ky.

Je parlerai d'abord du 3ᵉ territoire. Il est formé en majeure partie par les régions qu'arrosent les trois rivières nommées plus haut. En dehors des plaines qui entourent Tuyen-Quan, les populations y sont tellement rares que les pirates n'y trouvent que fort difficilement à vivre. A la fin de 1893, dans les environs de Hagiang, une bande entière vint remettre ses fusils au commandant du cercle pour avoir du riz ; elle mourait de faim. Les quelques bandes qui existent encore dans le 3ᵉ territoire, errent misérables, en quête d'un convoi de vivres à saisir comme cela s'est produit en décembre dernier, d'une barque à piller, de quelque petit village à dépouiller. Mais là aussi les habitants se défendent et il suffira de fermer la frontière entre Caobang et Hayang pour faire disparaître les derniers groupes de pirates chinois existant encore au Tonkin. Mon intention était de faire procéder à cette organisation aussitôt que celle du 2ᵉ territoire serait terminée, c'est-à-dire vers le milieu de 1895. Le colonel Galliéni disait à ce propos, en décembre 1894, devant des fonctionnaires et des officiers : « Avec l'achèvement de l'organisation commencée, il n'y aura plus, dans un an, un seul pirate au Tonkin. » Il est à souhaiter qu'aucun retard ne soit apporté à cette organisation et que rien ne fasse mentir la promesse du colonel Galliéni.

Les territoires occupés par Luong-Tam-Ky, Ba-Ky, Ba-Phuc et Déthan méritent une mention tout à fait spéciale. Ils s'étendent entre Chomoï, Thaï-Nguyen, Kéthuong, Nha-Nam.

Le Déthan et son parent Ba-Phuc sont Annamites. Ils occupent le haut Yen-Thé. Depuis l'expédition de 1892, ils ne comptaient plus qu'un nombre très restreint de partisans et ne faisaient point parler d'eux, vivant tranquilles dans leurs forêts et commençant à remettre en culture quelques villages. Mais ils se tenaient à l'écart de nos postes et de notre influence. A mois de février 1894, le plus âgé et le plus autorisé de ces chefs, Ba-Phuc, vint à Haïphong au moment de mon départ, me présenter sa soumission, me promettant celle très prochaine de ses lieutenants. Le fait d'être descendu jusqu'à Haïphong où il eut été si facile de l'embarquer pour Poulo-Condore, témoignait, au dire du Kinh-Luoc et de tous les Annamites, d'une absolue confiance en notre loyauté. Il était accompagné par Baky qui n'avait pas été étranger à cette démarche. Cependant après mon départ, la soumission du Déthan se faisant attendre, des tentatives furent faites par les autorités de la province de Bac-Ninh pour s'emparer de sa personne et même le faire périr. Echappé à ces dangers, il tentait de faire dérailler un train et s'emparait, au mois d'août 1894, sur la route de Langson, de deux de nos compatriotes, MM. Chesnay et Logiou, occupés au débroussaillement des abords du chemin de fer. A peine les eut-il en sa possession qu'il leur déclara les avoir pris dans le seul but de contraindre le protectorat à accepter sa soumission. Celle-ci fut négociée par l'évêque espagnol de Bac-Ninh, Mgr Velasco, en même temps que la mise en liberté de nos compatriotes. Le tout était rapidement réglé. Déthan refusait à Mgr Velasco de traiter de la délivrance des captifs avant que sa soumission fût acceptée. Depuis lors, Déthan se tient absolument tranquille ; il se consacre, sous la surveillance d'agents du protectorat, à la remise en culture des villages de sa région ; il s'est associé avec M. Chesnay pour faire du commerce et il aide le résident de Bac-Ninh, M. Muselier, dans la construction d'une route qui doit être terminée à l'heure actuelle (je devais la parcourir avant la fin de janvier) et qui aura une grande importance, car, partant de Bac-Ninh, elle ira rejoindre Thaï-Nguyen en traversant tout le Yen-Thé.

La soumission de Déthan a rendu le Yen-Thé tout entier aussi paisible que le Delta lui-même, si bien qu'on a pu, en décembre 1894, sur la demande du commandant du 2ᵉ territoire, en remettre la garde à l'autorité civile. Il a été rattaché à la province de Bac-Ninh avec tout le pays qui s'étend le long de la voie ferrée jusqu'au delà de Kep. A moins d'événements qui viendraient troubler l'esprit des chefs soumissionnaires et les rejeter dans la rébellion, la question si grave du Yen-Thé est donc définitivement réglée.

Celle de Baky l'est, ou du moins l'était également avant mon départ. Depuis longtemps déjà Baky n'avait plus autour de lui, à Khétuong, qu'un nombre très réduit de partisans. A la fin d'octobre 1894, au moment de mon retour en Indo-Chine, l'autorité militaire ne lui attribuait pas plus de 300 hommes armés; en décembre, le nombre en était réduit, d'après tous les renseignements, de moitié. A ce moment, Baky fit demander l'autorisation de quitter Khétuong et de venir se fixer avec sa famille et ses quelques fidèles auprès de notre poste de Chomoï. Je m'empressai d'autoriser ce déplacement. Ce fait démontre combien j'ai eu raison de toujours m'opposer, malgré les sollicitations et les critiques, à toute opération militaire contre Baky. En 1891, ce chef disposait de près d'un millier d'hommes; aujourd'hui, par le seul fait du progrès général de la pacification, il est à peu près isolé, incapable de rien tenter et obligé de nous demander protection, car il est en butte aux tracasseries et aux menaces des malfaiteurs qui se sont séparés de lui.

Luong-Tam-Ky, son voisin, est le seul chef soumissionnaire ayant encore quelque importance, mais celle-ci va sans cesse en décroissant depuis quelques années et l'heure est proche où il sera, comme tous les autres, incapable même d'essayer de nuire. On a fait tant de bruit autour de ce chef que le lecteur ne sera probablement pas fâché d'avoir à son sujet quelques détails précis et exacts. Luong-Tam-Ky est Chinois comme Baky. Comme ce dernier, il s'est établi au Tonkin à l'époque des Pavillons-Noirs, alors que la Chine lançait contre nous toutes les bandes du Quang-Si et du Quang-Tong qu'elle avait été elle-même incapable de dompter. Trouvant dans les environs de Thaï-Nguyen et de Cho-Chu des vallées et des forêts qui lui plurent, Luong-Tam-Ky s'y établit, au moment de la paix, avec ses partisans. Il n'en est plus sorti. Il y fonda des villages, des marchés, où il faisait la contrebande des armes, de la poudre, des munitions, de l'opium et le commerce des femmes. A travers le Caï-Kinh et par la route de Thaï-Nguyen, Chomoï, Caobang, il communiquait d'autant plus facilement avec la Chine que notre occupation de ces régions était tout à fait rudimentaire et qu'il n'a probablement jamais cessé d'entretenir de très bonnes relations avec les mandarins chinois qui jadis ont utilisé ses services.

D'autre part, il était si voisin du Delta qu'il y pouvait tenter à chaque instant des coups de main fructueux. En août 1890, les autorités civiles et militaires du Tonkin étaient dans un tel embarras, par suite de la multiplicité et de l'importance des bandes, ainsi que de la rébellion du Delta, qu'on résolut de s'entendre avec Luong-Tam-Ky pour l'amener à rester tranquille. Ce serait autant de moins qu'il y aurait à faire pour réprimer le désordre. Luong-Tam-Ky se fit prier longtemps, imposa des conditions très dures, telles que l'abandon du poste militaire de Cho-Chu et une indemnité mensuelle importante ; la nécessité faisant loi, les autorités françaises acceptèrent ces conditions et une convention fut signée avec lui le 14 août 1890 pour une durée de trois ans. On a beaucoup reproché cette convention à M. Piquet ; on a eu tort. Il ne fit qu'obéir aux nécessités du moment. Il ne fut pas seul d'ailleurs à en juger ainsi. Dans la commission qui conclut à l'approbation de la convention figurait le sous-chef d'état-major, alors commandant de Beylié, dont l'avis fut très formellement favorable à l'acceptation des conditions proposées. Non seulement il ne faisait aucune objection à l'évacuation du poste militaire de Cho-Chu, mais même il se déclarait prêt à l'abandon de celui de Huong-Son à la seule condition qu'il fût occupé par de la milice. Il estimait que si cette convention était loyalement appliquée il en résulterait un grand bien pour la province de Thaï-Nguyen et les pays voisins et il concluait à l'adoption, au moins à titre d'essai loyal.

Depuis cette époque Luong-Tam-Ky est resté à peu près tranquille, il a considérablement augmenté le nombre de ses villages et de ses marchés, il a mis en culture des surfaces considérables de terres qui étaient abandonnées depuis une époque très reculée, il a introduit, en un mot, le travail et le progrès dans un pays très beau et très riche mais qui était sans valeur par suite du manque d'habitants. On lui a, il faut bien le dire, toujours reproché de jouer double jeu : de se tenir lui-même en paix afin de conserver les bénéfices de la convention de 1890, mais de pousser en sous-main diverses bandes de malfaiteurs, de les aider par des prêts d'armes et de munitions et de prélever une part du butin provenant de leurs opérations. On en concluait naturellement qu'il fallait dénoncer la convention de 1890, lancer des troupes sur le territoire occupé par le chef soumissionnaire et détruire ses villages.

En 1892, pendant ma convalescence au Japon, l'autorité militaire avait projeté de procéder, aussitôt l'hiver venu, à des opérations contre Luong-Tam-Ky. On en parlait sans aucune discrétion à Hanoï, on discutait, dans les conversations entre officiers, les moyens à employer pour mener à bien cette campagne et des ouvertures très formelles furent faites au gouvernement général. Ces projets étaient, cela va sans dire, connus de Luong-Tam-Ky et de ses partisans ; ils avaient déjà fait des préparatifs en vue de la résistance à nous opposer, s'étaient mis en relations avec les pirates du Quang-Si et n'étaient certainement pas étrangers à l'agitation non douteuse qui se produisit alors sur nos frontières et qui était, d'autre part, entretenue par les inquiétudes des autorités chinoises. La convention conclue en 1890 avec Luong-Tam-Ky ne devait expirer qu'au mois d'août 1893. J'étais résolu à ne la dénoncer que si le chef de Cho-Chu reprenait la campagne. Je le déclarai nettement et pour éviter les accidents qui auraient pu surgir, je replaçai tout le territoire de Luong-

Tam-Ky sous le régime civil. Un résident fut mis à Thaï-Nguyen, à la place du commandant du cercle militaire. Il avait mission de surveiller étroitement les deux chefs Luong-Tam-Ky et Baky, de les engager à rester paisibles et à maintenir tous leurs hommes dans le respect des engagements qu'ils avaient eux-mêmes contractés. Ces mesures amenèrent dans toute la région septentrionale du Tonkin un grand apaisement.

Lorsque la convention de 1890 vint à échéance, je fis informer Luong-Tam-Ky que j'étais formellement opposé à son renouvellement mais que je le traiterais avec d'autant plus de bienveillance qu'il se montrerait plus sage et plus respectueux de ses promesses. Le renouvellement en effet ne fut même pas discuté; le résident de Thaï-Nguyen réduisit de moitié l'indemnité donnée jusqu'alors au chef soumissionnaire et il fut entendu que ces nouvelles conditions pourraient prendre fin avec l'année 1894. Luong-Tam-Ky, désireux de donner une preuve de ses bonnes intentions, demanda spontanément qu'on fonctionnaire français fût placé à Chochu où il réside lui-même. Plus tard, il intervint pour faire rendre à la liberté les trois Européens qui avaient été enlevés par des pirates chinois sur la route de Langson pendant l'été de 1893 et il obtint la soumission de toute la bande, composée de 700 individus. Ceux-ci se fixèrent sur son territoire pour y travailler le sol. Son domaine est ainsi peuplé petit à petit par des pirates qui renoncent à leur métier. Il leur concède des terres, leur fait des avances de buffles, puis prélève une partie de la récolte. Il se crée de la sorte des revenus et se trouve aujourd'hui le premier intéressé à ce que son territoire soit paisible.

Il n'est guère permis de douter que de temps à autre quelques-uns des bandits qu'il a groupés quittent la charrue pour le fusil et s'en vont faire quelque excursion de piraterie ; mais il n'en faut pas conclure que nous devons tout de suite prendre les armes et envahir le territoire des soumissionnaires. Faisant la part du feu et nous préoccupant avant tout de l'avenir, nous devons surtout tenir compte du nombre d'individus qui sont arrachés peu à peu à la piraterie et fixés au sol.

Il ne faut pas croire en effet que nos troupes suppriment beaucoup de pirates. Peu nombreux au contraire sont ceux qui tombent sous les balles de nos soldats. Certaines personnes ont comparé les territoires militaires du Tonkin aux provinces du sud de l'Algérie et paraissent croire que nous avons affaire dans les premiers à des fanatiques semblables à ceux du Sud-Algérien. Rien n'est plus faux. Les pirates chinois des montagnes du Tonkin ne sont ni des fanatiques religieux, ni des patriotes. Ce sont de simples voleurs. Quand ils se battent, c'est qu'ils ne peuvent faire autrement. Toutes les fois que nous organisons contre eux une colonne, nous avons plus de chance de nous faire tuer des hommes que de leur en tuer. Ils fuient devant nos troupes sans aucun souci de faire preuve de bravoure, mais ils sont à l'affût de tous nos mouvements, se cachent dans les broussailles et manquent rarement l'occasion de nous tuer quelques hommes ou officiers à l'improviste.

C'est presque toujours dans ces conditions que sont morts les officiers et les hommes dont nous avons eu à déplorer la perte depuis quelques années. Ils ne s'attaquent même pas d'ordinaire aux troupes dans le simple but de nous tuer du monde ; ce qu'ils cherchent surtout à surprendre, ce sont les convois de vivres, de munitions ou de piastres. Ils sont informés du départ des convois, du chemin qu'ils suivent, de la force des escortes, se postent sur la route, dans les broussailles, tirent à bout portant sur les officiers de manière à désorganiser les escortes et se précipitent aussitôt sur les caisses qui sont rapidement enlevées. La moindre négligence peut nous occasionner des pertes douloureuses. C'est dans ces conditions que le commandant Bonneau fut tué en juillet 1892, près de Bac-Lé. L'embuscade avait été dressée près d'un torrent couvert d'arbres, d'arbustes, de broussailles impénétrables. Le commandant Bonneau marchait en avant du convoi, sans songer à prendre la moindre précaution, la région étant tout à fait paisible depuis plusieurs mois. En septembre 1893, un agent, M. Pierret, du transport de Langson à That-Khé fut tué et volé dans les mêmes conditions, près de Dong-Dang, à l'entrée des cirques calcaires des Lung-Què. Les pirates s'étaient cachés sur le faîte des rochers, dans les broussailles d'où ils tiraient sur le convoi. Quand on vint au secours de celui-ci, il n'y avait plus que les morts ; pirates et caisses étaient de l'autre côté de la frontière. Les tirailleurs tués récemment dans le troisième territoire l'ont été encore de la même façon. C'est un convoi de vivres surpris par des malfaiteurs à l'affût dans un pays broussailleux où la surveillance est presque impossible. Le capitaine Delaunay qui fut tué en décembre 1893, près de Pho-Binh-Gia, succomba dans des conditions analogues. Il était allé prendre à Than-Moï, 2,000 piastres et s'en retournait à son poste avec cet argent. Il marchait à une centaine de mètres en avant de son escorte, avec les coolies portant les piastres. Tout à coup des coups de feu partent des broussailles qui l'environnent; il tombe mort; les coolies lâchent les caisses dont les pirates s'emparent aussitôt. Quand l'escorte arriva sur le lieu du crime, il n'y avait plus ni piastres ni pirates, mais seulement le cadavre du capitaine.

Ces faits qui produisent en France tant d'effet et qui sont exploités avec tant d'ardeur par les ennemis du Tonkin, ne diffèrent en réalité, que fort peu des crimes de droit commun commis dans notre pays. Il est d'ailleurs presque impossible de les éviter entièrement, dans une contrée très vaste, à peu près inhabitée, sans voies de communications. Une poignée de malfaiteurs bien renseignés et audacieux peut y réussir des coups de main fort douloureux pour nous, mais qui n'ont aucune signification au point de vue de l'état général du pays, surtout quand ils sont, comme depuis plus d'un an, tout à fait isolés et de plus en plus rares.

Les deux opérations militaires les mieux conduites depuis trois ans, celle du Yen-Thé, en 1892, commandée par le général Voyron et celle du Caï-Kinh, à la fin de 1893, commandée par le colonel Galliéni auquel était adjoint le commandant Famin, n'ont détruit qu'un très petit nombre de pirates. Toutes les fois que nos troupes sont en nombre et bien gardées contre les embuscades, ils fuient devant elles.

Il n'en arriverait pas autrement si nous attaquions

avec des forces suffisantes les villages de Luong-Tam-Ky. La résistance serait certainement très courte; le seul résultat que nous obtiendrions serait de disperser sur tous les points de l'horizon une population qui maintenant est fixée au sol, le travaille, en vit, a pris des habitudes de bien-être qui ne lui permettent plus de revenir à la vie misérable des pirates. Chassés de leurs villages et de leurs terres, tous ces anciens bandits redeviendraient pirates. Comme ils ne trouveraient rien à voler dans les montagnes ils descendraient forcément dans le Delta. Il est donc préférable de supporter patiemment les inconvénients de l'état de choses actuel plutôt que de nous lancer dans des aventures guerrières dont les résultats seraient nuisibles. C'est du reste, à l'heure présente, l'avis de tout le monde au Tonkin, y compris les hautes autorités militaires.

D'ailleurs, depuis 1891 les conditions ont beaucoup changé à notre profit. A cette époque, à peu près aucun Européen ne pouvait pénétrer dans les territoires de Luong-Tam-Ky; nous ne savions rien de ce qui s'y faisait, rien de ce qui pouvait s'y préparer. Aujourd'hui, nous avons à Cho-Chu, au cœur même de ces territoires, un agent français, le vice-résident Destenay qui a fait preuve dans cette fonction d'une très grande habileté. Il y est avec une escorte de miliciens et il sera bon de lui construire une résidence digne de la France. Il vit en excellents termes avec Luong-Tam-Ky, le conseille et aussi le surveille, ce qui ne doit pas inquiéter beaucoup le chef soumissionnaire puisque c'est lui-même qui a demandé l'envoi de cet agent à Cho-Chu pour garantir sa bonne foi. Luong-Tam-Ky ne vit plus aussi retiré que par le passé, il fait du commerce et tend de jour en jour à se rapprocher de nous en raison des avantages qu'il retire de ses relations avec les Européens. Il est manifeste qu'il apprécie les avantages de la paix et qu'il préfère sa situation actuelle à la vie errante et misérable qu'il menait jadis. La majeure partie de ses hommes semble avoir fait une évolution dans le même sens. Ceux-là sont fixés au sol pour toujours ; ils ne reviendraient plus que contraints et forcés à leur ancien métier, d'autant plus que depuis trois ans ils ont vu singulièrement diminuer les chances de profit et augmenter celles de misère et de mort violente. Quant à la partie radicalement mauvaise des partisans de Luong-Tam-Ky, elle diminue de nombre peu à peu, tant en raison des accidents qu'elle éprouve dans ses expéditions au dehors que par les exécutions dont Luong-Tam-Ky lui-même ne se montre pas ménager. La police est faite sur son territoire avec une rigueur à rendre jaloux les plus sévères de nos commandants militaires.

Le territoire de Luong-Tam-Ky est entouré aujourd'hui d'une trentaine de postes militaires ou de milices qui ont ordre de ne pas intervenir chez lui mais qui forment un filet à mailles assez serrées pour qu'aucun maraudeur ne puisse le traverser sans s'exposer à y être pris. Luong-Tam-Ky sait qu'il n'a pas à s'inquiéter de la présence de ces postes, mais il sait et ses partisans savent comme lui qu'ils ont l'ordre d'arrêter tous les malfaiteurs qui rôdent à travers le pays. Le chef soumissionnaire est lui-même intéressé à cette police rigoureuse, car elle le débarrasse petit à petit des mauvais éléments de son entourage.

Des mesures ont été prises déjà pour la construction d'une grande route qui traversera les territoires de Luong-Tam-Ky et de Baky, depuis Thaï-Nguyen jusqu'à Caobang, en passant par Chomoï et Nganson. Cette route a eu jadis une grande importance ; elle était, paraît-il, l'une des voies de pénétration les plus suivies entre la Chine et le Tonkin. Elle aura l'avantage non seulement de donner de l'air aux territoires de Luong-Tam-Ky, d'en permettre la facile pénétration et la surveillance, mais encore de relier Caobang au cœur du Tonkin, car Thaï-Nguyen n'est, par la route directe, qu'à 60 kilomètres de Hanoï. Autrefois, il était convenu qu'en cas de guerre avec la Chine nous évacuerions Caobang ; avec cette route, Caobang deviendra, au contraire, un de nos meilleurs points de résistance à la frontière. Luong-Tam-Ky a déjà pris l'engagement de fournir des travailleurs pour sa construction. Ce travail est difficile, mais il est déjà commencé sur divers points et pourra être terminé en moins de deux ans si l'on veut bien s'en occuper avec activité.

Au lieu donc de guerroyer sur les territoires de Chomoï et de Cho-Chu, il est préférable d'y attirer, comme le fait Luong-Tam-Ky, les pirates désireux de changer de métier et ils doivent commencer à être nombreux, car la misère atroce qui, d'après tous les renseignements est aujourd'hui le lot des malfaiteurs dans la brousse, n'est pas faite pour les attacher à la piraterie.

Certaines personnes, de moins en moins nombreuses il faut bien le dire, pensent qu'il serait préférable de procéder d'un seul coup à la destruction de tous les Chinois des régions montagneuses du

Tonkin, par une guerre à outrance, incessante et impitoyable, des opérations militaires chaque jour renouvelées et des effectifs assez nombreux pour porter nos armes simultanément sur tous les points de l'immense surface du pays.

Si ce plan était réalisable, on pourrait peut-être le discuter, mais il suffit de le formuler pour en montrer la vanité. Les pirates chinois n'ayant pas d'autres souci que de fuir devant le danger, et les régions montagneuses du haut Tonkin leur offrant des espaces immenses, il faudrait pour nettoyer entièrement ces régions, 20,000 hommes au moins, en plus des troupes actuelles. Comme les pirates reviendraient aussitôt que les troupes auraient tourné le dos, il faudrait maintenir celles-ci indéfiniment dans le pays. Or 20,000 hommes de troupes européennes représentent au bas mot 30 millions de francs, sans parler des hôpitaux, casernes, etc., qu'il faudrait construire pour elles. En troupes indigènes, 20,000 hommes représentent encore près de 15 millions. Je doute que le gouvernement et les Chambres soient disposés à faire un si grand sacrifice. J'ajoute que s'ils y consentaient, ce serait sans aucun profit pour le Tonkin. Il ne suffirait pas, en effet, de chasser des régions montagneuses tous les Chinois qui s'y trouvent, il faudrait encore, pour que ces régions ne restent pas improductives, y introduire des habitants. Or, du moment où nos frontières seraient fermées aux Chinois, je considère qu'il serait impossible d'obtenir, avant plusieurs siècles, le peuplement des immenses territoires montagneux qui entourent le Delta. La population est trop dense, il est vrai, dans celui-ci, mais si nombreuse qu'elle soit, elle est insuffisante pour occuper le Tonkin tout entier. Il faut, de toute nécessité, lui adjoindre des auxiliaires. Ceux-ci sont précisément les Chinois dont on réclame la destruction. N'est-il pas préférable de les amener à changer de profession et à se fixer au sol? Et ne devons-nous pas nous féliciter de ce que les chefs soumissionnaires nous aident à atteindre ce but?

Certes, je ne nie pas que la pacification sera ainsi plus lente à obtenir que par l'emploi des moyens radicaux indiqués plus haut; mais elle aura le triple avantage d'être absolument définitive, de coûter beaucoup moins cher et d'être accompagnée d'une augmentation de la richesse du pays exactement proportionnée à ses progrès.

Il ne faut pas croire d'ailleurs que tous les pirates chinois sont des malfaiteurs irréductibles. La plupart des pirates ressemblent beaucoup aux gens des grandes bandes du moyen âge, individus bons à tout faire, prêts à vendre leurs services à qui les achète, même à devenir de simples paysans, ouvriers ou traficants, s'ils ne trouvent pas à faire autre chose. Tous ceux qui sont susceptibles de se fixer ainsi, finissent par s'établir, comme l'ont déjà fait un grand nombre dans les mines de Kébao.

Dans une note sur le 4° territoire, le lieutenant-colonel Pennequin écrivait, en 1893 : « Il faut que même les pirates trouvant leur métier peu avantageux puissent revenir au travail; il y a sur la rivière Noire 800 anciens pirates, tous gens paisibles, petits commerçants, industriels, et qui depuis 1888, n'ont donné lieu à aucune plainte. »

Le même officier écrivait, en janvier 1893, à propos de la nécessité de repeupler les bords du fleuve Rouge : « Nous avons refoulé tous les Chinois, nous avons cependant besoin en ces régions de la population chinoise. Nombre de Chinois se livraient à la culture, un plus grand nombre au commerce. Il était difficile de distinguer entre les Chinois pirates et les Chinois traficants, souvent le Chinois faisait les deux métiers. La guerre est pour les Chinois un moyen d'acquérir du bien. Il faut revenir sur le passé et tirer parti de l'élément chinois que nous ne pouvons expulser. La plupart des Chinois, anciens habitants du pays, ceux qui ont une famille, reviendront volontiers se réinstaller dans leurs anciens villages, soit pour y faire du commerce, soit pour y faire de la culture. C'est pourquoi, j'ai fait afficher des dispositions très libérales en faveur des Chinois qui voudront revenir. »

Le colonel Pennequin espérait, non sans raison, que beaucoup reviendraient à la vie paisible, dès qu'ils seraient assurés de n'être pas inquiétés.

N'est-ce pas exactement ce qui se produit dans la région de Thaï-Nguyen, sous l'influence de Luong-Tam-Ky et de Baky ? Luong-Tam-Ky est maintenant un riche propriétaire; Baky est peut-être le plus fort marchand de bois du Tonkin. J'ai vu à Dap-Cau les hangars de M. Leroy pleins de bois fournis par Baky à qui notre compatriote ne craint pas de faire des avances permanentes de 500 à 1000 piastres.

Pour résumer la situation *actuelle* des régions montagneuses du Tonkin, on peut affirmer, en s'appuyant sur des témoignages authentiques, qu'il n'existe plus aucune bande de pirates chinois ni dans le 1er ni dans le 2e territoire militaire, c'est-à-dire dans toute la région qui s'étend entre le Delta tonkinois à l'ouest et les provinces du Quang-Tong et du Quang-Si à l'est et qui, en 1891, était le domaine de la grande piraterie. Dans le 4° territoire la situation est la même. Dans le 3° territoire, il reste encore quelques bandes venues des autres régions, mais elles sont misérables, ne peuvent plus se ravitailler nulle part et disparaîtront fatalement dès que les communications avec la Chine leur seront coupées par l'organisation de la frontière du 3° territoire ; celle-ci devra être faite dans le courant de 1895.

Pour que cette œuvre de pacification ne soit pas interrompue, il faut avant tout qu'aucune atteinte ne soit portée à l'autorité et à la responsabilité actuelles des commandants des territoires militaires. Admettre entre eux et le général en chef une autorité militaire intermédiaire serait les réduire à l'impuissance ; placer auprès d'eux, comme on me l'a souvent demandé, des fonctionnaires civils qui seraient chargés de la partie administrative de leur rôle actuel, ce serait revenir aux conflits, au désordre, à l'anarchie qui existaient au début de 1891, et faire reculer très rapidement la pacification. Il faut que les hommes responsables de cette pacification puissent agir en toute indépendance. Mais il faut, bien entendu, qu'ils soient choisis, non pas en considération de leur grade ou du désir qu'aurait le commandement militaire de favoriser tel ou tel officier, mais en raison des qualités particulières indispensables à l'exercice des fonctions très délicates dont ils sont revêtus. Les mêmes observations s'appliquent naturellement aux commandants des cercles.

C'est pour cela que dans l'arrêté organique des territoires militaires, j'ai stipulé que les commandants des territoires et des cercles seraient nommés par le gouverneur général.

Quant aux principes qui doivent présider à l'organisation des territoires militaires en vue de la pacification définitive, ils ont subi l'épreuve de l'expérience et ne peuvent plus être discutés. Ce sont : l'occupation des frontières par des postes et des blockhauss en maçonnerie proportionnés à l'importance de chaque passage à garder ; l'occupation intérieure par des postes assez nombreux pour surveiller tous les points intéressants, assez rapprochés pour se venir en aide au besoin et les plus importants pourvus de garnisons assez fortes pour que des reconnaissances puissent être faites fréquemment, de manière à ne permettre à aucune bande, forte ou faible, de se fixer sur un point déterminé ; la création de routes tout le long des frontières et entre tous les postes.

Je me proposais d'organiser dans les territoires militaires un service de renseignements et de surveillance par la gendarmerie, analogue à celui dont j'ai parlé à propos du Delta. Je n'en ai pas eu le temps. Malgré l'opposition que cette idée rencontrera probablement dans certains milieux, je pense qu'elle devra être mise en pratique. Les autorités militaires sont encore moins aptes à recueillir et à contrôler les renseignements que les autorités civiles. Elles ont une tendance professionnelle à voir les choses en noir ; cette tournure d'esprit peut, dans certaines circonstances, avoir des conséquences très graves. Un service de renseignements et de surveillance indépendant, aurait l'immense avantage de mettre le gouvernement général à l'abri des inconvénients auxquels je fais allusion.

La question de la pacification des territoires militaires du Tonkin est liée très intimement à celle de nos relations avec les autorités chinoises. Le colonel Galliéni et le commandant Famin ont presque autant fait pour la pacification du 1er et du 2e territoire par le règlement amiable des contestations relatives aux cantons de Hoan-Mo et de Deo-Luong que par la construction des blockhauss de la frontière, car ils ont fait preuve du désir de la France de vivre en bonne intelligence avec ses voisins. Depuis le règlement de ces affaires, nos rapports avec les autorités chinoises ont pris un caractère de confiance et de cordialité qu'elles n'avaient jamais eu et nous avons trouvé auprès des mandarins de la frontière, pour la répression de la piraterie, un concours qui nous a été de la plus grande utilité.

En France, l'opinion publique est généralement peu favorable à la Chine. On en veut à cette nation de ne pas s'être ouverte aux idées, aux mœurs, aux industries, aux chemins de fer de l'Europe, aussi facilement que le Japon et le Siam. Nous en avons conclu que le peuple chinois était plus barbare, moins civilisable que le Japonais ou le Siamois et nous lui en gardons une défiance que les autres ne nous font pas éprouver. De plus, nous ne savons rien de précis ni d'exact sur les idées, les mœurs, la religion de ce peuple mystérieux dont l'antique civilisation, développée en dehors des idées de guerre et de force, semble avoir peur de la nôtre. Il n'en fallait pas davantage pour amener nos politiciens à conclure que la Chine était « l'ennemie » et que nous devions, en toutes circonstances, la traiter comme telle.

J'estime et je tiens à dire qu'en agissant de la sorte, nous avons commis une faute grave et très préjudiciable à nos intérêts. Les faits qui se déroulent en Chine depuis quelque temps prouvent surabondamment qu'en dépit des récits de certaines personnes trop intéressées, la Chine n'a aucune des qualités, ou si l'on préfère, des défauts, qui rendent les nations dangereuses pour leurs voisins. Elle a l'horreur instinctive de la guerre et nulle estime pour le métier des armes. Elle souffre assez aujourd'hui de cette tournure d'esprit pour qu'on ne puisse plus la contester. Comment concilier cela avec l'opinion d'après laquelle la Chine serait pour ses voisins une menace permanente? La seule chose qu'on peut lui reprocher, en tant que voisine, c'est d'avoir un gouvernement si peu solidement constitué, que les chefs de la périphérie échappent trop au contrôle et à l'autorité du centre. Mais, à la périphérie comme au centre, elle est avant tout pacifique et plus portée vers les bonnes que vers les mauvaises relations. Je parle, bien entendu, de la partie intelligente de la population, de celle qui a reçu l'éducation morale des écoles chinoises. Nous sommes, au Tonkin, en contact avec la Chine sur une étendue de plus de 500 à 600 kilomètres et nous avons vers ses provinces trois ou quatre voies commerciales de premier ordre. Si le gouvernement de Paris et celui de Pékin vivent en bonne amitié, si le gouvernement de l'Indo-Chine entretient avec les autorités chinoises de la frontière des relations amicales, nous sommes assurés de vivre en paix dans nos établissements indo-chinois; nous verrons la piraterie disparaître sous les efforts réunis des deux gouvernements; notre commerce pénétrera sans difficulté dans le Yunnan par le fleuve Rouge et Laokay, par le Mékong et Luang-Prabang, par la rivière Claire et Hayang; il pénétrera dans le Quang-Si par Langson et Caobang et dans le Quang-Tong par Moncay. Si au contraire nous traitons la Chine en ennemie, il lui suffit de nous passer ses bandits pour nous créer au Tonkin de très gros embarras et nous obliger à des dépenses ruineuses, pendant que notre commerce avec le Yunnan, le Quang-Si et le Quang-Tong restera ce qu'il a été jusqu'à ce jour, c'est-à-dire très faible. Et cela finira par la guerre. La Chine en souffrira sans aucun doute, nous lui enlèverons par la force quelque lambeau de son territoire; mais n'en souffrirons-nous pas nous-mêmes comme on souffre de toutes les guerres et n'est-il pas préférable de pénétrer dans les provinces chinoises avec notre commerce, notre industrie, notre civilisation, qu'avec nos canons et nos fusils à tir rapide? L'intérêt des deux nations est de vivre en bonne intelligence. Donc, ayons toujours à Pékin un représentant qui sache se faire estimer et aimer comme le sait faire M. Gérard; ayons en Indo-Chine un gouvernement qui sache faire taire les ambitions belliqueuses et qui entretienne de bonnes relations avec les autorités chinoises des frontières. Avec cela et les autres conditions exposées plus haut, la pacification définitive des territoires militaires du Tonkin ne sera plus qu'une question de mois.

J.-L. DE LANESSAN.

A mesure que cette pacification progresse, il est nécessaire de pousser par tous les moyens les Annamites du Delta à se répandre dans les régions montagneuses. Ils montrent déjà une tendance très marquée à se porter dans les vallées de la zone mamelonnée qui confine au Delta ; ils y trouvent de très bonnes terres à rizières et à cultures variées ; ils y ont formé des villages partout où nous les avons aidés en leur fournissant des avances de buffles, de semences et un peu d'argent qu'ils rendent très rapidement. Une partie notable de ces régions avait déjà été occupée par les Annamites ; ils en furent chassés, petit à petit, dans les cent dernières années, par les pirates chinois et se sont repliés dans le Delta, s'y massant comme un troupeau de moutons au centre d'une plaine dont les alentours sont fréquentés par les loups. Ils sont tout disposés à revenir dans les vallées cultivées autrefois par eux, maintenant que la sécurité y est rétablie ; mais ils ont besoin d'être aidés. C'est ce que nous avons fait dans la plus large mesure, sans faire courir aucun danger à nos finances car le Protectorat est certain de rentrer dans ses avances. De décembre 1892 à juillet 1894, il a été avancé aux villages des diverses provinces du Delta (Sontay, Bac-Ninh, Hong-Yen, Thaï-Nguyen) et à ceux des territoires militaires, surtout du 1er et du 2°, 86.000 piastres ; 16.000 étaient déjà remboursées avant la fin de 1894.

Depuis deux ans, grâce à ces secours, de très nombreux villages annamites ont été reconstitués dans la vallée de Lam, dans celle du Song-Tien-Yen, dans le bas Yen-Thé, etc. Ces régions étant les plus favorables aux cultures industrielles, c'est aussi vers elles qu'il faut diriger les agriculteurs européens ; ils y entraîneront à leur suite des villages annamites, comme l'ont fait MM. Chesnay et de Boisadam à la ferme des Pins, près de Phu-Lang-Thuong, M. Thomé à Lam, etc. Ces messieurs avaient d'abord donné la préférence aux Muongs des montagnes voisines. M. Chesnay dut y renoncer après avoir subi des pertes sérieuses ; tant qu'il donna de l'argent aux Muongs qu'il avait attirés sur sa concession, ceux-ci restèrent ; quand il leur demanda du travail, ils partirent tous en une seule nuit. Aujourd'hui, M. Chesnay n'a plus que des Annamites dont il est très satisfait. M. Thomé a des Muongs et des Annamites, mais il est probable qu'avant peu les Annamites seront en majorité sur sa concession. Le Muong séduit toujours les Européens, au premier abord, par sa physionomie plus ouverte, sa taille élevée, sa force plus grande, mais il est beaucoup moins laborieux que l'Annamite et surtout moins assidu, moins tenace. Nous avons donc tout intérêt à pousser les Annamites à sortir du Delta, plutôt que d'engager les Muongs à descendre de leurs montagnes. Peu à peu, les Muongs, les Mans, les Thôs, etc., tous les gens des montagnes viendront à nous, si nous les laissons se gouverner eux-mêmes — ils n'aiment pas les Annamites ; — si nous ne les chargeons pas d'impôts, — ils n'en paient pas du tout en ce moment ; — si nous les laissons libres de leurs mouvements. Peu à peu aussi, ils acquerront des besoins et se décideront à travailler pour gagner de quoi les satisfaire ; mais il faudra du temps. En attendant, les Annamites mettront en culture, si nous savons les y encourager, toutes les riches vallées qui entourent le

Delta, tandis que de leur côté les habitants autochtones des montagnes nous aideront à nous débarrasser des pirates chinois.

A mesure que les Annamites s'étendront en dehors du Delta, il faudra faire passer sous le régime civil les régions où ils se seront établis. L'Annamite supporte difficilement le régime militaire qu'il redoute beaucoup. Les plaines de Lam, puis celles de Moncay qui sont habitées par des Chinois agriculteurs, devront avant peu être remises sous le régime civil, comme on vient de le faire pour le Yen-Thé. Il faut que l'autorité militaire recule peu à peu vers les frontières où est sa place véritable et dont la garde devra plus tard constituer sa seule fonction active.

CHAPITRE IV

SITUATION FINANCIÈRE DU PROTECTORAT DE L'ANNAM-TONKIN. — BUDGET MILITAIRE ET BUDGET LOCAL DU PROTECTORAT DE L'ANNAM-TONKIN. — RENDEMENT DES IMPÔTS. — BUDGET DE L'ANNAM CENTRAL. — BUDGET DU GOUVERNEMENT ANNAMITE ET RÉFORME FINANCIÈRE DE L'ANNAM CENTRAL. — SITUATION FINANCIÈRE DE LA COCHINCHINE. — RÉFORME BUDGÉTAIRE DU CAMBODGE. — BUDGET DU LAOS.

Au mois d'avril 1891, la situation financière du protectorat de l'Annam-Tonkin était dans un état tel que M. Bideau, comme je l'ai rappelé plus haut, disait d'elle : « C'est un Langson financier. » Le parlement avait cru régler, à la fin de 1890, toutes les dettes du Protectorat moyennant un crédit de 13 millions de francs. On s'était aperçu plus tard qu'il restait encore, à la fin de l'exercice 1890, un déficit de 4 à 5 millions de francs. L'exercice 1891 s'annonçait comme devant produire de son côté un excédent de dépenses d'une dizaine de millions de francs.

Depuis que nous étions au Tonkin, les exercices budgétaires s'étaient toujours réglés par des déficits considérables.

On peut en juger par le tableau suivant :

Déficit de 1887	2.707.139	francs.
— 1888	801.101	—
— 1889	4.751.424	—
— 1890	10.210.345	—

Le budget du Protectorat de l'Annam-Tonkin avait été pendant cette période alimenté par trois sources différentes : 1° les recettes locales du Tonkin qui entraient entièrement dans les caisses du Protectorat 2° une partie des revenus de l'Annam : produits des douanes, des postes et télégraphes, des mandats de trésorerie, puis, en 1890, produits de l'opium et de la cannelle et quelques autres menues recettes. Tous les autres revenus de l'Annam central étaient, en vertu du traité de 1884, la propriété exclusive du gouvernement annamite ; 3° une subvention de la métropole dont le chiffre avait beaucoup varié.

Le tableau suivant indique les sommes mises par la métropole à la disposition du protectorat ou dépensées pour son occupation de 1887 à 1891 inclus, c'est-à-dire tant que le budget militaire et le budget local ont été confondus.

	FRANCS	FRANCS
En 1887 : subvention de la Métropole.	30.000.000	35.291.400
Part contributive de la guerre.	5.291.400	
En 1888 : subvention de la Métropole.	19.800.000	
Subvention de la Cochinchine.	11.000.000	35.171.500
Part contributive de la guerre.	4.371.500	
En 1889 : subvention de la Métropole.	15.000.000	
Subvention de la Cochinchine.	11.000.000	28.540.000
Part contributive de la guerre.	2.540.000	
A reporter.		99.002.900

SITUATION FINANCIÈRE DU PROTECTORAT

	FRANCS	FRANCS
Report		99.002.900
En 1890 : subvention de la Métropole.	12.000.000	⎫
Subvention de la Cochinchine.	11.000.000	⎬ 24.850.000
Part contributive de la guerre .	1.850.000	⎭
Subsides accordés pour paiement des dettes par la loi de finances du 26 décembre 1890.	13.100.000	13.100.000
En 1891 : subvention de la Métropole.	10.000.000	⎫
Subvention de la Cochinchine.	8.000.000	⎬ 19.000.000
Part contributive de la guerre .	1.000.000	⎭
Subsides accordés pour paiement des dettes jusqu'au 31 décembre 1891 par la loi du 11 avril 1892.		12.000.000
Total des subsides fournis par la Métropole ou la Cochinchine de 1887 à 1891 inclus		167.952.900

D'autre part, les dépenses supportées par le budget du Tonkin pour les services militaires et maritimes de 1887 à 1891 inclus se sont élevées aux chiffres suivants :

En 1887.	52.753.600	francs.
1888	40.577.200	—
1889	35.405.800	—
1890	32.488.200	—
1891	26.985.049	—
Total	188.209.849	—

En déduisant, du chiffre des dépenses militaires et maritimes payées par les budgets du Tonkin de 1887 à 1891 inclus, soit 188.209.849
Celui des subsides reçus par ces budgets pendant la même période, soit 167.952.900
On voit que le premier est supérieur au second de. 20.246.049

On voit que sur 188 millions de francs de dépenses militaires et maritimes effectuées de 1887 à 1891 c'est-à-dire tant que le budget local et le budget militaire ont été confondus, le Tonkin en a payé plus de 20 millions.

Si la France avait pris à sa charge toutes les dépenses de souveraineté comme en Algérie, en Tunisie et dans toutes nos colonies, le Tonkin aurait bénéficié de ces 20 millions et il aurait pu les consacrer en travaux publics.

La comparaison de ces chiffres permet de se rendre compte que les sommes mises par la métropole à la disposition du Protectorat n'atteignent pas le chiffre des dépenses militaires effectuées pendant la même période. Les recettes locales servaient donc à faire face non seulement à toutes les dépenses civiles, mais encore à une partie des dépenses militaires, c'est-à-dire des dépenses qui figurent au premier rang parmi celles de souveraineté. Dès son début, le Tonkin faisait ainsi preuve de sa vitalité et de sa richesse.

Mais c'est une grave faute que d'imputer à une colonie naissante une portion quelconque des dépenses de souveraineté, car on retarde ou on empêche complètement la création de son outillage économique et l'on perd ainsi le bénéfice des sacrifices faits pour son acquisition. C'est précisément ce qui s'est produit au Tonkin. Toutes les ressources propres du pays, jusqu'à la fin de 1891, furent absorbées par les dépenses du personnel administratif civil et du personnel militaire. Aucun travail d'utilité publique, pendant cette période de sept ans, ne put être entrepris.

*Budget militaire du protectorat
de l'Annam-Tonkin.*

Frappé de ces faits, je proposai tout de suite au Gouvernement de séparer, à partir de l'exercice 1892, le budget des dépenses militaires d'avec le budget local du Protectorat. Aucune parcelle de la subvention de la métropole ne serait distraite des dépenses militaires, mais le budget local, en revanche, ne prendrait à sa charge que les dépenses de l'administration civile.

Toutefois, dans le but de diminuer le crédit qu'il y avait lieu de demander à la métropole et d'éviter les récriminations du Parlement — toujours à redouter quand il s'agit du Tonkin — je mis à la charge du budget local, en dehors des dépenses de l'administration civile, toutes celles des forces de police (milice et linh-co), la solde des commandants des territoires militaires qui étaient détachés de leurs corps, leurs suppléments de service et ceux des commandants de cercles, etc.; en un mot toutes les dépenses qui n'étaient pas purement militaires.

Après un compte aussi sévère que possible, celles-ci furent estimées à 25 millions de francs, pour un corps d'armée de 8,000 hommes de troupes européennes et 12,000 hommes de troupes régulières indigènes. Sur ces 25 millions, la métropole en recouvrait 6 millions et demi, par un contingent imposé à la Cochinchine, et qui fut réduit ensuite à 5 millions, puis à 4,700.000 francs.

En réalité, le chiffre de 25 millions était notable-

7.

ment inférieur aux besoins. Pour qu'il ne soit pas dépassé, il faut que les effectifs des troupes européennes figurant au budget ne soient jamais au complet.

En 1892, on n'eut pas soin d'y tenir la main. Il y eut, à la fin de l'exercice, un excédent de dépenses de 2,200,000 francs.

En 1893, grâce au soin minutieux qui fut apporté dans la surveillance des effectifs et aussi à une diminution considérable des opérations militaires, par suite des progrès de la pacification, il y eut 554,000 fr. d'économies.

Lors de la préparation du budget de 1894, le gouvernement général et l'autorité militaire se mirent d'accord pour prévoir un vingtième d'incomplets des Européens, pendant toute l'année, et deux vingtièmes pendant six mois de saison chaude. Grâce à cette mesure, le budget militaire de 1894 s'est encore soldé par une économie de 276,000 francs sur les crédits délégués à l'ordonnateur du Protectorat.

La nécessité de prévoir des incomplets est imposée par le chiffre trop réduit du crédit accordé par la métropole. Elle aurait des inconvénients si le pays était troublé aujourd'hui comme il l'était en 1891 ; elle n'en a pas en raison des progrès réalisés par la pacification. Les incomplets sont, en outre, légitimés par la mesure qui a été prise, sur ma demande et celle de l'autorité militaire, de ne pas relever les troupes pendant la saison chaude. Les mouvements militaires faits dans cette saison, soit entre la France et le Tonkin, soit dans l'intérieur du Tonkin, sont absolument désastreux pour la santé des hommes. On renonce donc, pendant la saison chaude, à toutes les opérations, sauf celles qui seraient indispensables, et l'on interrompt la relève des troupes, tout en continuant à renvoyer en France les malades et les hommes qui ont terminé leur temps de service colonial. Le budget et la santé des troupes s'en trouvent admirablement.

Grâce à ces mesures, le budget militaire suffit à toutes les nécessités du Protectorat. On pourrait y réaliser encore quelques économies par la diminution de l'état-major général et de l'état-major particulier de l'artillerie qui comptent l'un et l'autre un nombre d'officiers très supérieur aux besoins; j'ai proposé, chaque année, ces économies, mais je ne suis arrivé qu'à des résultats insignifiants, à cause des résistances opposées par les corps intéressés.

Tel qu'il est constitué le budget militaire du Tonkin ne contient aucun crédit pour les constructions neuves. Toutes celles qui ont été faites depuis 1891 ont été payées par le budget local du protectorat dans des conditions qui seront exposées au cours d'un autre chapitre. C'est à peine si le budget militaire peut faire face aux réparations et à l'entretien des bâtiments. Le crédit le plus utile à cet égard est celui qui figure sous la rubrique : « Fonds de casernement. » Il a été constitué pour la première fois dans le budget de 1894, à l'aide de petites économies réalisées sur divers chapitres. Il forme une somme d'environ 18.000 francs mise à la disposition des corps de troupes européennes pour l'entretien et la construction des postes.

Une économie notable a été obtenue, à partir de la fin de 1893, sur les pertes des vivres et sur leur transport, grâce à l'organisation d'un système de ravitaillement qui pour n'être pas conforme aux règlements administratifs des colonies n'a pas moins rendu d'excellents services. Par suite de la multiplicité des postes, de leur dispersion sur une surface énorme et de l'absence de voies de communications, le transport et les pertes des vivres ont toujours constitué au Tonkin une fissure par laquelle s'écoulait une portion notable du budget militaire. Dans certains postes, la proportion des pertes de vivres s'élevait, il y a quatre ans, jusqu'à 95 p. 100. Dans beaucoup d'autres elle variait entre 60 et 70 p. 100; dans un nombre plus considérable encore elle était de 30 à 60 p. 100. Le nombre des postes où la perte était inférieure à 15 et 20 p. 100 était insignifiant. Quant aux frais de transport, ils dépassaient dans certaines régions tout ce que l'on peut imaginer. Les chiffres de 200, 300 et 350 francs la tonne se rencontrent assez fréquemment. L'impossibilité absolue dans laquelle les officiers du commissariat se trouvaient de surveiller leurs agents et l'indifférence des commandants de postes pour un service qui leur était étranger, rendaient à peu près inévitables des abus de toutes sortes. De leur côté, les troupes se plaignaient sans cesse, non sans raison, des retards apportés dans le ravitaillement, de la mauvaise qualité des vivres qui s'avariaient en route, etc.

Dans le but de diminuer les frais, de faciliter le contrôle et d'améliorer le sort des troupes, il fut procédé, à la fin de 1893, dans le 1er territoire, avec le consentement de Chef des Services administratifs, à l'essai d'un mode nouveau de ravitaillement sur lequel le commandement militaire et le colonel Galliéni faisaient le plus grand fonds.

On procéda d'abord à une répartition nouvelle des troupes. Les Européens furent tous réunis dans cinq postes : Sept-Pagodes, Moncay, Lam, Dong-Trien et Pointe-Pagode, aisément ravitaillables par eau. Les autres postes furent occupés par des tirailleurs tonkinois dont les cadres seuls sont Européens, ou par des linh-co qui sont tous indigènes.

Il fut constitué dans chaque poste d'Européens un magasin centre d'approvisionnement directement alimenté par le magasin central d'Haïphong. Sauf celui des Sept-Pagodes, où se trouve un agent de l'administration, ces magasins sont gérés par des sous-officiers, sous le contrôle et l'autorité des commandants de postes. Les garnisons européennes touchent la ration réglementaire en nature.

Les autres postes du territoire ne sont pas ravitaillés directement par les services administratifs, mais par les magasins des cinq postes Européens. Afin de diminuer les frais de transport et d'éviter les pertes de vivres, il est alloué à tous les Européens de ces postes secondaires une indemnité journalière représentant : 1° le prix de la ration majoré de manière à compenser les pertes inévitables ; 2° le prix du transport de la ration entre le poste et le magasin central le plus rapproché, celui-ci étant autorisé à délivrer aux postes détachés qui en font la demande, les vivres de l'administration à titre remboursable ; 3° les coolies de magasin nécessaires à la manipulation des vivres; 4° le prix de transport des caisses, ballots, etc., destinés aux officiers et sous-officiers européens. Ces indemnités varient pour chaque poste en raison des conditions dans lesquelles il se trouve, de sa distance du centre d'approvisionnement, etc.

Les postes secondaires doivent avoir un magasin de réserve de vivres déterminés par le commandant du territoire. Ces magasins sont gérés, sous l'autorité du commandant du poste, par un sous-officier. Ils s'approvisionnent soit dans les magasins centraux par cession remboursable, soit par des achats directs sur place ou dans les villes, ainsi que des particuliers. Ils disposent, en un mot, à leur convenance, des indemnités de ration qui leur sont allouées.

Dans tous les postes, les commandants d'armes sont responsables de la bonne tenue et de l'entretien des magasins, de la comptabilité qui doit être conforme aux règles administratives, de la surveillance des transports, etc.

Grâce aux bonis réalisés sur les indemnités qui leur sont allouées, les postes ont déjà commencé à s'outiller de charrettes, bateaux, etc., nécessaires aux transports qui deviennent ainsi moins coûteux. Ils se sont même rendus propriétaires de leurs magasins, en remboursant à l'administration tous leurs vivres de réserve.

A la suite d'une nouvelle entente entre le chef des services administratifs et le colonel Galliéni, j'ai pris, à la date du 28 décembre 1893 et du 14 février 1894, deux arrêtés appliquant au 2e territoire une organisation semblable à celle du 1er. Les troupes européennes sont réparties dans ce territoire en quinze postes (Langson, Caobang, Bac-Lé, Bo-Ha, Than-Moï, Vanh-Linh, Dong-Dang, Nacham, Yen-Lac, That-Khé, Dong-Khé, Phuc-Hoa, Quang-Uyen, Moxat et Chora), possédant chacun un magasin d'approvisionnements. Un magasin central du 2e territoire est créé à Langson sous l'autorité et la direction d'un officier du commissariat qui doit en assurer le ravitaillement. Le commandement militaire du 2ᵉ territoire prend livraison, dans ce magasin, des vivres et du matériel destinés à assurer les besoins de tous les postes de son territoire, sauf en ce qui concerne ceux du Caï-Kinh, de Pho-Binh-Gia et de Vin-Baï, pour lesquels il prend livraison au magasin administratif de Bac-Lé. A partir de la livraison faite par les comptables de Langson et de Bac-Lé, le commandement militaire est chargé, sous sa propre surveillance, des transports exécutés en vertu de contrats ou de l'exécution de ces transports, en vue du ravitaillement de tous les postes européens, c'est-à-dire, ayant un magasin centre d'approvisionnement. Les postes de tirailleurs s'approvisionnent à leurs risques et périls, dans les conditions indiquées pour le 1ᵉʳ territoire.

Au moment de mon départ, toutes les mesures préliminaires avaient été prises pour l'application de ce système de ravitaillement au 4ᵉ territoire, puis au 3ᵉ.

On a ainsi résolu indirectement, au Tonkin, la question souvent débattue des relations de l'autorité militaire avec les services administratifs. A la guerre, ces services sont placés depuis quelques années sous les ordres de l'autorité militaire. Dans la marine et aux colonies ils ont encore leur indépendance. Sans discuter quel est le meilleur de ces systèmes, il est permis de dire que la séparation complète des pouvoirs est, dans un pays comme le Tonkin, tout à fait préjudiciable aux intérêts des troupes, à cause de la dispersion des postes, de leur multiplicité, de la difficulté des communications. Le système qui est appliqué déjà dans les deux premiers territoires est incontestablement préférable.

Pour réaliser des économies dans le budget militaire du protectorat il serait utile d'y réunir celui de la Cochinchine qui est encore fondu dans tous les chapitres du budget colonial. Il ne devrait y avoir qu'un seul budget militaire pour toute l'Indo-Chine, comme il n'y a qu'un seul commandement militaire; cela permettrait d'économiser un certain nombre d'officiers d'administration, de médecins, d'officiers d'état-major, etc.

Budget local du protectorat de l'Annam-Tonkin.

Le budget local de l'Annam-Tonkin est alimenté exclusivement par la totalité des revenus du Tonkin et par une portion des revenus de l'Annam central. Le tableau suivant indique la progression des recettes de 1886 à 1894 inclus :

ANNÉES	RECETTES RÉALISÉES
1886	2.608.765 piastres
1887	2.782.679 —
1888	3.470.665 —
1889	3.862.400 —
1890	3.759.855 —
1891	4.447.779 —
1892	4.792.502 —
1893	5.548.014 —
1894 (certain)	6.700.000 —
1895 (prévision)	7.074.000 —

Il résulte clairement de ce tableau que le rendement des recettes n'a commencé à prendre un accroissement rapide qu'à partir de 1891. Encore faut-il noter à ce sujet que la hausse ne se produisit qu'à la fin de l'année. Le 1ᵉʳ octobre 1891, le contrôle financier estimait à 4 millions de piastres à 4 francs, ou 16 millions de francs, les recettes probables de l'exercice 1891.

Dans le courant de ce même mois d'octobre, à mesure que la pacification du Delta se produisait, les impôts commencèrent à rentrer avec une activité jusqu'alors inconnue, si bien qu'en décembre, lorsque le directeur du contrôle financier et le résident supérieur durent fixer les prévisions de recettes pour 1892, ils s'arrêtèrent au chiffre de 17 millions de francs, en calculant la piastre à 4 francs.

L'exercice 1891 dépassa lui-même le chiffre prévu pour 1892. Au lieu de 4 millions de piastres ou 16 millions de francs, sur lesquels nous comptions en octobre, il donna, comme recettes encaissées, le chiffre inconnu jusqu'alors de 4.447.799 piastres, à 4 francs, soit 17.779.116 francs. Notons tout de suite et afin de ne pas y revenir que pour l'impôt annamite, chaque exercice budgétaire embrasse les six derniers mois d'une année et les six premiers mois de l'année suivante. Par exemple, l'impôt annamite pour l'exercice 1891 est payé du 1ᵉʳ juillet 1891 au 30 juin 1892. Cela explique comment la pacification du Delta, effectuée seulement à la fin de 1891, put avoir un si grand effet sur les recettes locales de l'exercice.

Le plus haut chiffre atteint par les recettes locales avant 1891 était de 15.449.824 francs en 1889. En 1890, il avait été seulement de 14.039.420 francs. Les recettes locales de l'exercice 1891 dépassaient donc de plus de 2 millions de francs les chiffres les plus élevés des exercices antérieurs.

Quand ces résultats furent connus en France, beaucoup de personnes se refusèrent à les attribuer, comme il convenait, au progrès de la pacification. On n'y voulait voir qu'un fait passager, accidentel, dû à des récoltes exceptionnelles. Le rapporteur du budget du Tonkin au Sénat, l'honorable M. Boulanger, trouvait nos prévisions pour 1892, empreintes d'exagération.

Cependant à mesure que la pacification se faisait plus profonde dans les faits et dans les esprits, les recettes locales continuaient à s'accroître. L'examen du tableau ci-dessous montre que cet accroissement a été toujours en s'accentuant de 1891 à 1894.

ANNÉES	PIASTRES
De 1891 à 1892, l'accroissement est de. .	344.723
1892 à 1893 —	755.512
1893 à 1894 —	1.151.986

Ces chiffres ne sont-ils pas significatifs? Ne témoignent-ils pas d'une manière irréfutable du progrès qui s'est produit dans le pays de 1891 à 1894?

En comparant, d'autre part, les recettes de 1894 avec celles de 1890, on constate qu'elles sont presque doublées.

Recettes de 1890.	3.759.655	piastres
— 1894.	6.700.000	—
Différence en faveur de 1894 . . .	2.941.345	—

Le rendement de l'*impôt annamite* est particulièrement intéressant à étudier au point de vue des progrès réalisés dans l'état du pays. Le tableau suivant indique les recettes encaissées du chef de ces impôts de 1890 à 1894 inclus.

ANNÉES	RECETTES EFFECTUÉES
1890	1.969.820 piastres
1891	2.179.826 —
1892	2.199.116 —
1893	2.375.372
1894	2.480.000 —

En 1890, les recettes encaissées au titre de ces impôts s'élevaient à 1.969.820 piastres. En 1893, elles ont atteint 2.375.372 piastres, soit une différence de 405.552 piastres en faveur de 1893. Le rendement probable de 1894 étant de 2.480.000 piastres, la différence entre 1890 et 1894 sera de 510.180 piastres.

Il faut noter que les arriérés figurent dans les recettes de 1890 pour plus de 130.000 piastres, tandis qu'ils sont tout à fait nuls en 1894. D'où on peut conclure, en déduisant les arriérés du chiffre total de 1890, que les recettes effectuées au titre des impôts annamites de 1890 à 1894 se sont accrues de 641.000 piastres.

La bonne volonté à payer augmente avec la persistance de la tranquillité, un grand nombre de champs abandonnés pendant les troubles ont été remis en valeur et les cultures commencent à s'étendre en dehors du Delta dans la zone mamelonnée, déjà pacifiée depuis la fin de 1892. Désormais, c'est surtout de l'extension des cultures en dehors du Delta qu'il faut attendre l'accroissement de l'impôt annamite. Le rendement de l'impôt foncier et personnel devra augmenter aussi par le fait de la pacification des territoires militaires. Jusqu'à ce jour ils n'ont pour ainsi dire pas payé d'impôts. Il devra en être autrement quand ils seront tranquilles.

Il ne faut pas croire, comme l'ont prétendu certaines personnes, que l'on puisse augmenter beaucoup le rendement de l'impôt annamite par le contrôle des terres payant l'impôt foncier ou des inscrits payant l'impôt personnel. Le cadastre et la revision des rôles des inscrits font disparaître des inégalités, révèlent des erreurs et des omissions, mais les imperfections qu'ils font connaître ne devront être réparées qu'avec une extrême prudence. Dans l'Annam, comme en France, le paysan est peu disposé à payer l'impôt foncier ou personnel et nous devons éviter de mécontenter les populations par des mesures qui, malgré leur équité, ne manqueraient pas d'être considérées comme vexatoires si elles n'étaient pas prises avec la plus grande modération.

Quant à l'augmentation des impôts annamites qui pourrait résulter d'une surveillance très étroite des autorités indigènes ou de la substitution d'Européens à ces autorités, elle est beaucoup moins considérable que certaines personnes ne l'affirment. On a souvent dit et écrit que l'impôt annamite est perçu deux ou trois fois, quelques-uns disent cinq et dix fois par les mandarins et l'on en a déduit qu'il suffirait de nous substituer à ces derniers pour doubler, tripler, quintupler, décupler même le rendement de l'impôt. C'est en raisonnant de cette façon qu'on affirmait à la métropole, il y a déjà cinq ou six ans, qu'il serait aisé de faire monter en quelques années le chiffre des recettes locales du Tonkin à 150 et 200 millions. Si, en effet, il était vrai que les mandarins prélevassent pour leur propre compte les neuf dixièmes de l'impôt foncier, personnel et des corvées, il suffirait de les supprimer pour encaisser 25 millions de piastres au lieu de 2,500,000 que nous percevons aujourd'hui. Malheureusement, ces raisonnements ne sont fondés que sur des erreurs et des illusions.

En premier lieu, la société annamite est organisée de telle sorte, administrativement et politiquement, que les concussions, du moins en matière d'impôts, ne peuvent pas aller bien loin. L'impôt n'est pas versé entre les mains des agents fiscaux directement par les particuliers, comme en France. Il est versé par les notables des villages. Ceux-ci ne sont pas gens à donner le double, le triple ou le décuple de ce que doit le village; ils seraient obligés de prélever la différence sur leur fortune particulière, car les habitants des villages connaissent tous admirablement les rôles d'impôts et ne donnent pas un cent de plus qu'ils ne doivent.

L'antagonisme d'intérêts qui existe, en vertu des lois, entre la commune annamite et les représentants de la cour met ces derniers dans l'impossibilité presque absolue de commettre des abus un peu criants sans que des plaintes se fassent entendre. Toutes les imperfections des rôles proviennent précisément de ce que les villages se défendent *unguibus et rostro* contre les percepteurs impériaux. Celui qui, dans la revision des impôts, se fierait aux déclarations des villages ne tarderait pas à voir la source des revenus publics réduire peu à peu son débit pour se tarir bientôt tout à fait. N'en est-il pas de même en France? Ne sait-on pas que, sous prétexte d'obtenir la peréquation de l'impôt foncier sur les propriétés non bâties, les paysans ont si bien fait que depuis 1790, le rendement de cet impôt a diminué d'un tiers alors que l'étendue des surfaces cultivées a probablement été décuplée.

En second lieu, la population du Tonkin est tellement dense qu'elle mange la majeure partie des produits de son sol et ne peut en exporter encore qu'une très faible portion. Il existe à cet égard entre la Cochinchine et le Tonkin une différence considérable. En Cochinchine, la population étant très rare, avec un sol extrêmement fertile, le pays produit plusieurs fois la quantité de riz nécessaire à sa nourriture et il peut en exporter une grande partie. On ne peut donc pas accepter ce raisonnement souvent fait : les 2 millions d'habitants de la Cochinchine paient 35 millions d'impôts ; les 10 millions d'habitants du Tonkin devraient en payer cinq fois autant puisqu'ils sont cinq fois plus nombreux, c'est-à-dire 175 millions. Pour que ce raisonnement fût exact, il faudrait que le Tonkin exportât cinq fois plus que la Cochinchine. Or, la valeur totale de ses exportations ne dépasse pas actuellement 20 millions, tandis que celle des exportations de la Cochinchine dépasse 80 millions.

Avec ses 20 millions de francs d'exportations, le Tonkin paie 20 millions d'impôts, tandis que la Cochinchine avec ses 80 millions d'exportations ne paie que 35 millions d'impôts. Dans les 20 millions d'exportation du Tonkin, le riz figure pour une valeur de 6 à 7 millions de francs, c'est-à-dire à peu près le chiffre représentant le rendement des impôts annamites. Les exportations de riz atteignent en Cochinchine 70 millions de francs au minimum, c'est-à-dire le double de la valeur de la totalité des impôts.

Voilà pourquoi on ne peut pas dire que le Tonkin étant cinq fois plus peuplé que la Cochinchine payerait cinq fois plus d'impôts si ces derniers n'étaient pas détournés de nos caisses par les concussions des mandarins.

Il en résulte que, pour obtenir un accroissement des recettes locales du Tonkin, il faut déterminer une augmentation des exportations. Celle-ci résultera principalement de l'extension des cultures, laquelle dépend à son tour de la facilité des communications.

L'exportation des produits du sol n'est pas le seul moyen par lequel l'argent puisse être introduit dans le pays. Il y peut entrer aussi sous la forme de salaires payés aux indigènes par les usines et les entrepreneurs de grands travaux publics, et par la vente sur place des produits du sol destinés à être transformés par les usines. Nous avons donc tout intérêt, même en nous plaçant au point de vue budgétaire, à développer les industries locales et les cultures industrielles et à faire la plus grande quantité possible de travaux publics. Nous développerons de la sorte la richesse du pays et nous verrons grossir les recettes budgétaires.

Si l'on trouve dans les impôts annamites le témoignage indiscutable des progrès politiques réalisés par le Tonkin, on doit chercher dans les *revenus des douanes et des impôts indirects* l'indice des progrès faits par le commerce, l'industrie et l'agriculture. Le tableau suivant est, à ce point de vue, fort instructif. Il indique les recettes effectuées au titre des douanes, régies et impôts indirects de 1890 à 1894 inclus :

ANNÉES	RECETTES EFFECTUÉES
1890	1.206.187 piastres
1891	1.768.963 —
1892	2.203.669 —
1893	2.656.498 —
1894 (certain)	3.570.000 —

Le produit des douanes, régies et impôts indirects, va sans cesse en s'accroissant dans des proportions très sensibles.

ANNÉES	PIASTRES
De 1890 à 1891, l'accroissement est de. . .	559.776
1891 à 1892 —	434.706
1892 à 1893 —	452.829
1893 à 1894 —	913.502

En comparant les recettes de 1890 avec celles de 1894, on constate un accroissement de 2.360.813 piastres, c'est-à-dire que les recettes ont plus que doublé pendant ce laps de temps.

Il faut dire, pour être entièrement exact, que cet immense accroissement est dû en partie à la diminution du taux de la piastre. Les tarifs douaniers étant fixés en francs par la loi tandis que le Protectorat les perçoit en piastres, à mesure que le taux officiel de la piastre va s'abaissant, le Protectorat reçoit pour un même chiffre de francs un nombre plus considérable de piastres. En 1894 on peut évaluer à 200.000 piastres environ la part de l'augmentation des recettes attribuable à la diminution du taux de la piastre. Ce chiffre déduit de celui qui est inscrit plus haut comme représentant l'accroissement des recettes de 1894 par rapport à 1893, il reste encore un accroissement réel de 713.000 piastres représentant l'augmentation du commerce et de la consommation, car tous les impôts indirects et les taxes des régies sont établis en piastres.

La comparaison de l'accroissement des impôts annamites avec celui des douanes et impôts indirects pendant la période de 1890 à 1894 permet de constater que la première de ces sources de revenus est beaucoup moins productive que la seconde.

La constatation d'un fait analogue en Cochinchine me conduisit, dès le commencement de 1892, à rechercher des ressources pour le protectorat dans la création de divers impôts indirects. Par des arrêtés de mai 1892 je créai des taxes de consommation sur le pétrole, les allumettes, le tabac venu de l'étranger, le sel, et je créai un papier timbré annamite obligatoire pour tous les actes entre indigènes, les pétitions, réclamations, etc. Les taxes étaient extrêmement faibles, de manière à ne pas diminuer la consommation dans un pays où l'argent est encore très rare. Un peu plus tard, je créai au Tonkin des droits sur l'alcool de riz fabriqué par les indigènes; puis je rachetai la ferme des alcools de l'Annam, en même temps que je me mettais d'accord avec la cour pour le remplacement de ses fermes par des impôts indirects.

En 1894, les impôts indirects, malgré la faiblesse extrême des taxes, figurent dans nos recettes pour un chiffre important. En raison de la baisse de la piastre on a un peu élevé le tarif des droits et prévu pour 1895 des recettes qui ne seront pas inférieures à 860.000 piastres et atteindront probablement 900.000 piastres.

Le plus important dès aujourd'hui de ces impôts nouveaux est celui perçu sur les eaux-de-vie de riz. En 1894, il rendra au Tonkin environ 100.000 piastres avec une perception qui a été systématiquement plus que bienveillante. En 1895, avec une taxe de 3 cents par litre, les recettes devront atteindre 220.000 piastres. Dans l'Annam, en vertu d'un contrat avec les anciens fermiers, très bien exécuté jusqu'à ce jour, l'impôt sur l'alcool de riz devra rapporter en 1895 une somme de 198.000 piastres dont une moitié revenant à la cour. En déduisant cette part, on voit que le trésor du protectorat devra encaisser en 1895, au titre de l'impôt sur les alcools de riz 319.000 piastres. Cette source de revenus est l'une de celles qu'il importe de surveiller avec le plus d'attention. Elle ne peut manquer d'acquérir une importance croissante d'année en année. En principe, l'établissement de cet impôt entraîne l'application de l'exercice; mais afin d'écarter les causes de mécontentement qui pourraient résulter pour les populations de mesures fiscales auxquelles elles ne sont pas habituées, il a été entendu que les villages et les provinces pourraient contracter avec l'administration des abonnements, à raison d'un droit fixe par appareil distillatoire. Cette manière de procéder est très conforme aux habitudes annamites; comme il a été dit plus haut, c'est la collectivité représentée par la commune et non le particulier, qui paie les impôts foncier et personnel et le rachat des corvées. En Cochinchine, avec une population de moins de 2 millions d'habitants, la ferme des alcools rapportait 600,000 piastres. Je l'ai supprimée à partir du 1ᵉʳ janvier 1894 et remplacée par une régie qui a rapporté dès la première année 820.000 piastres, avec un abaissement notable du prix de vente aux consommateurs. Au Tonkin et en Annam, la régie des alcools devra rapidement doubler et tripler les revenus actuels, à mesure que la richesse augmentera. L'Annamite consomme, en effet, une quantité considérable d'eau-de-vie de riz; c'est sa seule boisson alcoolique et les rites, bien loin d'en interdire l'usage, la prescrivent au contraire dans toutes les cérémonies cultuelles.

Le droit de consommation sur le pétrole a rapporté en 1894, dans l'Annam-Tonkin, plus de 60.000 piastres, avec une taxe de 1 piastre 25 par 100 litres. En 1895, avec une taxe de 3 $ par 100 kilogrammes les prévisions sont de 110.000 piastres; leur réalisation ne saurait faire l'objet d'aucun doute.

D'après les droits perçus en 1894, la quantité de pétrole consommée dans l'Annam-Tonkin en ce moment serait d'environ 5 millions de litres; elle va sans cesse en augmentant depuis quelques années.

Le droit de consommation sur les allumettes a été créé dans le but de favoriser le développement local de l'industrie des allumettes; le but a été atteint déjà dans une large mesure, les allumettes fabriquées au Tonkin se substituent à celles du Japon et le droit rapporte une quinzaine de mille piastres.

Le droit de consommation sur les tabacs a produit en 1894, 45.000 $; celui sur les produits forestiers. 25.000 $; celui sur les noix d'arec de l'Annam, 8.000.

Le droit de consommation sur les sels, créé en mai 1892, à raison de 5 cents par picul de 60 kilogrammes, a produit en 1894 plus de 40.000 $, sans nuire au commerce local ni à l'exportation. Le sel pourrait devenir l'une des sources les plus importantes de revenus du Tonkin et de l'Annam si les frontières du Quang-Tong, du Quang-Si et du Yunnan lui étaient ouvertes. Actuellement l'entrée de notre sel en Chine est interdite; les vice-rois afferment le monopole de la vente du sel. Au Yunnan, il existe des mines de sel gemme qui se défendent contre nos produits par la prohibition de l'importation. Le Tonkin n'importe pas du tout de sel; il n'en exporte pas non plus. L'Annam central en exporte annuellement de 150 à 200.000 piculs de 62 kilogrammes. Le sel exporté paie un droit de sortie de 20 cents par 100 kilogrammes. D'après les droits payés, la consommation du Tonkin serait de 700.000 piculs environ ou 42 millions de kilogrammes, représentant à peu près 4 kilogrammes par tête d'habitant; mais une partie est envoyée au Laos et même en Chine par contrebande.

Le papier timbré annamite a rapporté en 1894 plus de 45.000 $. Il a été créé en 1892, d'accord avec la cour d'Annam à qui nous remettons la moitié de la recette opérée dans l'Annam central. C'est un papier chinois fabriqué au Tonkin, frappé d'un timbre à la machine et livré aux consommateurs pour le prix porté sur la feuille. Les Annamites ne font aucune difficulté pour s'en servir; ils y attachent même une certaine valeur morale, par suite du goût particulier qu'ils ont pour les cachets. Il n'est pas douteux que, petit à petit, le protectorat verra grandir l'importance des revenus qu'il tire de cette source.

A côté des régies, on peut classer les produits des

docks. En vertu du rachat de ce monopole, opéré à la fin de 1892, les magasins sont devenus la propriété du Protectorat qui surveille les opérations et encaisse les produits. L'opération du rachat a été fructueuse. La première année, en 1893, les recettes avaient été prévues pour 50.000 piastres, ce qui, au taux qu'avait alors la piastre, suffisait au paiement de l'annuité de rachat. Les recettes effectuées pendant cette même année furent de 70.000 piastres. En 1894, elles dépassent 120.000 piastres. Elles atteindront probablement 150.000 piastres en 1895 quoiqu'on ait prévu seulement 115.000 piastres au budget de cet exercice. Et ces résultats ont été obtenus malgré l'abaissement très considérable des charges du commerce.

Le tableau suivant résume les revenus de ces divers impôts prévus au budget de 1895.

Les chiffres ont été établis en raison des recettes opérées en 1894 et en réunissant les recettes de l'Annam central à celles du Tonkin, quelques-uns seront certainement dépassés.

Régie des alcools	460.000	piastres
— des docks.	115.000	—
— du papier timbré annamite. . .	45.000	—
Droits de consommation sur les huiles minérales.	110.000	—
Droits de consommation sur le sel . .	40.000	—
Droits de consommation sur les allumettes	15.000	—
Droits de consommation sur les tabacs.	40.000	—
Droits de consommation sur les produits forestiers	25.000	—
Droits de consommation sur les noix d'arec	8.000	—
Total. . . .	858.000	—

Ces chiffres témoignent de l'importance que sont appelés à prendre les impôts indirects, si l'on a soin de les régler sur le progrès de la richesse du pays et de ne pas en rendre la perception vexatoire.

En dehors des impôts annamites, des taxes douanières et des impôts indirects, la source de revenus la plus importante est l'opium. Le produit de cet impôt a été fondu dans les chiffres donnés plus haut sous la rubrique « Douane, Régies et Impôts indirects ». En 1894, les recettes provenant de l'opium, au Tonkin et dans l'Annam, dépassent 1.050.000 piastres. Dans ce chiffre, les recettes de l'Annam central, provenant de la seule ferme qui existe encore dans tout le Protectorat, figurent pour 100.000 $. Le produit du Tonkin seul est donc de 950.000 $. L'exploitation de l'opium y est faite en régie, depuis le rachat de la ferme qui a eu lieu le 1er juillet 1893.

Le monopole de la vente de l'opium au Tonkin avait été donné à ferme en 1887 par M. Bihourd. Le privilège fut renouvelé en 1890 par l'administration coloniale, avec augmentation du produit encaissé par le Protectorat. J'ai racheté ce monopole en 1893 avec l'approbation du sous-secrétaire d'Etat des Colonies. Cette opération était vivement réclamée par l'opinion publique au Tonkin; la situation du budget ne permit d'y songer qu'en 1893.

En raison de l'élévation et de l'uniformité de son prix de vente, la ferme de l'opium créait, de l'avis de tous les administrateurs civils et de tous les commandants de territoires militaires, cercles et postes, un véritable encouragement à la piraterie, car celle-ci se confond toujours avec la contrebande. La ferme offrait d'autres inconvénients : par les nombreux agents, européens et chinois, disséminés sur tous les points du territoire, elle formait, à côté de l'administration du Protectorat une autre administration d'autant plus puissante qu'elle était investie, sous prétexte de surveillance de la contrebande, de droits de police tout à fait exorbitants et qu'elle croyait avoir intérêt à grossir tous les incidents de piraterie, ce qui nuisait beaucoup à la réputation du Tonkin. Tout le monde était d'avis qu'il fallait en finir avec ce monopole. Il n'y avait qu'un moyen légal et par conséquent pratique, le rachat. Si je l'avais pu, je l'aurais proposé plus tôt au gouvernement, mais nos finances ne m'ont paru assez solides pour l'effectuer qu'au début de 1893. Malheureusement, si les progrès de la pacification avaient amélioré notre situation financière, ils avaient aussi relevé les affaires de la ferme, au point de lui permettre de se montrer plus exigeante qu'elle n'aurait pu l'être en 1891, c'est-à-dire quand il nous était impossible de songer au rachat. Cependant celui-ci était infiniment préférable au maintien d'un monopole qui aurait pesé jusqu'en 1900 sur la destinée politique, financière et économique du Tonkin et n'aurait fait qu'accroître son impopularité. Le sous-secrétaire d'Etat eut, à cet égard, la même opinion que moi.

On peut déjà se rendre compte des résultats obtenus ; une grande détente s'est faite, aussitôt après le rachat de la ferme, dans l'opinion publique au Tonkin. En second lieu, la régie, ayant dès le premier jour, établi des prix de vente variables suivant les zones, et très faibles près de la frontière, ainsi qu'on le fait en France pour le tabac, la contrebande de l'opium a diminué dans des proportions considérables et les pirates ont vu se tarir la meilleure source de leurs revenus. Comme ils avaient déjà perdu, grâce à la pacification du Delta, les ressources qu'ils en tiraient, soit par le vol, soit par la vente des armes, ils se trouvaient réduits à la misère et contraints de changer de métier. Aussi les soumissions des pirates chinois des frontières sont-elles devenues très fréquentes depuis le rachat de la ferme de l'opium. Les résultats politiques que nous attendions du rachat ne sauraient donc être contestés. Je puis ajouter que personne au Tonkin ne songe à les mettre en doute.

Quant aux effets que le rachat de la ferme peut exercer sur nos finances, ils commencent à se dessiner suffisamment pour qu'on puisse affirmer qu'ils sont avantageux. La ferme n'a été remplacée par la régie qu'à partir du 1er juillet 1893 ; il a fallu à la régie quelque temps pour s'organiser, faire des achats, acquérir quelque expérience, etc. Malgré cela, elle a pu, en 1893, payer sans difficulté le matériel qu'elle venait de prendre à sa charge et verser dans les caisses du Trésor l'équivalent de la redevance du fermier. En 1894, la première annuité du rachat n'a créé aucun embarras au budget local qui se réglera par au moins 200.000 piastres d'excédents de recettes sur les dépenses. Les annuités suivantes étant moitié moins fortes, leur paiement ne saurait donner la moindre inquiétude.

Tout le monde était d'avis que l'opium devait être vendu au Tonkin aussi bon marché que possible, surtout dans les zones frontières ; on estimait qu'il vaut mieux s'exposer à faire des recettes un peu moins fortes plutôt que d'encourager la contrebande et la piraterie par des prix élevés. Afin d'arriver à des prix de vente aussi bas que possible, la régie du Tonkin a décidé de s'approvisionner en partie, en opium du Yunnan qui coûte beaucoup moins cher que celui de l'Inde. Elle a, dans ce but, provoqué la signature d'un contrat entre le Protectorat et un estimable colon du Tonkin qui s'engage à faire tous les achats d'opium de la régie, en même temps qu'il tentera de faire pénétrer le commerce français au Yunnan. Si ce dernier résultat pouvait être obtenu, il représenterait un nouvel avantage, et non des moindres, obtenu par le rachat de la ferme.

Pour en finir avec les recettes de l'Annam-Tonkin, je crois intéressant de mettre sous les yeux du lecteur le tableau suivant où figurent côte à côte, les

ANNÉES	RECETTES		DIFFÉRENCES	
	PRÉVUES	EFFECTUÉES	INFÉRIEURES AUX PRÉVISIONS	SUPÉRIEURES AUX PRÉVISIONS
	Piastres	Piastres	Piastres	Piastres
1886	2.938.437	2.608.765	329.672	»
1887	3.715.000	3.782.679	»	67.679
1888	4.530.000	3.470.665	1.059.335	»
1889	4.802.500	3.862.406	940.094	»
1890	5.279.239	3.759.855	1.519.384	»
1891	5.058.145	4.447.799	610.346	»
1892	4.332.423	4.792.502	»	460.070
1893	4.895.398	5.548.014	»	652.616
1894	6.400.000	6.700.000	»	300.000

prévisions budgétaires des recettes pour chaque

exercice et le chiffre des recettes réellement effectuées de 1886 à 1894. On remarquera que sauf en 1887, les réalités ont toujours été, jusqu'en 1891, très inférieures aux prévisions, tandis qu'à partir du budget de 1892, le premier qui ait été préparé sous ma direction, les réalités sont toujours supérieures aux prévisions.

La *comparaison des dépenses du budget local du protectorat avec les recettes* montre que si le budget a toujours été en déficit de 1886 à 1891, il a toujours, à partir de 1892, donné des excédents notables de recettes par rapport aux dépenses. Les résultats sont consignés dans le tableau suivant :

ANNÉES	RECETTES	DÉPENSES	EXCÉDENTS	
			DE RECETTES	DE DÉPENSES
	Piastres	Piastres	Piastres	
1892	4.792.502	4.433.591	358.911	»
1893	5.548.014	5.399.890	148.124	»
1894	6.700.000	6.500.000	200.000	»

Les excédents de recettes sur les dépenses des exercices 1892, 1893 et 1894 ont contribué à couvrir les excédents de dépenses du budget militaire de 1892, et à payer les constructions militaires faites pendant ces trois années.

Du 1er janvier 1892 au 31 décembre 1894, le budget local du Protectorat a fait face à toutes les dépenses des services civils et il est, en outre, venu en aide au budget militaire dans des proportions considérables. Il a payé les 2.200.000 francs d'excédents de dépenses de ce budget en 1892, il a dépensé pour l'hôpital d'Hanoï et pour les autres constructions militaires, plus de 3 millions de francs, il a pris à sa charge près de 2 millions de francs de constructions militaires sur la route de Langson et la frontière du Quang-Si, dont l'avance avait été faite par la société du chemin de fer ; il a payé toutes les dépenses d'administration des territoires militaires ; il a fait face enfin aux pertes sur le change subies par les sommes que la métropole met à la disposition du chef des services administratifs, pour les dépenses militaires à faire sur place. Ces pertes sont considérables. En 1892, elles se sont élevées à 100.310 piastres ; en 1893, elles ont atteint 137.000 piastres ; en 1894, elles ne doivent pas être inférieures à 150.000 piastres, soit en trois ans près de 400,000 piastres ou plus d'un million et demi de francs, prélevés par le Protectorat sur ses ressources propres pour payer des pertes de change qui, en toute équité, devraient incomber à la métropole, car elles portent exclusivement sur des fonds qui lui appartiennent et qui sont destinés au paiement des dépenses de souveraineté.

Il faut ajouter que ces pertes proviennent très souvent des négligences commises par les services métropolitains ou de mesures prises par ces derniers sans qu'il soit tenu compte des intérêts de l'Indo-Chine. Quelques mots d'explication sont nécessaires.

Les crédits destinés aux dépenses militaires du Protectorat, étant votés en francs et délégués en francs à l'ordonnateur des dépenses, tandis que celui-ci ne peut payer dans la colonie qu'en piastres mexicaines, il en résulte pour le Protectorat, l'obligation d'acheter soit sur place, soit en Europe, les piastres dont il a besoin pour ces paiements. Divers systèmes ont été mis en pratique pour ces achats, pendant ces dernières années; les plus préjudiciables aux intérêts du Protectorat, ceux qui lui coûtent le plus cher, sont précisément ceux auxquels la métropole donne la préférence et qu'elle lui a imposés. Les quelques faits suivants sont, à cet égard, très démonstratifs.

Pendant la gestion 1890-1891, le trésor du Tonkin fut alimenté en piastres par le ministère des finances qui lui-même faisait acheter ce numéraire par ses commissionnaires sur les marchés de Paris ou de Londres. Le nombre de piastres reçues fut de 1.565.000. Sur ces envois, le Protectorat subit une perte sèche de 68.295 piastres, soit une proportion de 4,30 p. 100 de perte.

Si au lieu de la gestion 1890-1891, on envisage la totalité de l'année 1891, pendant laquelle l'approvisionnement des caisses du Tonkin fut fait également par le ministère des Finances, on constate les résultats suivants : Le nombre des piastres reçues pendant l'année 1891 fut de 2,350,000; la perte subie par le Trésor fut de 72,900 piastres, soit 3,10 p. 100 de perte.

Les pertes subies par le Trésor, dans ces opérations, sont dues, on le comprend, à ce que les piastres étaient achetées par le ministère des Finances à un taux plus élevé que celui auquel le Protectorat pouvait les délivrer en paiement à son personnel militaire et à ses fournisseurs.

Ému par ces faits, le directeur du contrôle financier, M. Prigent, me proposa, à la fin de 1891, de procéder à l'approvisionnement de nos caisses par la vente à l'adjudication, sur place, de traites du Trésor. Ce système fut appliqué pendant toute l'année 1892; il donna les résultats suivants : Le produit total des traites mises en adjudication à Saïgon et à Haïphong fut de 2.723.000 piastres ; la perte nette ayant été de 27.000 piastres, la proportion des pertes apparaît à 0,98 p. 100, soit moins de 1 p. 100.

Malgré l'excellence de ces résultats, comparés à ceux obtenus jusqu'alors, nous fûmes obligés de renoncer à l'approvisionnement sur place, parce qu'il était l'objet de critiques incessantes et très vives de la part des administrations métropolitaines.

Pendant la première partie de l'année 1893 (du 1er janvier au 3 août inclus), le trésor du Tonkin fût de nouveau alimenté par le ministère des Finances. L'envoi de 1.256.864 piastres, représentant 4.328.636 francs, occasionna une perte nette de 97.591 francs, soit une proportion de perte de 2,25 p. 100.

Il est à constater que le prix d'achat des finances fut toujours très supérieur au taux de la piastre sur le marché de Paris, sur celui de Hong-Kong et dans l'Indo-Chine. Il fut aussi presque toujours supérieur au taux officiel de la piastre en Indo-Chine, quoique ce taux fût maintenu très au-dessus du taux commercial dans le but d'atténuer les pertes du trésor indo-chinois.

Ces dernières eussent été deux ou trois fois supérieures à la proportion indiquée plus haut, si notre taux officiel avait suivi le taux commercial, comme le veut la législation de 1881.

Il résulte de ces faits que le système le moins coûteux pour le Protectorat fut celui de l'approvisionnement sur place. Il ne coûta, en effet, que moins de 1 p. 100. Il succomba néanmoins devant les résistances du ministère des finances et du ministère des colonies. La conséquence de leur intervention dans cette affaire ne devrait-elle pas être de mettre les pertes à leur charge? Il me semble qu'en toute équité, poser la question c'est la résoudre. Jusqu'à ce jour, le Gouvernement n'a pas entendu de cette oreille; c'est le Tonkin qui paie les frais de systèmes d'approvisionnement contre lesquels il ne cesse de protester.

La Cochinchine a subi, en 1893, des pertes considérables par le fait de mesures aussi peu justifiables. Lorsque le gouvernement siamois remit au gouvernement français les 3 millions de francs qui lui étaient imposés pour indemniser nos compatriotes, notre ministre des finances en fit opérer le dépôt dans les caisses de la Cochinchine. Celle-ci encaissa près de 1 million de piastres au taux de 3 fr. 12 c. Plus tard, le taux de la piastre s'étant effondré, elle a dû employer les mêmes piastres pour le paiement de ses fonctionnaires et fournisseurs, aux taux successifs de : 3 francs, 2 fr. 85, 2 fr. 80, 2 fr. 75. D'autre part, la métropole exige que le trésor de la Cochinchine lui remette la totalité des 3 millions de francs qu'il a reçus en dépôt. Peu lui importe qu'il faille, aujourd'hui, pour représenter ces 3 millions de francs, 200,000 piastres de plus qu'en août 1893; c'est à la Cochinchine qu'il inflige la perte. N'était-il pas équitable, cependant, que celle-ci fût supportée par la métropole? La Cochinchine n'avait nullement besoin de numéraire ; on a introduit dans ses caisses un million de piastres sans lui en demander l'autorisation, et on lui fait supporter les pertes que ces piastres subissent par le fait d'un abaissement de valeur contre lequel elle ne peut absolument rien !

Un fait analogue se produisit au Tonkin vers le même moment. Du mois d'août au mois d'octobre 1893, les finances envoyèrent au Tonkin, sans que celui-ci les eût demandées, 700.000 piastres frappées en France. Comme les impôts rentraient en même temps avec une grande activité, les caisses se trouvaient gorgées de piastres dont le taux baissait rapidement et sur lesquelles on perdait de très grosses sommes.

Que le trésor du Tonkin et celui de la Cochinchine supportent les pertes au change subies par leurs fonds propres, par ceux qu'ils retirent de l'impôt, on ne saurait s'en plaindre. Mais il est contraire à l'équité de mettre à leur charge les pertes subies sur des fonds qui ne leur appartiennent pas, qui sont la propriété exclusive de la métropole.

Les excédents de recettes du budget local du Protectorat de l'Annam-Tonkin ne sont pas dus seulement à l'accroissement rapide présenté par les rentrées d'impôts depuis la fin de 1891, mais encore à la façon dont les dépenses du Protectorat ont été dirigées.

Dès le principe, je me suis attaché à réduire dans toute la mesure possible les dépenses de personnel de manière à réserver des crédits pour les travaux publics. Du mois de juin 1891 au 1ᵉʳ janvier 1894, j'ai réduit de 63 unités le personnel européen de la garde civile, sans brusquerie, par le simple jeu des démissions ou des licenciements disciplinaires, ce qui ne porte aucun tort au personnel restant. Cela donne une économie annuelle qui n'est pas inférieure à 350.000 francs. J'ai diminué aussi sensiblement le personnel des résidences par le même procédé, sans que personne même s'en soit aperçu ni puisse se plaindre que les affaires en aillent plus mal. Malheureusement mes idées ne sont pas partagées par tout le monde ; pendant les quelques mois de mon séjour en France, on a relevé de 21 unités le personnel de la garde civile et l'on a fait, le 1er janvier dernier, des nominations qui dépassent les cadres budgétaires prévus pour l'exercice 1895. Je puis ajouter que même des fonctionnaires à très gros appointements ont été nommés ainsi en violation des décrets, sans proposition préalable. Le décret du 21 avril était, à ce point de vue, la sauvegarde du budget du Protectorat, du moins entre les mains d'un gouverneur général résolu à donner le pas aux dépenses d'utilité publique sur celles du personnel.

Dans le budget local de 1895, j'ai pu, grâce à ma façon de procéder, inscrire pour 1.317.000 piastres de travaux neufs, dont 676.000 piastres pour les travaux de chemin de fer. Ces crédits sont garantis par les recettes normales du budget. Ils pourraient être maintenus indéfiniment, s'accroître même d'année en année, proportionnellement aux recettes, si l'on s'en tenait aux effectifs actuels du personnel des différents services, effectifs suffisants pour la bonne marche des services.

L'un des avantages de la politique que j'ai inaugurée est précisément de permettre la réduction du personnel européen en utilisant les fonctionnaires et les coutumes administratives des indigènes. Si l'on restait fidèle à cette politique, on pourrait se tenir pendant bien des années encore à peu près dans les limites actuelles du personnel européen, et l'accroissement des recettes pourrait être consacré en entier aux travaux d'utilité publique. Il ne me paraît pas inutile de rappeler ici que, même au point de vue du maintien de l'ordre et de la bonne administration des provinces, certaine expérience faite au Tonkin prouve que la multiplication des fonctionnaires français n'est pas aussi avantageuse qu'on pourrait le supposer théoriquement. En 1888, sous l'influence d'une politique d'administration directe, on résolut de multiplier les centres de contrôle du Protectorat. On déclara qu'il était impossible « d'assurer la pacification et de centraliser le service des impôts avec un seul résident par province », et l'on proposa de mettre un agent français auprès de chaque phu. Comme cela aurait été fort coûteux et que le personnel manquait, on se borna à créer, sous le nom de Dao, quelques provinces secondaires, par exemple, le Dao du Bag-Say, celui du Vinh-Yen, etc. J'ai dit plus haut qu'en 1891, en pleine insurrection, on dut y renoncer, tous les résidents ayant déclaré que l'isolement des chefs français des Dao, en dehors des hautes autorités indigènes, les mettait dans l'impossibilité de pacifier et d'administrer leurs territoires. La pacification du Bag-Say n'a été complète qu'après la suppression du Dao ; celle du Vinh-Yen a été précédée de son rattachement à la province de Sontay.

Il ne faut pas perdre de vue que toute augmentation de personnel équivaut à l'inscription au budget d'une dette perpétuelle, car on peut bien augmenter le personnel, mais on ne le diminue jamais. Au contraire, les sommes consacrées aux travaux publics se retrouvent disponibles, après leur achèvement, pour d'autres travaux. Que le Tonkin ne perde jamais de vue le triste exemple de la Cochinchine où, après trente ans d'occupation, j'ai trouvé les canaux envasés, la rivière de Saïgon toujours barrée par le banc de corail dont on discutait l'enlèvement depuis 1865, la plaine des joncs et les admirables terres à rizières de l'ouest toujours incultes faute de canaux de dérivation, les routes absentes, sauf autour de chaque chef-lieu d'arrondissement pour la promenade du soir, la Colonie aussi isolée des pays voisins, par suite du manque de voies de communication, que si ces pays étaient des déserts, les chemins de fer réduits aux quelques kilomètres de celui de Mytho, l'esprit public tellement étranger aux routes, aux canaux, aux chemins de fer, aux grands travaux d'utilité publique, qu'on faillit se fâcher quand des ingénieurs venus de Paris parlèrent, pour la première fois, de relier Saïgon à Stung-Treng, à Khong, au Mékong, à Tourane et à Hué par des chemins de fer.

Le meilleur moyen de soustraire le Tonkin au sort de la Cochinchine, c'est de le lancer tout de suite dans les grands travaux. Lorsque ses finances seront engagées dans la construction des chemins de fer, on ne pourra pas gaspiller ses revenus en personnel inutile.

La politique de conquête et d'annexion veut des budgets très gros, absorbés tout entiers par l'armée d'une part, la police et l'administration civile de l'autre ; la politique du Protectorat s'appuyant sur le concours des autorités indigènes et du peuple demande moins de sacrifices à la métropole, exige un personnel moindre, et se trouve toujours à la tête de revenus disponibles pour les travaux d'utilité publique. La politique de conquête et d'annexion arrête le progrès en supprimant les revenus dont celui-ci a besoin; la politique de Protectorat assure le progrès en lui réservant toujours les ressources qui lui sont nécessaires. La politique de conquête et d'annexion annihile la majeure partie des forces vives du pays; la politique de Protectorat utilise, au contraire, toutes ces forces et les applique chacune à la fonction qui lui convient le mieux.

Budget de l'Annam central et du gouvernement annamite.

Jusqu'à ces derniers temps, le Protectorat de l'Annam central nous a occasionné beaucoup plus de dépenses que la portion de ses revenus entrant dans nos caisses ne nous permettait d'en couvrir.

En 1887, époque où des troupes nombreuses, européennes et indigènes, existaient en Annam, l'occupation de cette partie de l'empire coûtait 3 ou 4 millions à notre budget, sans aucun profit correspondant, car le commerce était à peu près nul.

Après le retrait de la plus grande partie des troupes — car il n'existe plus dans tout l'Annam que 400 hommes d'infanterie de marine et d'artillerie, — les dépenses militaires de cette portion de l'empire dépassent encore 600.000 francs par an.

Quant aux dépenses civiles faites au compte du

Protectorat dans l'Annam central, elles ont toujours été très supérieures aux recettes encaissées par notre Trésor. En 1890, le budget du Protectorat pour l'Annam central s'était soldé par un excédent de dépenses sur les recettes de 390.000 piastres à 4 francs ou 1.560.000 francs, sans compter les sommes dues au trésor royal pour l'opium et qui s'élevaient à 58.000 piastres. C'était donc, pour 1890, un déficit total de 1.792.000 francs. En ajoutant à cette somme les 600.000 francs environ que dépensent nos troupes, on voit que l'Annam central nous a coûté en 1890, après déduction des recettes, 2.392.000 francs.

En 1891, les dépenses atteignent 753.901 $, les recettes s'élèvent à 535.453 $, soit un excédent de dépenses sur les recettes de 218.448 piastres.

Au mois de mars 1892, après avoir étudié soigneusement avec les régents les recettes et les dépenses de la cour et de l'administration annamite, je parvins à les convaincre que le meilleur moyen d'améliorer à la fois leur situation et la nôtre était de créer ensemble un certain nombre d'impôts indirects dont nous partagerions les produits entre le trésor de la cour et celui du Protectorat. Le gouvernement annamite ne disposant pas du personnel qu'exigent ces sortes d'impôts, le Protectorat se chargerait de la perception ; mais, afin que les impôts ne soulevassent aucun mécontentement parmi les populations, des ordonnances royales en consacreraient la création. L'accord s'étant fait sur ces bases, nous décidâmes d'instituer des impôts de consommation sur les allumettes, le tabac importé de l'étranger, le pétrole dont la consommation est très considérable et va sans cesse en augmentant, et nous créâmes un papier timbré annamite pour tous les actes passés entre indigènes, les pétitions, etc. Ces impôts remplaçaient diverses fermes vexatoires et dont la cour ne tirait que de maigres ressources. La maladie m'empêcha de donner, à Hué même, la dernière main à ces projets; c'est seulement dans la seconde partie de l'année qu'ils purent être mis en application. Néanmoins, les résultats budgétaires en furent très notablement modifiés.

En 1892, les dépenses atteignent 836.478 $, les recettes s'élèvent à 694.612 $, 51, soit un excédent de dépenses sur les recettes de 141.865 $, 60 ou 76.583 $ de moins qu'en 1891, malgré un accroissement notable des dépenses.

La diminution notable des excédents de dépenses indiquée par ces chiffres était due à ce que, suivant nos conventions, les recettes provenant des impôts indirects avaient été partagées par moitié entre la cour et le Protectorat. Celui-ci avait en mains une source nouvelle de revenus.

La cour, de son côté, y avait trouvé son compte, car sa part des impôts indirects représentait une somme supérieure à celle qu'elle retirait des fermes supprimées en avril 1893. Dans le but de créer des ressources pour les travaux publics dans l'Annam central il fut convenu entre les régents et moi que désormais le revenu des impôts indirects serait divisé en trois parts : l'une pour le trésor royal, l'autre pour le Protectorat, la troisième, fixée chaque année d'accord par les deux gouvernements, et destinée à des travaux d'utilité publique.

Depuis dix ans que nous avons établi notre Protectorat sur l'empire, aucun travail d'utilité publique n'a été fait dans l'Annam central. A part quelques constructions militaires dans la citadelle marécageuse de Hué et à Tourane, il n'a pas été dépensé un centime pour le logement de nos fonctionnaires, et rien n'a été fait pour doter le pays de l'outillage dont il aurait besoin pour développer son agriculture, son commerce et son industrie. Les seules routes qui ont été construites datent du commencement de 1892 ; elles ont été faites en conformité de mes desseins, par ordre de la cour et à l'aide des corvées.

Le singulier système de Protectorat pratiqué en Annam et qui consistait en une sorte de juxtaposition dédaigneuse du gouvernement protecteur au gouvernement protégé, a produit ici les mêmes fruits qu'au Cambodge, ce qui est naturel, l'arbre étant le même. Ces résultats sont connus : un mécontentement permanent du protégé et du protecteur ; quelques tentatives impuissantes d'annexion de la part du premier, succédant à des périodes d'absolue indifférence et suivies de phases d'une sorte d'affaissement moral ; une rébellion sourde et presque permanente du protégé ; la misère chez celui-ci, le déficit budgétaire chez celui-là ; l'absence de tous travaux utiles, le malaise du commerce et la lassitude de la métropole dont l'attention, détournée des faits réels, se portait impuissante vers les idées chimériques du premier théoricien venu.

Aussi, m'étais-je donné pour tâche, ici comme au Cambodge, de substituer au Protectorat tout à fait indifférent ou vexatoire du passé, un Protectorat loyalement respectueux des lois, des coutumes, de la religion, de l'organisation sociale, politique et administrative de l'empire d'Annam; mais, en même temps, effectif et efficace, pénétrant jusqu'au cœur même du pays, guidant de conseils quotidiens le gouvernement protégé, l'aidant à réformer son administration et ses finances, relevant son autorité morale aux yeux des populations afin d'user de cette même autorité pour mieux assurer l'influence bienfaisante et civilisatrice de la France.

Je crois pouvoir dire aujourd'hui que si cette politique n'a pas toujours été comprise dans la métropole par nos compatriotes, trop éloignés pour juger en connaissance de cause et donnant plus d'importance aux apparences qu'aux réalités, elle l'a été, dès le premier jour, par tous ceux qui en devaient être les collaborateurs.

Instruits par les leçons du passé et bien placés pour apprécier sérieusement ma conduite et leurs propres intérêts, ils ont vu celui de leur pays là où je voyais, en outre, moi-même celui de la France, intérêts inséparables d'ailleurs, car l'une des parties ne saurait souffrir sans que l'autre s'en ressente.

C'est parce qu'ils comprirent les avantages dont cette politique pouvait faire bénéficier les deux nations et les deux gouvernements que les régents accédèrent sans difficulté aux réformes financières indiquées plus haut. Ils tenaient, selon leurs propres paroles, à me donner ainsi une preuve indiscutable de la loyauté de leurs sentiments.

Lorsque je quittai Hué, vers le milieu du mois de mai 1893, l'accord entre moi et le gouvernement annamite était donc aussi parfait que possible, et je pouvais me féliciter des progrès nouveaux que je venais de faire faire à la France dans ce pays pendant si longtemps fermé devant elle.

A la fin de l'année 1893, un nouveau pas fut fait par la cour d'Annam dans la même voie. La dernière ferme qui existait encore, celle des alcools de riz, créée par la cour et lui rapportant 75.000 $ par an, fut rachetée, d'accord avec le conseil de régence, et remplacée par le régime de la fabrication libre moyennant une taxe par litre d'alcool vendu. La taxe est perçue par les agents du Protectorat, comme celles des douanes. Le produit encaissé par nos agents est partagé par moitié entre le Protectorat et la cour. Afin d'éviter les pertes qui auraient pu résulter d'un changement brusque de régime, les fermiers chinois furent conservés comme débitants généraux, moyennant l'engagement de verser chaque année, jusqu'à la fin de leur contrat, une redevance suffisante non seulement pour faire face aux annuités du rachat de leur monopole, mais encore pour assurer des bénéfices importants au Protectorat et à la cour.

Ce régime a commencé à fonctionner le 1ᵉʳ décembre 1893. Il a donné tous les résultats que nous en attendions. En 1893, le Protectorat a bénéficié de 20.000 $. Le bénéfice réalisé en 1894 est de 90.000 $, dont 45.000 pour le Protectorat. En 1895, il sera de 198.000 $, dont 99.000 pour le Protectorat. En 1896, il est garanti pour 222.000 $, dont 111.000 pour le Protectorat. Du 1ᵉʳ décembre 1893 au 31 décembre 1896, le Protectorat aura retiré de cette source nouvelle de revenus une recette nette de 265.000 $. A partir du 1ᵉʳ janvier 1897, l'administration étant dégagée de toute charge et ses recettes n'ayant aucune raison de diminuer, si la gestion est bonne, la somme produite ne devra pas être inférieure à 282.000 $ (chiffre de 1896, y compris l'indemnité de rachat); partagée entre la cour et le Protectorat, elle assurera à chacune des parties un revenu de 141.000 $ qui ne pourra que s'accroître dans la suite.

L'accord intervenu au sujet de la ferme de l'alcool de l'Annam central entre la cour et moi était financièrement très avantageux pour le trésor du Protectorat auquel il créait des ressources nouvelles; il avait en même temps l'avantage de rendre notre influence plus efficace en nous introduisant plus avant dans les affaires du royaume. La cour, de son côté, y trouvait un bénéfice pécuniaire et profitait du concours de notre expérience en matière de finances. Aussi se déclarait-elle non moins satisfaite que nous du nouvel état des choses.

Elle en donna une preuve non douteuse de la manière suivante :

Il fut convenu entre les régents et moi que le gouvernement annamite établirait chaque année, d'accord avec les représentants du Protectorat, le budget particulier de l'empire. Celui-ci serait dressé, comme le budget du Protectorat, en chapitres, articles et paragraphes, donnant le détail de toutes les recettes et de toutes les dépenses. Ce budget recevait d'abord l'approbation du roi, puis celle du gouverneur général. Le gouvernement annamite était chargé de payer toutes les dépenses de l'administration indigène, conformément aux prescriptions budgétaires et à l'aide des recettes inscrites au budget.

A la suite de ces accords et pour me donner une

marque toute particulière de sa confiance et de sa sympathie, la cour fit rendre par l'empereur une ordonnance qui me délivrait le titre de régent, chef des régents du royaume, avec les pouvoirs correspondants, jusqu'à la majorité de S. M. Than-Thaï.

Revenons au budget de l'empire : ses recettes se composent de deux catégories de revenus : 1° les impôts indirects, la régie de l'alcool et la ferme de l'opium, établis, payés et encaissés par l'administration du Protectorat, puis divisés en trois parts destinées, l'une à être remise au gouvernement annamite et à figurer dans son budget, l'autre à rester la propriété exclusive du Protectorat, la troisième à être consacrée en travaux publics dans l'Annam central; 2° les impôts fonciers et personnels annamites, que le gouvernement de Hué continue à percevoir en espèces et en nature conformément aux usages traditionnels et dont il conserve exclusivement la propriété.

Les dépenses comprennent toutes les dépenses de la cour, y compris la liste civile du roi, des reines mères et des princes, les soldes des régents, ministres, mandarins et employés civils de la cour et des provinces; les soldes des mandarins militaires, des milices, linh et coolies du palais et des provinces; les frais des cérémonies rituelles; les dépenses des prisonniers, etc.; l'entretien des palais, des bâtiments publics et des pagodes; les frais des sacrifices; la réparation des ponts et des routes; les secours en argent à accorder aux villages, etc.

Le budget de 1894 fut préparé par le conseil de régence et le directeur du contrôle financier, M. Guis, qui a fait preuve dans toutes les circonstances de précieuses qualités d'esprit. Ce budget se terminait par un chapitre comprenant les crédits affectés par le gouvernement annamite aux divers travaux. Il y figurait : 1° une somme de 80.000 ligatures, représentant la moitié de l'impôt de capitation des Chinois, affectée aux travaux d'entretien des routes dans les provinces ; 2° une somme de 420.000 ligatures représentant la part des impôts indirects, affectée aux travaux d'utilité publique conformément à l'accord indiqué plus haut ; 3° une somme de 1.500.000 ligatures ou 250.000 piastres mise spontanément à la disposition du Protectorat par le gouvernement annamite, pour les grands travaux d'utilité publique de l'Annam, après accord entre les deux gouvernements. Cette somme était prélevée sur les ressources générales du budget du royaume. Elle constituait un véritable don du gouvernement annamite, fait dans le but de nous donner un témoignage des excellents sentiments de la cour à l'égard de la France.

Ce don était non seulement une marque de confiance, mais encore l'indice du revirement profond qui s'est fait depuis quelques années dans l'esprit des hommes d'Etat annamites. A leur indifférence ancienne a fait place le désir manifeste de voir l'empire bénéficier des avantages de notre civilisation. Le budget du gouvernement annamite pour 1894, établi comme je viens de le dire, me fut transmis après avoir été arrêté par le conseil de régence et le ministre des rites, et revêtu du point rouge de l'empereur ; je l'approuvai à mon tour et il fut annexé au budget du Protectorat.

Le seul fait de la publication et l'impression de ce budget dans les conditions que je viens de dire implique l'entrée du gouvernement annamite dans une voie toute nouvelle. Faut-il profiter de ces bonnes dispositions, en abuser dirais-je volontiers, pour lui extorquer de nouveaux sacrifices, comme certaines personnes l'ont tenté pendant mon séjour en France ? Ne devons-nous pas, au contraire, lui marquer notre reconnaissance des concessions si larges qu'il nous a faites en dehors de l'esprit et de la lettre du traité de 1884 et user à son égard d'une discrétion d'autant plus grande qu'il nous témoigne plus de confiance et de bonne volonté ? Nous ne saurions user de trop de prudence en ces matières. Il ne suffit pas au gouvernement de prescrire une politique déterminée ; il faut encore qu'il choisisse pour faire cette politique des hommes capables de la comprendre et résolus à la suivre, non pas comme une consigne, mais parce qu'elle leur paraîtra bonne. Avec la meilleure volonté du monde, il est facile de blesser ces natures délicates et timides ; un mot, un geste, un acte maladroit suffit pour les faire rentrer en eux-mêmes. Ils ont déjà tant souffert qu'ils redoutent toujours une souffrance nouvelle.

On attache en France une grande importance à des choses qui ne peuvent nous profiter en rien et qui risquent de nous aliéner l'esprit de la cour et du peuple ; telle est la pratique en vertu de laquelle le résident supérieur de Hué obligeait la cour à le convoquer toutes les fois que le conseil des ministres se réunissait. On avait exigé cela comme une satisfaction pour notre amour-propre, sans se douter qu'on froissait beaucoup celui de la cour et qu'on s'exposait à voir naître des conflits très graves si le représentant de la France à Hué n'avait pas les qualités fort rares qui exigent des contacts aussi fréquents et aussi délicats. L'exemple du passé est, à cet égard, fort instructif.

Il est indispensable aussi de tenir compte dans nos relations avec la cour de Hué du milieu social et politique dans lequel elle se meut. Nous ne devons pas oublier que le gouvernement de l'Annam est avant tout un gouvernement démocratique sur lequel l'opinion du peuple exerce une très grande influence. Nous devons par conséquent avoir soin de ne jamais demander aux ministres ou aux régents plus que l'opinion publique leur permet de nous accorder. Les hommes d'État annamites sont nécessairement, comme dans tous les pays du monde, plus disposés que la masse de la nation à faire des sacrifices dont ils comprennent l'importance, mais ils ne peuvent pas aller dans cette voie plus loin que l'état d'esprit de la nation ne le comporte, sans s'exposer à perdre leur autorité et leur influence. Si nous voulons tirer profit de cette influence et de cette autorité, il faut que nous ayons soin de les maintenir aussi fortes que possible. C'est pour cela que je me suis attaché à gouverner avec les hommes du parti conservateur et national, avec les ministres que le peuple considère comme les représentants de la nationalité annamite et les défenseurs de l'intégralité de l'empire. Nous aurons toujours le temps et le moyen de nous entendre avec ceux qui, par simple ambition personnelle, se jettent spontanément dans nos bras. Ceux-là peuvent nous être dévoués, ils ne nous sont que peu utiles, parce qu'ils ne jouissent d'aucune considération dans le pays et n'ont pas d'influence sur l'esprit de leurs concitoyens.

C'est la même conception politique qui m'a conduit à rechercher de préférence, pour l'administration des provinces, des Annamites lettrés, ayant subi leurs examens et conquis leurs grades, respectés par leurs pairs et par le peuple. Les meilleurs Tong-Doc du Tonkin sont, sans contredit, les anciens mandarins, ceux qui remplissent les conditions exigées par les coutumes annamites. Ils sont plus respectés, mieux obéis, et, maintenant que nous les traitons bien, ils nous sont tout aussi dévoués que les autres.

Les hommes d'État de l'Annam savent fort bien quels sont les avantages et les inconvénients qui résultent pour leur pays de l'exercice du Protectorat de la France. Ils savent, par exemple, que nous seuls sommes capables de doter l'Empire des routes, des ponts, des ports, des chemins de fer qui lui manquent; ils savent aujourd'hui quels profits les nations retirent de ces travaux; ils sont disposés à faire des sacrifices pécuniaires pour nous aider dans leur exécution, mais ils sont obligés de compter avec les préjugés populaires. Nous devons leur donner le temps de faire comprendre au peuple que les canaux et les chemins de fer « ne coupent pas le dragon », ne « le font pas saigner », mais vivifient les pays qui en sont dotés, y amènent la richesse et le bonheur. Ils savent aussi combien nos méthodes financières sont supérieures aux leurs; ils viendront petit à petit à l'idée de réunir toutes les ressources du pays en une masse commune où tous les services, ceux de l'administration annamite et ceux du Protectorat s'alimenteront avec d'autant plus de facilité que, par une gestion habile, tous les revenus du pays seront accrus. Mais ils sont obligés de tenir compte de l'opinion du peuple et de celle des quelques esprits arriérés de la cour qui ne comprennent pas nos procédés, voient exclusivement l'augmentation des impôts que nous apportons avec nous, et non le progrès qui découle des travaux de toutes sortes faits avec cet argent.

Nous ne devons donc pas être plus pressés qu'il ne convient, nous devons user de discrétion dans nos demandes, de beaucoup de discrétion, et faire l'éducation du peuple, au lieu de violenter ses chefs. Les lettrés et les mandarins annamites ne se font depuis longtemps aucune illusion sur la solidité de notre occupation. Le peuple a pu croire que nous évacuerions un jour le Tonkin et l'Annam ; je suis certain que ni la cour ni les mandarins n'ont jamais eu sérieusement cette illusion. Ils sont donc tout disposés à s'accorder avec nous si nous ne les mettons pas nous-mêmes, par de mauvais traitements, dans la nécessité absolue de nous combattre. Leurs intérêts sont prêts à faire cause commune avec les nôtres, pourvu que nous sachions ménager leur situation auprès du peuple, en les honorant, les respectant, leur assurant l'autorité morale et matérielle qu'ils ont coutume d'exercer. Leurs intérêts sont par là liés aux nôtres d'une manière indissoluble et nous assurent leur loyalisme, tant que nous serons nous-mêmes fidèles à la politique que je préconise.

De même que je m'étais donné pour objectif de réunir politiquement l'Annam au Tonkin, en égalisant, en quelque sorte, la répartition de notre influence et de celle du gouvernement annamite sur les deux portions du pays, de manière à n'avoir plus un jour qu'un protectorat partout uniforme, je m'étais proposé de faire disparaître la barrière qui existait entre les administrations françaises des deux pays. C'est dans ce but, qu'à partir de 1894, j'ai réuni les dépenses du Protectorat de l'Annam avec celles du Tonkin, comme les recettes l'étaient déjà. Certaines personnes s'en sont inquiétées. Elles tiennent, on ne sait pourquoi, à la distinction factice et si nuisible à nos intérêts qui a été établie entre les deux parties de l'Empire par le traité de 1884. En dépit de leur résistance, la réforme est faite ; si l'on ne met pas d'entraves à sa marche, elle ira sans cesse en s'accentuant davantage jusqu'à ce que les administrations du Tonkin et de l'Annam soient entièrement confondues. Il ne restera plus alors qu'à faire un dernier pas pour aboutir à l'idée que j'ai poursuivie pendant toute la durée de mon gouvernement : l'union complète des deux pays et la fusion de toutes leurs ressources en un budget unique, comme en Tunisie et au Cambodge.

Mais pour que ce programme puisse être réalisé, il faut que le gouvernement et le peuple annamite soient d'abord bien convaincus qu'ils y trouveront autant d'avantages que nous-mêmes. Il nous appartient de créer cette conviction dans leurs esprits, par nos bons procédés, notre loyauté, notre bienveillance, notre respect des mœurs, des coutumes, des traditions sociales, administratives et politiques de l'Empire et une discrétion telle dans notre conduite qu'ils n'aient plus à redouter l'association intime d'intérêts entre l'Annam et la France que nous leur proposons.

Réforme financière du Cambodge.

J'ai dit plus haut quelle était la situation du Cambodge en 1891. Dès ma première entrevue avec le roi Norodom à Pnompenh, en juillet 1891, il me fut facile de le convaincre que dans son intérêt comme dans le nôtre et surtout dans celui de son royaume, il était indispensable de faire cesser l'état de choses dont nous souffrions tous également. Il fut entendu qu'avant le 1er janvier 1892, le roi nous remettrait toutes ses fermes pour être transformées en impôts directs et indirects, que toutes les dépenses du Protectorat et du roi seraient réunies en un seul budget; qu'il n'y aurait plus qu'un seul trésor, portant le titre de « Trésor du Royaume », géré par des agents français et cambodgiens. Les recettes seraient perçues les unes par les agents du Protectorat (taxes indirectes, régies, douanes), les autres par des agents royaux agréés par l'administration du Protectorat. Toutes les recettes seraient encaissées par le « Trésor du Royaume ». Toutes les dépenses sans exception seraient payées par ledit trésor.

Dans l'organisation cambodgienne, les mandarins n'avaient que des traitements ridicules, souvent non payés, le roi lui-même ne percevait que très irrégulièrement ses fermages dont une partie lui était presque toujours livrée en marchandises sur lesquelles les fermiers réalisaient de gros bénéfices. Le nouveau régime améliorait beaucoup cette situation.

Après m'être mis d'accord avec le roi, à Pnompenh, sur le principe de la réforme indiquée plus haut, j'en préparai les détails et je fixai tous les chiffres principaux ; nous achevâmes notre entente à Saïgon, après la fête du 14 juillet à laquelle Norodom était venu assister. Notre dernière conférence, le 15 juillet au soir, fut marquée par une scène très curieuse et qui décelait l'état d'esprit dans lequel se trouvait le roi depuis bien des années. Lorsque nous fûmes d'accord, je dis à S. M. Norodom que, me fiant à sa parole royale, je ne lui proposais la signature d'aucune convention ; j'étais certain que, dès le 1ᵉʳ janvier 1892, la réforme serait mise en application comme il me l'avait promis et qu'il prendrait lui-même, avant cette époque, toutes les ordonnances nécessaires. Quant à moi, j'allais donner immédiatement l'ordre de procéder à la construction du trésor du royaume du Cambodge. Il me répondit que lui-même avait entièrement foi dans mes promesses de faire respecter son autorité, qu'il considérait la signature de toute convention comme inutile, qu'il était bien certain que de notre accord sortirait une prospérité dont tout le peuple cambodgien nous serait encore reconnaissant « dans mille ans ». Puis, après m'avoir serré les mains, il ajouta avec un sourire : « D'ailleurs on m'en a tant fait signer des conventions qui n'ont jamais servi à personne, qu'il me paraît inutile de recommencer ! »

La réforme dont j'avais posé les bases avec S. M. Norodom fut préparée avec beaucoup d'habileté par le résident supérieur du Cambodge, M. de Verneville qui, dans cette circonstance, fit preuve, en outre, d'une grande souplesse d'esprit, car il était auparavant peu porté vers la politique que je me proposais de suivre. Le roi prit, de son côté, avec une entière loyauté, les ordonnances nécessaires pour que la réforme pût être appliquée à partir du 1ᵉʳ janvier 1892. A l'heure dite tout était prêt.

Ce n'est pas ici le lieu d'entrer dans le détail des mesures prises. Il suffira de noter que, malgré un abaissement notable de l'impôt sur les riz, le budget unique du « royaume du Cambodge » pour 1892 se solda par près de 500.000 piastres de plus-values de recettes. En 1893 et 1894 des plus-values considérables ont encore été obtenues, malgré la diminution de certains impôts et la suppression de la ferme des jeux à partir du 1ᵉʳ janvier 1894. Dans le budget de 1892, le premier établi conformément à la réforme indiquée plus haut, les recettes furent prévues pour 1.238.190 piastres. Voici les chiffres de recettes du Protectorat de 1889 à 1891 :

1889	644.400 piastres
1890	725.350 —
1891	799.921 —

Les recettes encaissées par le trésor royal étaient d'environ 350.000 piastres, ce qui donne en 1891, pour les recettes totales du royaume, une somme de 1.149.921 piastres. En 1893, les prévisions pouvaient être élevées, d'après les recettes de 1892, à 1.613.092 piastres.

Le résident supérieur a pu, avec ces ressources, faire, pendant les trois dernières années, des travaux considérables. Des constructions très belles pour le trésor, les travaux publics, la prison, plusieurs résidences dans les provinces, etc., ont été élevées, un canal a été creusé à Pnompenh autour de la partie où se trouve la résidence, avec de très beaux ponts en pierre et en fer. Les particuliers ont suivi le mouvement. Tout un quartier en maçonnerie a été bâti par les Chinois et divers Européens, sans parler de la banque de l'Indo-Chine et des messageries fluviales qui ont édifié de belles maisons en pierre. Le Cambodge est entré dans une voie de progrès rapide, encore activé par notre entrée en possession et en jouissance de tout le cours du haut Mékong.

Au commencement de 1893 je procédai à une seconde réforme dont le but était de fondre les intérêts économiques du Cambodge avec ceux de la Cochinchine. Diverses circonstances ont fait que de tout temps, depuis l'établissement de notre protectorat sur le Cambodge, il y a eu entre l'administration de ce protectorat et celle de la Cochinchine un antagonisme très prononcé, se manifestant jusque dans l'organisation économique des deux pays. C'est ainsi que le Cambodge avait établi des droits importants sur tous les produits quittant son territoire pour passer sur celui de la Cochinchine. En 1892, la valeur de ces droits de sortie n'était pas inférieure à 400.000 piastres, représentant plus du tiers du budget total des recettes du royaume. Les poissons salés du grand lac exportés en Cochinchine représentaient seuls plus de 60.000 piastres de droits de sortie. Sur ces entrefaites survint la nouvelle législation douanière de la métropole et le décret du 29 novembre 1892 qui exempte de tous droits les produits de la vallée du Mékong descendant en Cochinchine par le grand fleuve.

Le Cambodge se sentit menacé dans son budget; il était exposé à perdre une portion plus ou moins considérable de ses droits de sortie, parce que les produits de son sol iraient se faire nationaliser au Siam avant de descendre vers la Cochinchine. Ils se présenteraient comme produits de la vallée du Mékong et se trouveraient exempts des droits que les produits du Cambodge continueraient à payer. Le résident supérieur et le roi se montraient fort inquiets. Ils craignaient aussi que la métropole n'intervînt tôt ou tard pour faire disparaître l'anomalie singulière résultant de ce que les produits d'une colonie française payaient des droits pour pénétrer dans une autre colonie française contiguë. La Cochinchine s'était plainte de tout temps de cette situation ; il y avait, en effet, à craindre qu'elle n'attirât l'attention de l'administration centrale ou du Parlement, qui y mettraient fin, sans se préoccuper du dommage que le Cambodge subirait. Il valait mieux prendre les devants. Je pensai que la meilleure solution serait un accord entre le Cambodge et la Cochinchine, sur les bases suivantes : le Cambodge supprimerait tous ses droits de sortie, la Cochinchine les percevrait sur les produits sortant de chez elle ; elle indemniserait le Cambodge des pertes subies par lui, pertes dont elle profitait, en lui servant chaque année un abonnement équivalent à la valeur des droits auxquels le Cambodge renonçait. Les deux pays ayant accepté le principe de cette convention, il fut entendu que la Cochinchine verserait au Cambodge 7 1/4 du produit total de ses douanes, c'est-à-dire pour la première année, plus de 400.000 piastres. En 1893 et 1894, c'est suivant ces proportions que l'indemnité de la Cochinchine a été payée. Pour 1895, il fut convenu, à la suite des plaintes du résident supérieur, que la proportion du contingent à prélever sur les douanes de Cochinchine serait élevée à 8 1/2 p. 100 et qu'une étude consciencieuse serait faite par les deux pays, en vue de savoir s'il n'y aurait pas lieu de porter plus haut encore cette proportion.

Par cette mesure, à laquelle s'ajoute déjà l'établissement d'une régie unique de l'opium pour la Cochinchine et le Cambodge, un grand pas a été fait vers la fusion économique des deux pays. Par le fait de sa situation géographique, en amont de la Cochinchine, sur les bords du grand fleuve, sans écoulement direct possible de ses produits vers la mer (car ses côtes sur le golfe de Siam ne présentent aucun port), le Cambodge est nécessairement, au point de vue économique, une sorte d'annexe de la Cochinchine. Il importe donc de le fusionner économiquement avec elle le plus intimement possible.

Cela n'empêche pas de lui conserver son indépendance administrative et politique. Cette indépendance a été malheureusement trop souvent exposée aux convoitises de la Cochinchine. Il en est résulté chez le roi du Cambodge et dans l'administration du Protectorat une défiance assez justifiée qui se traduit jusque dans les plus petits actes.

Les mesures économiques indiquées plus haut ont calmé dans une très large mesure les ambitions de la Cochinchine, tandis qu'elles ont mis le Cambodge à l'abri d'éventualités redoutables. Il suffit d'en assurer désormais l'exécution, dans des conditions telles qu'aucun des deux pays ne puisse se plaindre d'être sacrifié à l'autre et que le Cambodge conserve toute son autonomie politique et administrative.

Ces réformes ont eu encore pour conséquence de nous faire pénétrer dans l'intimité de l'administration cambodgienne à laquelle nous étions jusqu'alors restés étrangers. Elles nous ont mis en contact direct avec le pays que nous ne connaissions pour ainsi dire pas. Les deux administrations se connaissant mieux s'estiment davantage, s'aident l'une l'autre et s'associent loyalement dans une œuvre d'où résulte pour le pays un progrès chaque jour plus manifeste. Les impôts sont perçus avec plus de régularité, sont l'objet de moins d'abus et rentrent plus aisément, ce qui a permis d'en diminuer le taux. Les résidences ayant été multipliées, la police est mieux faite, les crimes sont moins nombreux, la piraterie qui désolait le pays avec la complicité des mandarins a complètement disparu. Enfin, par suite d'une occupation plus effective, les frontières du Cambodge ne sont plus, du côté du Siam, dans l'état d'abandon où elles se trouvaient il y a quelques années. C'est sans doute en pensant à ces résultats que S. M. Norodom me priait il y a un an, à Pnompenh, de transmettre au président et au gouvernement de la République l'expression de sa satisfaction pour l'état dans lequel son pays était entré « depuis que notre protectorat est devenu effectif ».

Situation financière de la Cochinchine.

Depuis fort longtemps, la Cochinchine est dans une situation financière prospère, ainsi qu'en témoigne la progression de ses budgets.

Le budget de	1867 s'élève en recettes à.		5.600.000 fr.
—	1887	—	26.000.000 —
—	1891	—	27.600.000 —
—	1894	—	35.190.000 —

De 1867 à 1894, les recettes du budget local ont été quintuplées. Il faut ajouter aux 35 millions du budget colonial les 2 ou 3 millions de recettes qui constituent les budgets des arrondissements et des communes, ce qui porte de à 37 ou 38 millions le total des revenus de la colonie. Les recettes les plus importantes sont représentées par : 1° les douanes, opium et revenus indirects pour 5 millions et demi de piastres; 2° les contributions directes produisant plus de 2 millions et demi de piastres.

Cette situation serait tout à fait enviable si la presque totalité des ressources de la colonie n'était pas absorbée, depuis bien des années déjà, par les dépenses du personnel. Dans presque tous les services, le nombre des employés est très supérieur aux besoins, et va sans cesse en s'accroissant, d'année en année. Il en est résulté qu'avec un budget énorme par rapport au chiffre de la population (38 millions de francs pour 2 millions d'habitants) il n'a été fait, depuis bien des années, qu'une quantité insignifiante de grands travaux d'utilité publique. La colonie est, il est vrai, dotée d'un grand nombre de constructions très belles, surtout à Saïgon ; tous les services sont très confortablement logés; mais les routes n'existent guère qu'autour des chefs-lieux d'arrondissement, les canaux se sont envasés, Saïgon et Cholen sont à peu près dépourvus de quais, des surfaces immenses de très bonnes terres ne peuvent pas être mises en culture, par suite du manque de canaux d'irrigation, etc.

Dès 1891, d'accord avec le Conseil colonial, j'ai pris les mesures nécessaires pour l'enlèvement du banc de corail et pour la mise en adjudication des travaux de curage, dragage et creusement des canaux de communication ou d'irrigation, représentant une dépense d'une dizaine de millions payables par annuités. Le Conseil colonial, en outre, a doté la ville de Saïgon d'une subvention annuelle de 100.000 piastres pendant cinq ans, pour l'amélioration de son régime des eaux potables, la construction des égouts et l'exécution de quelques autres travaux.

Aujourd'hui, le banc de corail n'entrave plus la marche des bâtiments, les travaux de dragage sont commencés, mais ils ne peuvent aller que lentement à cause de la pénurie des ressources du budget.

Pendant ces dernières années, la baisse énorme subie par la piastre a imposé au budget de la Cochinchine des pertes d'autant plus lourdes que le personnel européen est très nombreux avec des soldes établies en francs. Il est indispensable, pour réaliser le programme des travaux indiqués plus haut, que les pouvoirs publics portent toute leur attention sur les réductions de dépenses du personnel. Il serait peu équitable de léser des situations acquises ou de diminuer des soldes qui sont seulement suffisantes, mais il faut prendre des mesures pour que le nombre des fonctionnaires des divers services ne puisse pas être indéfiniment augmenté. C'est dans ce but qu'ont été soumis au ministre, pendant les années 1893 et 1894, des projets de décret fixant les cadres des administrateurs, des employés des travaux publics et des douanes. Le même travail devra être fait pour tous les services. C'est aussi pour réaliser des économies que j'ai provoqué la suppression du secrétariat général de la Cochinchine qui, sans utilité, coûtait fort cher. On pourrait dans le même but réduire peu à peu le nombre des arrondissements. Vingt circonscriptions administratives ne sont pas nécessaires pour une population de moins de deux millions d'individus ramassés dans un espace peu étendu. On en a jugé ainsi quand on a créé les tribunaux.

Il serait équitable, comme je l'ai dit plus haut, de mettre à la charge de la métropole toutes les pertes au change subies par les fonds qui lui appartiennent et parmi lesquels je ferai figurer le contingent payé par la colonie à la métropole. Comme ce contingent est fixé en francs, il grandit d'année en année pour la colonie, par le fait de la baisse de la piastre, tandis que la métropole encaisse toujours la même somme en francs. A l'époque où la piastre valait 4 francs, le contingent de 5 millions de francs imposé à la colonie représentait pour elle 1.250.000 piastres. En 1895, la piastre ne valant plus que 2 fr. 60, ce même contingent représente pour la colonie plus de 1.900.000 piastres ou 650.000 piastres de plus qu'il y a quatre ans. L'équité exige que la colonie soit débarrassée de cette charge, soit par la fixation de son contingent en piastres, soit par une réduction du contingent proportionnelle à l'abaissement du taux de la piastre.

Le système du contingent est lui-même mauvais. Celui qui est imposé actuellement à la Cochinchine égale à peu près le chiffre de ses dépenses militaires et maritimes, de telle sorte que la colonie paie intégralement ses frais de souveraineté. Au lieu de lui imposer cette charge, ne vaudrait-il pas mieux l'obliger à gager, avec les 5 millions de son contingent, des grands travaux d'utilité publique ? Un chemin de fer s'impose entre Saïgon et Hué en passant par la vallée d'Altopeu ou les plateaux de la haute Cochinchine et du Laos septentrional. Ne serait-il pas préférable de faire construire tout de suite cette voie ferrée, en la gageant avec le contingent de la Cochinchine, plutôt que de noyer celui-ci dans le budget de plus de 3 milliards de la France où il ne paraît pas plus qu'une goutte d'eau dans un océan? La métropole n'y perdrait que peu de chose ; la Cochinchine verrait sa richesse augmenter rapidement dans de très fortes proportions et la colonisation française de l'Indo-Chine prendrait tout de suite un caractère de solidité, de force, de permanence qu'elle ne saurait avoir tant que les diverses parties de notre domaine indo-chinois sont isolées l'une de l'autre comme elles le sont aujourd'hui.

Budget du Laos.

La prise de possession par la France de toute la partie de la rive gauche qui, jusqu'en 1893, avait été occupée par les Siamois, occasionne à l'Indo-Chine des dépenses considérables, sans parler des 8 millions environ qu'auront coûté à la métropole les opérations du Siam et nos premiers frais d'établissement dans le Laos. Evaluées avec une rigueur extrême, les dépenses occasionnées par notre occupation du Laos ne sont pas inférieures à 581.000 piastres, chiffre arrêté en conseil de Protectorat pour le budget de cette portion de l'Indo-Chine en 1895.

Quant aux recettes, on n'a pu les constituer dans le même budget qu'à l'aide de contingents imposés aux divers budgets de l'Indo-Chine, à raison de 5/13 ou 223.000 piastres à la charge du Protectorat de l'Annam-Tonkin, d'une somme égale pour la Cochinchine et de 3/13 ou 134.000 piastres à la charge du Cambodge.

Les ressources propres du Laos étant à peu près nulles, il n'a pas été possible d'en tenir compte dans l'établissement du budget. Nous sommes d'ailleurs obligés de garder une certaine prudence dans le prélèvement d'impôts sur les populations pauvres et très clairsemées de cette portion de notre empire.

Pendant bien des années encore nous devrons nous attendre à voir augmenter chaque année les dépenses du Laos, si nous voulons en pénétrer toutes les parties.

CHAPITRE V

SITUATION DU COMMERCE DE L'INDO-CHINE FRANÇAISE. MOYENS DE LE DÉVELOPPER

1° *Situation commerciale de l'Annam-Tonkin.*

La marche des importations et des exportations du Protectorat de l'Annam-Tonkin suit une courbe ascendante depuis 1885, époque à laquelle notre administration établit des statistiques. En 1885, le mouvement commercial du Protectorat ne dépasse guère 19 millions de francs, tandis qu'en 1893 il est supérieur à 69 millions de francs pour le Tonkin seul et à 25 millions de francs pour l'Annam, soit plus de 95 millions de francs pour les deux pays réunis.

En 1885, le chiffre des importations n'atteint pas 18 millions et demi; en 1893, il est de 37 millions et demi pour le Tonkin et près de 4 millions pour l'Annam, soit plus de 41 millions pour les deux pays.

En 1885, le chiffre des exportations de tout le Protectorat est à peine de 700.000 francs; en 1893, il est de 12 millions et demi pour le Tonkin seul et de près de 2 millions et demi pour l'Annam, soit un total de 15 millions pour les deux pays.

Le commerce de la France avec le Tonkin est en progrès, surtout pour les importations. En 1887, les importations de la France au Tonkin s'élèvent à 7.300.000 francs en chiffres ronds. En 1893, elles dépassent 10 millions de francs. En 1887, les importations françaises représentaient à peine le quart des importations totales ; en 1893, elles en représentent plus du tiers. Or, en 1887, il y avait plus de 20.000 hommes de troupes européennes tandis qu'il n'y en a pas eu, en moyenne, plus de 7.000 présents en 1893. Il résulte bien clairement de ce fait que l'accroissement des importations françaises, constaté de 1887 à 1893, doit être attribué uniquement au progrès réalisé par la colonisation proprement dite.

Les produits importés au Tonkin et dans l'Annam se divisent, d'après leur origine, en trois catégories : produits français, chinois, étrangers. J'examinerai chacune de ces catégories de produits, d'abord au Tonkin, puis dans l'Annam.

Importations et exportations du Tonkin seul.

La valeur des importations du Tonkin proprement dit, en 1893, déduction faite du numéraire, est en chiffres ronds, de 27 millions de francs, se décomposant en 28.800.000 francs de produits français, 11 millions de produits étrangers et 6 millions de produits d'origine asiatique, destinés aux Chinois et aux Annamites et n'ayant de similaires ni dans la fabrication française, ni dans celle des autres nations européennes.

Les principales importations chinoises auxquelles la France ne peut songer à substituer ses produits sont, avec les chiffres de 1893 : les médicaments et espèces médicinales de la Chine, importés pour une valeur de 1 million et demi ; les poteries chinoises, 1.200.000 francs ; l'opium, plus de 1 million de francs ; dont 335.000 francs d'opium du Yunnan, importé depuis la substitution de la régie à la ferme ; les papiers chinois et japonais, 140.000 francs ; le thé chinois, 711.000 francs dont 153.000 francs de thé du Yunnan ; les allumettes japonaises, 277.000 francs ; les ouvrages de sparterie chinoise, 214.000 francs ; le tabac chinois en feuilles ou préparé, 60.000 francs ; les sucres et les mélasses chinois, 85.000 francs, etc.

Les efforts de l'administration indo-chinoise doivent tendre vers le développement, au Tonkin et dans les autres parties de l'Indo-Chine, d'usines produisant sur place tous ceux de ces objets qui sont susceptibles de l'être, par exemple les poteries, les papiers, les allumettes, la sparterie, le tabac, le thé, les conserves, les sucres et mélasses. On encouragerait la création de ces industries par le relèvement des droits inscrits au tarif spécial de l'Indo-Chine.

Les 11 millions de francs d'importations étrangères non asiatiques sont constitués par les principaux articles suivants : farines américaines et australiennes, 680.000 francs ; bière, 125.000 francs ; houille d'Angleterre, d'Australie ou du Japon, 600.000 francs ; fer, cuivre et autres métaux, 433.000 francs ; verres et cristaux, 110.000 francs ; filés, 4.800.000 francs ; tissus, 1.500.000 francs ; machines, chaudières, horlogerie et bijouterie, articles de ménage, etc., 490.000 francs; armes et munitions, 173.000 francs; bimbeloterie, 151.000 francs; bois d'Amérique et des Philippines, 240.000 francs; viandes salées, 47.000 francs; mouton et bœuf conservés, 83.000 francs; lait concentré, 100.000 francs, etc.

Les principales importations françaises sont : les farines, pâtes et farineux divers 578.000 francs; le tabac, cigares et cigarettes 128.000 francs, dont 83.000 provenant de l'Algérie; le sucre raffiné 250.000 francs; les huiles à manger, d'éclairage ou pour machines 144.000 francs; les vins 1.560.000 fr., dont 681.000 francs de vins rouges en fûts pour l'Etat, 700.000 francs de vins rouges en fûts pour le commerce, le reste composé de vins en bouteilles également pour le commerce; la bière 189.000 francs; les vermouths, bitters, absinthes, etc., 365.000 francs; l'eau-de-vie ou le rhum en fûts ou en bouteilles 90.000 francs; les légumes et boissons diverses 476.000 francs; les eaux minérales 63.000 francs; le ciment 245.000 francs; le fer étiré en barre et à T 346.000 francs; le fer étamé 60.000 francs; les tôles laminées 17.000 francs; les métaux ouvrables divers 161.000 francs; les produits chimiques 79.000 francs; les couleurs 82.000 francs; les bougies 84.000 francs; les savons ordinaires et les savons et eaux de toilette, 91.000 francs; les poteries 65.000 francs; les verres et cristaux 50.000 francs; les tissus 821.000 fr., dont 39.000 francs de tissus de lin et de chanvre, 6.000 francs de tissus de jute, 391.000 francs de tissus de coton écrus, blanchis, teints ou imprimés, 17.000 francs de tissus de coton damassés, 31.000 fr. de bonneterie de coton, 26.000 francs de couvertures de coton, 107.000 francs de draps et casimirs en laine, 23.000 francs de bonneterie de laine, 70.000 de couvertures de laine, 32.000 francs de confections de coton, 22.000 francs de confections de laine, etc. Les papiers européens divers ont été importés pour 205.000 francs ; les souliers, peaux de vache préparées et pelleteries diverses ouvrées ou non représentent 217.000 francs ; l'horlogerie, orfèvrerie, machines, chaudières, pièces de machines, ouvrages divers en métaux 973.000 francs ; les armes et poudres 155.000 francs ; la bimbeloterie 80.000 francs ; les wagons et la grosse carrosserie 73.000 francs, etc., etc.

En comparant les produits importés au Tonkin par la France avec ceux qui proviennent de l'importation étrangère, européenne, américaine ou australienne, on est frappé d'abord de ce fait que pour certains articles il n'y a pas même concurrence entre les deux sources d'importation. Ainsi tous les filés de coton sans exception sont d'importation étrangère, tandis que la presque totalité des boissons est d'origine française. La France a importé au Tonkin, en 1893, pour 2.949.312 francs de boissons tandis que l'étranger, y compris la Chine, en a importé seulement pour 164.650 francs. Pour les tissus, l'avantage est aux importateurs étrangers pour moitié environ, les tissus importés par la France représentant 821.691 francs, tandis que ceux importés par l'étranger représentent 1.517.021 francs. Pour les ouvrages en métaux, la proportion est à peu près la même, mais au profit de la France : 973.175 francs à cette dernière et 497.017 à l'étranger. Pour les armes et munitions, le partage est à peu près égal : 155.131 francs à la France, et 173.881 francs à l'étranger, etc. Le café vient presque entièrement de l'étranger par Hong-Kong : 248.211 francs de l'étranger, 3.308 francs de la France. Le sucre raffiné ou en poudre vient au contraire exclusivement de France. Le tabac à l'usage des Européens vient en grande partie de la France ou de l'Algérie : 128.143 francs pour ces deux pays contre 25.248 francs pour l'étranger en majeure partie représenté par les fabriques de cigares de Manille. Pour les farines, pâtes et farineux divers, la France est représentée par 578.189 francs et l'étranger par 942.117 francs en majeure partie attribuables à l'Amérique et à l'Australie. Les produits alimentaires d'origine animale sont représentés pour la France et pour l'étranger, y compris la Chine, par des sommes à peu près égales : 389.585 fr. à la France, 270.457 francs à l'étranger.

Il résulte de ces chiffres que pour concurrencer à son profit, sur les marchés du Tonkin, les importations étrangères à l'usage des Européens, la France doit faire porter ses efforts particulièrement sur les filés de coton pour lesquels son importation est nulle, sur les tissus pour lesquels son importation ne représente que la moitié de celle des étrangers, sur les farines pour lesquelles la proportion est la même.

L'avantage obtenu sur la France par les étrangers est dû, pour les filés de coton, au très bas prix de la fabrication de Bombay, pour les tissus simplement à ce qu'une partie est achetée à Hong-Kong au fur et à mesure des besoins, ce qui paraît plus commode et plus économique aux marchands du Tonkin que de faire venir de France un approvisionnement qui risquerait de se détériorer pendant la traversée ou dans le pays même en attendant la vente. Or le marché de Hong-Kong est exclusivement approvisionné par l'Angleterre et l'Amérique. La même raison explique la prépondérance des farines australiennes ou américaines sur les farines françaises consommées au Tonkin.

Un relèvement des droits d'entrée sur les tissus, les farines, les fers, les ciments et quelques autres produits pour lesquels la lutte est déjà vive entre la France et l'étranger, suffirait probablement pour donner la prépondérance à la première.

La question des filés de coton est probablement plus difficile à résoudre. Pour remplacer les filés de Bombay par des filés ou des cotonnades de France, il faudrait frapper les premiers de droits tout à fait prohibitifs, d'où résulterait une contrebande difficile à empêcher, en raison de l'immense étendue des côtes et des frontières terrestres de l'Indo-Chine. Il est, sans contredit, préférable que les industriels français créent des usines au Tonkin, en profitant de l'abondante main-d'œuvre du pays et de son prix peu élevé. Ils se rendraient ainsi maîtres du marché local et ils auraient le légitime espoir de substituer, en outre, leurs produits à ceux de l'Angleterre et de l'Inde sur l'immense marché chinois. Il existe en Chine, comme au Tonkin, de très nombreux métiers à tisser, très simples, manipulés par les indigènes, mais il n'y a pas de filatures; tous les filés introduits en Chine viennent de l'Angleterre, ou, surtout, de l'Inde.

Un détail important du commerce du Tonkin doit

être noté ici. On a pu remarquer dans les chiffres cités plus hautt, la proportion très grande des filés de coton importés au Tonkin, par rapport à celle des tissus de coton. Cela tient à ce que les Annamites du Tonkin tissent eux-mêmes la majeure partie des cotonnades qu'ils portent. La Cochinchine, où l'argent est plus abondant, offre les proportions inverses : elle importe plus de cotonnades que de filés de coton.

Les importations de la France au Tonkin augmenteront nécessairement à mesure que le pays s'enrichira par le développement des cultures et des industries et par ses exportations. Il n'est pas douteux que les indigènes s'adonneront dès lors à la consommation d'un très grand nombre de nos produits, car, rien, ni dans leur religion, ni dans leurs coutumes, n'est de nature à les en éloigner. C'est une loi constamment obéie, dans tous les pays du monde, que les populations non européennes, mises en contact avec des peuples d'Europe, en prennent très vite les habitudes et en consomment les produits de préférence à tous autres. Dans l'Inde, les indigènes boivent comme les Anglais le wisky, le champagne et le thé ; en Indo-Chine, ils boivent de préférence les vins de toutes sortes, l'absinthe, les liqueurs que les Français eux-mêmes consomment. Ils recherchent volontiers nos armes, nos meubles, nos couvertures, nos vêtements même, malgré leur fidélité aux traditions anciennes. En raison de l'absence de préjugés religieux, tout Annamite ayant des contacts fréquents avec les Français devient, par les goûts et les habitudes, à demi Français, dans un temps très court.

Malheureusement, les exportations du Tonkin étant peu considérables, l'Annamite manque encore d'argent. La baisse constante de la piastre, depuis que nous sommes dans le pays, augmente encore pour lui le prix de toutes les denrées européennes ; il vend en piastres tout le produit de son labeur, sans bénéficier du change; mais quand il achète des produits européens, il supporte l'augmentation qui résulte de l'abaissement du taux de la piastre.

Pour bien saisir toute l'importance de cette observation, il faut se rappeler que, malgré sa baisse constante par rapport aux monnaies européennes, la piastre garde en Extrême-Orient, dans les transactions entre indigènes, une valeur libératoire constante. La piastre, qui valait 4 francs il y a trois ans, ne valait plus, il y a quelques mois, que 2 fr. 59, tandis que son change en sapèques et ligatures n'a pas du tout varié pendant la même période de temps. L'Européen qui donnait, il y a trois ans, une ligature pour un travail déterminé, ou une certaine quantité de produits indigènes, ne donne aujourd'hui encore qu'une ligature pour le même travail ou la même quantité de produits, et il change toujours sa piastre pour 7 ligatures et demi à 8 ligatures. Or, il y a trois ans, il n'avait, pour 4 francs, qu'une seule piastre ou 8 ligatures tandis qu'aujourd'hui il a pour les mêmes 4 francs une piastre et un tiers de piastre ou 11 ligatures. L'Européen faisant des transactions avec l'indigène trouve donc un gain dans la baisse de la piastre. C'est l'inverse qui se produit pour l'indigène : il donne, aujourd'hui, pour 4 francs, un tiers de travail ou de produit de son sol de plus qu'il y a trois ans ; mais quand il achète un objet de fabrication européenne, il paie une piastre et un tiers ce qu'il payait une piastre il y a trois ans.

Les exportations du Tonkin seul ont atteint en 1893, déduction faite du numéraire, une valeur de 11,131.030 francs. En comparant ce chiffre avec celui des années précédentes on n'a pas une idée exacte du rapport réel qui existe entre l'exportation de 1893 et celle des autres années. En effet, en raison de la baisse de la piastre, il a fallu, en 1893, une quantité de marchandise supérieure d'au moins un tiers pour faire la même somme de francs qu'en 1891 par exemple.

Dans le chiffre de 11.131.000 francs, les exportations vers la France ne figurent que pour 300.000 francs, représentés par 27.000 francs de soie grège ou redévidée et 141.000 francs de bourre de soie, 10.000 francs de cornes diverses, 13.500 francs de gomme laque, 32.000 francs de paddy, 7.000 de tissus de soie ou divers, 12.000 francs d'ouvrages en matières diverses, etc.

La presque totalité des produits du Tonkin est achetée par les Chinois et exportée à Hong-Kong. Citons en premier lieu le riz, représenté par plus de 5 millions de francs (59.285.000 kilogrammes ou 998.000 piculs de 60 kilogrammes) sur cette quantité 265.800 seulement ont été exportés en France. Le riz du Tonkin est d'excellente qualité. Il est exporté à l'état de paddy, c'est-à-dire enveloppé de sa balle.

Indépendamment du riz, le Tonkin a exporté, en 1893, 135.988 kilogrammes de haricots à destination de la Chine. La culture de cette plante est pratiquée sur une vaste échelle dans tous les terrains où il n'est possible de faire qu'une seule récolte de riz.

La soie grège et la bourre de soie occupent le second rang parmi les produits exportés par le

Tonkin. En 1893, il en a été exporté pour plus d'un million de francs, dont 168.413 francs à destination de la France et 849.831 francs à destination de l'étranger. La soie grège ou redévidée exportée en France ne représente que 870 kilogrammes, contre 29.378 de bourre de soie ou déchet. La quantité de soie grège ou redévidée exportée à l'étranger s'est élevée à 60.216 kilos, contre 951 kilos seulement de bourre ou déchet de soie. Une partie notable de la soie grège figurant dans les statistiques comme exportée à l'étranger n'a fait que passer à Hongkong d'où elle a été ensuite transportée en France comme soie de Canton.

Les produits de la pêche figurent, après le riz et la soie, parmi les produits d'exportation les plus importants du Tonkin. En 1893, leur valeur a atteint 706.920 francs. Les poissons sont pêchés sur les côtes du Tonkin par un millier de jonques chinoises portant chacune 10 hommes en moyenne. Les jonques et les équipages de pêche se font inscrire au bureau de douane de la Cac-ba où se paie l'impôt sur les barques et se munissent d'un permis qui les autorise à pêcher le long des côtes. Le poisson, pris à l'aide de filets fixes ou mobiles, est salé sur place, puis expédié chaque semaine à Packoï, Haïnan ou Packlung où il est définitivement préparé. La population annamite ne prend aucune part à cette industrie.

La pêche et la préparation des poissons se sont beaucoup développées sur les côtes du Tonkin, depuis trois ans, grâce à la destruction de la piraterie maritime. En 1891, la valeur des produits de pêche exportés ne dépassait guère 435.000 francs ; elle a été de 706.000 francs en 1893. Il n'est pas douteux que cette industrie soit appelée à se développer encore beaucoup en raison de l'immense quantité de poisson qui existe sur nos côtes et des marchés, tant intérieurs qu'extérieurs, ouverts de tous côtés à ces produits. Le poisson joue un rôle prépondérant dans l'alimentation de toutes les populations extrême-orientales. Grâce à l'immense étendue de ses côtes, l'Indo-Chine est appelée à voir se développer beaucoup les industries qui ont pour base la préparation du poisson, c'est-à-dire la pêche et la fabrication du sel. Ces deux industries sont étroitement liées ; les mesures favorables ou défavorables au développement de la seconde réagissent très rapidement sur la première. La législation fiscale des salines doit donc attirer tout particulièrement l'attention du gouvernement de l'Indo-Chine. Il est indispensable aussi que les mesures relatives à la pêche côtière soient très libérales. Les Chinois sont, comme les Annamites, très dociles, mais ils ont horreur des formalités administratives.

Le coton exporté par le Tonkin figure dans les statistiques de 1893 pour une valeur de 435.857 francs représentant 461.215 kilos de coton égrené. Celui-ci est exporté dans le nord de la Chine pour servir au ouatage des vêtements d'hiver des Chinois, emploi auquel convient tout à fait sa qualité spéciale.

Le Tonkin exporte encore quelques autres textiles en petite quantité, achetés dans le pays par les Chinois. On exporte aussi des fibres à papier.

Les huiles, laques et gommes méritent encore une mention spéciale, car elles figurent parmi les produits que le Tonkin pourrait exporter en très grande quantité. En 1893, il a exporté en Chine

15.184 kilogrammes d'huile de ricin et il en a embarqué 127.000 sur les bateaux à vapeur qui fréquentent le port de Haïphong pour leur propre consommation. L'huile à laquer est exportée, suivant sa qualité, au Japon ou en Chine. Il en a été exporté en 1893 pour 288.000 francs. La gomme laque, produit très intéressant pour l'industrie française, pourra fournir un gros appoint à l'exportation au fur et à mesure de la mise en valeur des régions montagneuses. Il en a été exporté en 1893 pour 13.578 francs en France et pour 39.178 francs en Chine.

L'exportation de tous ces produits, auxquels on peut ajouter le tubercule tinctorial du *cunao* ou faux-gambier dont il a été exporté en 1893 pour 174.000 francs, les amomes et cardamomes dont il a été exporté 74.244 kilogrammes, etc., est destinée à prendre une extension d'autant plus grande que nous pénétrerons davantage dans les régions montagneuses du Tonkin et du Laos et que les communications y deviendront plus faciles.

Les bois exportés par le Tonkin représentent un objet de commerce déjà important et qui le deviendra sans aucun doute beaucoup plus dans l'avenir. Il a été exporté en 1893, à destination de la Chine, 1.249 tonnes de bois à construire ou de charronnage, 1.544 tonnes de bambous et 2.138 tonnes de bois à brûler. Il a été exporté 324 tonnes de bois d'ébénisterie dont 54 pour la France. En outre, tout le long des frontières du Quang-Tong et du Quang-Si, provinces dans lesquelles le bois à brûler fait défaut, les forêts du Tonkin sont mises en coupe par la population de ces provinces. Depuis que nous avons procédé à l'organisation de nos frontières, nos postes et nos blockhauss nous permettent de surveiller les abords de notre territoire et cette dévastation a cessé. Il faudra sans doute, dans l'avenir, organiser un service forestier et protéger les bois dont un grand nombre d'espèces sont propres à l'ébénisterie et à la construction. Ces bois peuvent prendre dans le pays la place des bois d'Amérique et même être exportés sur les marchés de l'extrême Orient.

Le Tonkin exporte encore en Chine divers produits bruts ou ouvrés de ses forêts, petits ouvrages en bois à l'usage des Asiatiques, nattes en joncs, rotins, hamacs, ouvrages en bambous, etc. La valeur totale de ces articles n'a pas dépassé, en 1893, 166.000 francs, mais ils donnent une idée des petites industries indigènes. On peut citer au même titre : les éventails en plumes, les parapluies en papier huilé et les objets de collection.

Il a été exporté du Tonkin en 1893, indépendamment de 160.000 tonnes de houille de Hongay à destination de Hongkong, quelques quantités de minerais ou de métaux : 29.000 kilogrammes d'étain du Yunnan, 153.000 kilogrammes de zinc du Yunnan, et 23.000 kilogrammes de minerai d'antimoine de la région de Moncay.

Le sel marin exporté par le Tonkin n'est qu'en très faible quantité : 78 tonnes seulement.

Citons enfin les porcs vivants à destination d'Haïnan, 225,000 francs ; les peaux de bœufs ou buffles, 35.000 francs, dont 22.000 pour la France ; les cornes de bétail, 20.295 francs ; les écailles de tortue, 3.748 francs ; les plumes d'aigrette pour la France, 2.000 francs, et les plumes diverses pour l'étranger, 2.085 francs.

Il résulte des indications et des chiffres donnés ci-dessus que si les produits exportables par le Tonkin sont nombreux, variés et quelques-uns très riches, ils sont encore en quantité trop faible pour procurer au pays des ressources pécuniaires en rapport avec la densité de la population. Aussi le Tonkinois est-il beaucoup moins riche que l'Annamite du centre et surtout que celui de la Cochinchine dont les exportations sont très considérables par rapport au chiffre de la population. D'où cette conclusion, déjà formulée plus haut, que le principal devoir de l'administration est de pousser aussi activement que possible à la culture de tous les végétaux propres à donner des produits exportables et au développement des industries susceptibles de fabriquer pour la consommation indigène et pour l'exportation.

En ménageant les agriculteurs par la modération des impôts fonciers et les ouvriers par des impôts indirects soigneusement réglés sur la richesse publique, elle favorisera encore le développement des cultures et celui des industries et permettra aux populations de mettre de côté quelques économies pour l'achat de nos produits.

Transit du Tonkin.

Le Tonkin est intéressant au point de vue commercial, non seulement par les produits qu'il peut consommer et exporter lui-même, mais encore par le transit qui peut s'effectuer et qui s'effectue déjà à travers son territoire vers les provinces chinoises qui l'entourent.

Il communique : au nord, avec le Yunnan par le fleuve Rouge et la rivière Claire ; à l'ouest, avec le Quang-Si, par la route de Thai-Nguyen, Ngan-Son, Caobang, et par celle de Phu-lang-Thuong, Langson, Nacham ; et avec le Quang-Tong, par la route de Moncay.

Actuellement, la route de Laokay est la seule par laquelle se fasse, à travers le Tonkin, un transit notable. En 1893, la valeur des produits qui ont transité par cette voie est de 8.455.925 francs, dont 5.289.802 francs pour le transit de Hong-Kong au Yunnan, et 3.166.123 francs pour celui du Yunnan à Hong-Kong.

Les principales marchandises qui ont transité de Hong-Kong au Yunnan en 1893, sont : les filés de coton n° 10, pour 3.546.981 francs : les filés n° 20, pour 283.000 francs ; les tissus de coton écrus, blanchis, teints ou imprimés, 306.545 francs ; les tissus de laine pure, 168.000 francs ; les tissus de soie, 19.000 francs ; le tabac chinois préparé, 586.000 francs ; les poissons secs, ailerons de requin, biches de mer, vessies de poissons, algues comestibles, 55.000 francs ; les médicaments et plantes médicinales asiatiques, 38.000 francs ; le pétrole, 5.000 francs ; les allumettes, 54.000 francs, etc.

Les principales marchandises expédiées du Yunnan à Hong-Kong sont : l'étain en saumons, 3 millions de francs ; le cunao, 52.000 francs ; le thé, 14.000 francs ; les espèces médicinales, 47.000 francs ; les peaux brutes, 5.000 francs ; les cornes, 14.000 francs ; le vermicelle, 3.000 francs, etc.

Le transit de Hong-Kong au Yunnan et vice versa à travers le Tonkin n'a pris quelque importance qu'à partir de 1889. Au début, les convois fluviaux se composaient de cinq ou six barques; les patrons de ces barques s'assuraient de la neutralité des bandes établies le long du fleuve Rouge en leur payant une redevance qui atteignait quelquefois 30 et 40 p. 100 de la valeur du chargement.

En 1890, deux jonques de la douane, armées de canons-revolver et montées par deux préposés français et douze matelots annamites, furent mises à la disposition du transit pour escorter les convois. A partir de ce moment, aucune redevance ne fut plus payée aux pirates; les convois, composés de trente à quarante barques, circulèrent en toute sécurité.

En 1893, le lit du haut fleuve Rouge fut étudié très soigneusement; le lieutenant de vaisseau Escande, avec la canonnière *le Moulun*, parvint à monter jusqu'à Laokay, à l'époque des plus basses eaux. A la suite de ces études, la société des Correspondances fluviales du Tonkin fut chargée de l'exécution de tous les travaux d'amélioration du chenal trouvé par M. Escande, et de l'organisation d'un service régulier hebdomadaire de bateaux à vapeur entre Hanoï et Laokay. Ce service a commencé le 15 octobre 1893; les travaux d'amélioration du lit du fleuve sont en cours d'exécution. Ils rendront plus faciles les communications avec le Yunnan par le fleuve Rouge, mais il est probable que cette voie ne suffira pas au trafic qu'on espère voir se produire dans l'avenir, soit entre le Tonkin et le Yunnan, soit entre le Yunnan et la Chine à travers le Tonkin. Il paraît certain qu'une voie ferrée le long du fleuve s'imposera dans un temps très court.

En effet, la production annuelle du Yunnan en

étain est estimée à 8.000 tonnes, dont 2.000 consommées dans le pays, et 2.000 ayant transité à travers le Tonkin ; il reste donc 4.000 tonnes qui ont pris une autre direction, par Canton ou par Rangoon.

Le Yunnan pourrait encore exporter annuellement de 25.000 à 40.000 tonnes de dépouilles d'animaux (peaux, cornes, écailles, poils, plumes) et des quantités énormes de produits des forêts : gommes, huiles, médecines brutes, cunao, graines, bois de teinture et d'ébénisterie.

L'opium pourrait à lui seul donner lieu à des transactions de plusieurs millions de francs, si la Chine consentait à modifier les conditions actuelles du commerce entre le Tonkin et ses provinces. Cette question doit figurer avec celle du sel au premier rang des préoccupations de la France dans ses négociations avec la Chine.

La production du cuivre est centralisée et monopolisée par le gouvernement chinois ; si elle était rendue libre, nul doute qu'elle se développerait dans de grandes proportions, étant donné la richesse des gisements.

Par contre, aussitôt qu'un débouché sûr serait ouvert à la production du Yunnan, on peut estimer que ce pays pourrait importer 50.000 tonnes de produits européens, et une quantité égale de produits d'origine chinoise, sans compter les échanges directs entre les deux pays. Rien qu'en sel, le Tonkin peut lui fournir 50.000 tonnes, mais les traités actuels interdisent l'entrée de notre sel au Yunnan, de même qu'ils entravent le transit de l'opium du Yunnan à travers le Tonkin.

La voie de la rivière Claire, celle de Thai-Nguyen

à Caobang, celle de Langson et celle de Moncay ne sont pas utilisées actuellement par le commerce de transit, mais elles servent à des communications assez importantes entre le Tonkin et la Chine. C'est par la rivière Claire que descendent les moutons du Yunnan ; cette rivière n'est encore que difficilement navigable. Un vapeur de la société des Correspondances fluviales la remonte cependant jusqu'à une certaine distance de Ha-Giang. Avec des travaux d'amélioration, on pourrait atteindre ce poste.

La route de Thai-Nguyen à Caobang paraît avoir été jadis l'une des voies de communication les plus importantes entre la Chine et le Tonkin. Elle n'existe plus qu'à l'état de sentier dans la plus grande partie de son étendue et ne sert qu'à des relations de voisinage. Elle offre le double intérêt économique et politique de traverser la région du Tonkin la plus riche en bois de construction et en mines métallurgiques, et de couper obliquement les territoires de Luong-Tam-Ky et de Baky. Lorsqu'elle sera facile à parcourir d'un bout à l'autre par les troupes et l'artillerie, la piraterie chinoise sera définitivement détruite dans tout le nord du Tonkin, et nous n'aurons plus rien à redouter de Luong-Tam-Ky. Le tronçon qui relie Thai-Nguyen à Hanoï est déjà fait ; celui de Caobang à Ngan-Son est commencé. On a également travaillé à celui de Thai-Nguyen à Cho-Moï, dans le territoire de Baky.

La route de Phu-lang-Thuong à Langson et Nacham sert à de très importantes relations commerciales entre la Chine et le Tonkin ; les statistiques douanières ne les signalent pas parce que nos postes douaniers laissent provisoirement une liberté presque entière aux échanges afin d'asseoir les transactions. Quand le chemin de fer de Langson sera prolongé jusqu'à la frontière, le commerce de Longtchéou aura une voie excellente pour s'approvisionner au Tonkin ou pour faire venir de Chine, en transit à travers le Tonkin, les articles cantonnais qui lui viennent actuellement en soixante ou quatre-vingts jours par les rivières de la Chine. Cette voie sera aussi celle par laquelle le Quangsi expédiera au Tonkin ou à Hong-Kong, à travers le Tonkin, des produits qui n'ont actuellement que de très difficiles débouchés.

Il serait bon, pour faciliter le transit entre Hong-Kong et Canton d'une part et Longtchéou de l'autre à travers le Tonkin, par Haïphong, Phu-Langthuong et Langson, de supprimer les droits de transit par la route de Langson ; ils ne produisent d'ailleurs actuellement aucune recette. En 1893, un projet de décret a été soumis dans ce sens au ministre des Colonies; la même mesure a été proposée en même temps pour le transit par Laokay, dont les droits produisent, il est vrai, 40 à 45.000 piastres, qui seraient sacrifiées. Mais il ne faudrait pas regretter cette perte si notre transit par le fleuve Rouge en était accru.

La route de Moncay-Tong-Hin qui fait communiquer les vallées de Tien-Yen, Ackoï et Moncay avec le Quang-Tong paraît susceptible de prendre ultérieurement une grande importance, à cause de la densité relative des populations et de la richesse de toute la région, tant du côté de la Chine que de celui du Tonkin. Les routes déjà construites et celles en construction dans cette région auront pour conséquence de favoriser le trafic. Dans le même but, il serait utile de mettre un agent consulaire à Tong-Hin, en face de Moncay.

Il n'y a rien à dire du commerce du Tonkin avec les immenses territoires situés au delà de la rivière Noire. Toutes les marchandises consommées à Luang-Prabang viennent du Siam. Il faudrait faire des routes pour relier le Luang-Prabang à l'Annam et au Tonkin; elles seront très difficiles à construire et traverseront des pays tout à fait inhabités.

Importations et exportations de l'Annam central.

Le commerce de l'Annam se prête exactement aux mêmes considérations que celui du Tonkin; les produits exportés et importés sont les mêmes, proviennent des mêmes sources et sont dirigés vers les mêmes marchés. Les quantités seules diffèrent.

En 1893, le mouvement commercial général de l'Annam s'est élevé à 25.144.739 francs, dont 18.995.355 francs de cabotage avec la Cochinchine et le Tonkin et seulement 6.149.384 francs d'importations ou d'exportations directes.

Les importations directes ont atteint le chiffre total de 4.012.382 francs dont 91.121 francs pour le numéraire et 3.912.261 francs pour les marchandises proprement dites.

Sur ce chiffre, 216.166 francs seulement représentent des marchandises importées directement de France. Dans celles-ci figurent les tissus pour 15.000 francs, le papier et ses applications pour 30.000 francs, etc.

Les principales marchandises étrangères importées directement dans l'Annam sont les filés de coton pour 1.069.000 francs, le papier chinois pour 534.000 francs; les tissus pour 339.000 francs ; les ouvrages en métaux pour 150.000 francs ; les espèces médicinales chinoises pour 268.000 francs; les denrées coloniales de consommation pour 280.000 francs ; le pétrole pour 250.000 francs ; les thés pour 229.000 francs.

Les exportations faites directement de l'Annam en France ou à l'étranger figurent aux statistiques de 1893 pour 2.412.043 francs, dont 236.122 francs représentant les exportations en France et 2.175.921 francs celles vers l'étranger.

Les principales marchandises exportées en France sont les produits et dépouilles d'animaux (cornes de bœufs ou de buffles, dents d'éléphants, peaux, etc.) pour 163.000 francs; la bourre de soie 153.000 francs; la soie grège 5.000 francs; les ouvrages divers de collection 10,000 francs ; les meubles 6.000 francs ; la vannerie et sparterie 5.000 francs ; les bois 35.000 francs; le thé 4.000 francs, etc.

Les principales exportations à l'étranger sont : les cornes, dents d'ivoire, peaux, etc., pour 216.000 francs; les denrées coloniales (cannelle, amome, cardamome, etc.) pour 925.000 francs, dont 453.000 de cannelle ; les animaux vivants pour 237.000 francs ; les sucres de fabrication locale pour 307.000 francs; le sel marin 137.000 francs; la soie grège 44.000 francs; les essences forestières 65.000 francs; le cunao 82.000 francs; les produits de pêche 75.000 francs ; le paddy et le riz seulement 53.000 francs, etc.

Les exportations de l'Annam central sont, sans aucun doute, destinées à s'accroître, tant à cause de la faculté productrice du pays, qui est très grande, qu'à cause de l'adjonction à l'empire de tous les territoires laotiens jusqu'au Mékong. Jusqu'à 1893, ces territoires obéissaient presque exclusivement à l'autorité siamoise qui en détournait les produits vers le Siam. D'autre part, aucune route praticable ne les reliait à la côte. Les événements de 1893, en nous donnant l'entière possession de ces territoires, nous mettent à même de les soumettre à notre action commerciale en même temps qu'à notre influence politique. Des routes entre Camlo et le Mékong, entre Vinh et le Mékong, à travers le Tran-Ninh, vers Muong-Hett et Luang-Prabang, entre Tourane et la vallée d'Attopeu, entre la Cochinchine et l'Annam méridional, sont autant de moyens indiqués pour développer la production de nos nouvelles possessions, en leur permettant de se procurer plus facilement nos marchandises et de nous apporter leurs produits.

La situation de l'Annam central entre le Tonkin au nord et la Cochinchine au sud, sur une longueur de 1.600 kilomètres de côtes et sans voies de communication assez bonnes pour relier toutes les parties de cet immense ruban et, d'autre part, sa situation en dehors des grandes lignes de paquebots, font que la majeure partie du commerce de l'Annam se produit avec le Tonkin et la Cochinchine par le cabotage côtier. En 1893, le chiffre des entrées a atteint 9.381.494 francs, dont 1.399.283 francs de numéraire et 7.984.246 francs de marchandises. Pendant la même année, le chiffre des sorties a été de 11.739.442 francs dont seulement 728.303 francs de numéraire. Le chiffre total du cabotage de l'Annam représente, on le voit, une valeur de 28.102.909 francs. Ce cabotage est fait en partie par des navires à vapeur et en partie par des jonques de mer.

Le transit commercial de l'Annam avec le Laos est aujourd'hui presque nul. En 1893, il a été importé de Hong-Kong à Vinh, au titre de transit vers le Laos, 5.600 francs de marchandises; il a été transité du Laos à Hong-Kong par Vinh 292.074 francs de marchandises. Du reste, ce transit n'a plus de raison de figurer dans nos statistiques puisque le Laos est maintenant terre française. Toutes les marchandises introduites dans l'Annam par la côte doivent désormais être soumises aux conditions de l'importation, quelle que soit leur destination sur la rive gauche du Mékong. C'est seulement dans le cas où elles traverseraient le grand fleuve pour passer dans le Laos siamois qu'elles devront bénéficier du tarif de transit. Il serait même bon que l'on supprimât entièrement le droit, dans ce cas, comme on l'a proposé, pour les marchandises transitant à travers le Tonkin à destination de la Chine.

2° *Situation commerciale de la Cochinchine et du Cambodge.*

En prenant pour base les chiffres de 1892 dans les statistiques des douanes, le commerce extérieur de la Cochinchine (non compris le cabotage entre les pays de l'Union Indo-Chinoise), s'est élevé à 116.253.484 francs.

Les importations figurent dans ce chiffre pour 35.526.628 francs, non compris le numéraire ni les importations de l'Annam et du Tonkin.

Ce chiffre se divise en : 9.688.001 francs de marchandises françaises, 20.054 francs de marchandises étrangères et 5.838.573 francs de marchandises provenant des colonies françaises.

Les principales marchandises françaises importées en Cochinchine sont les tissus figurant dans les statistiques de 1892 pour 3.108.773 francs, dont 1.195.960 francs de tissus de coton écrus, 734.550 francs de tissus de coton teints et 177.000 francs de cotons imprimés; les ouvrages en métaux et machines 1.613.844 francs; les denrées coloniales de consommation 1.277.704 francs; les boissons 998.000 francs; le ciment 187.000 francs: les fers en barres 346.000 francs; les tôles 43.000 francs; le zinc 150.600 francs; le cuivre battu 46.000 francs; les acier et rails 47.000 francs; les bougies 314.000 francs, etc.

Les principaux articles étrangers européens importés pendant la même année sont : les tissus, 9.862.730 francs, ou plus du triple de l'importation française; les ouvrages en métaux et machines 9.541,827 francs (d'où il faut déduire 3.644.500 francs de numéraire); les métaux, 1.100.686 francs; le pétrole, 3.864.092 francs; les farines, 285.000 francs, contre 140.000 francs de farines françaises; les produits chimiques, 100.000 francs, faisant à peu près équilibre aux mêmes produits d'origine française; les parfumeries non alcooliques 385.000 francs; les verres et cristaux 251.000 francs, contre 64.000 francs de la France.

Les exportations de la Cochinchine se sont élevées en 1892 à 80.706.856 francs, non compris le cabotage (766.286 francs) et le numéraire (77.784 francs).

Les exportations pour la France figurent dans le

chiffre total pour 8.821.209 francs. Elles se composent principalement de riz, 6.882.000 francs, denrées coloniales alimentaires, principalement le poivre, 1.755.514 francs; cornes, peaux, écailles, etc., 88.160 francs, etc.

Les exportations pour l'étranger se sont élevées, pendant la même année, à 70.931.953 francs. Elles se composent surtout de riz et de paddy, 66.138.685 francs; de poissons secs et salés et autres produits de pêche, 3.388.709 francs; huiles et sucs végétaux, particulièrement la gomme gutte du Siam exportée pour une valeur de 308.200 francs; huiles de coco, de touloucouma, d'éloupé et la gomme laque, etc., ensemble 17.000 francs; produits et dépouilles d'animaux (cornes, écailles, peaux, etc.), 482.020 francs; rotins, bambous, cocos à ouvrer, 467.158 francs, etc.

De tous ces produits, le riz est celui qui assure la richesse du pays. En 1892, il en a été exporté à l'étranger (surtout Hong-Kong et Singapore) et en France pour 72.961.365 francs sur une valeur totale d'exportations de 80.700.000 francs.

L'exportation du riz en France a pris une importance très marquée depuis quelques années.

D'après les documents statistiques de la douane française, cette exportation coïncide avec une diminution très notable de l'introduction en France des riz de l'Inde anglaise. En 1891, l'Indo-Chine française avait exporté pour la France 36.233.546 kilogrammes. En 1892, la quantité importée en France s'élevait à 40.207.547 kilogrammes. En 1893, elle a atteint 69.627.077 kilogrammes ou plus de 1 million de piculs, c'est-à-dire le dixième de l'exportation totale de la Cochinchine. De 1891 à 1893, la quantité de riz de l'Indo-Chine importée en France a donc presque doublé.

Pendant la même période, les importations du riz de l'Inde anglaise diminuaient dans des proportions plus fortes encore. En 1891, il avait été importé en France 36.439.326 kilogrammes de riz indien ; en 1893 cette importation est réduite à 7.739.936 kilogrammes. Ces résultats sont dus en partie aux droits qui frappent les riz et maïs étrangers à leur entrée en France et dont les riz des colonies françaises sont exempts, en partie à la baisse de la piastre qui permet d'acheter le riz à meilleur compte dans le pays; en partie enfin à l'établissement du service régulier des bateaux à vapeur de la Compagnie Nationale entre Marseille et l'Indo-Chine. L'exportation régulière des riz de notre Indo-Chine en France devra nécessairement avoir pour conséquence une augmentation notable des importations de la France en Indo-Chine, en raison de la faculté qu'auront désormais les commerçants français de nos établissements indo-chinoise de faire leurs remises sur France en une marchandise de l'Indo-Chine au lieu de les faire en traites sur lesquelles le change leur faisait subir de grosses pertes.

Le Cambodge n'a pas de mouvement commercial propre. Il écoule ses produits par le port de Saïgon, n'ayant lui-même sur la mer aucun port fréquentable. Les produits qu'il importe lui viennent en majeure partie de Saïgon; ceux qu'il exporte sont en partie de son cru, en partie originaires du Siam et de la vallée du Mékong.

Les principaux produits originaires du Cambodge

et exportés par ce pays sont actuellement le riz, les poissons frais ou salés, pêchés dans les lacs, et le coton. En 1892, il est sorti du pays 222.000 piculs de poissons salés et 8.600.000 piculs de poissons frais, 700.000 piculs de paddy et riz décortiqué, 40.000 piculs de coton, etc. Mais ces chiffres, extraits des statistiques officielles, ne donnent qu'une idée très imparfaite des exportations réelles. Le Cambodge est en voie de développement notable. Son commerce deviendra d'autant plus important que nous supprimerons davantage les barrières qui le séparent encore de la Cochinchine d'une part, du Siam et du Laos de l'autre. C'est par le Cambodge en effet que sont naturellement appelés à transiter la plupart des produits du Laos et des provinces orientales du Siam et les marchandises européennes destinées à ces régions. C'est dans le but de supprimer ces barrières dans la mesure du possible que j'ai fait disparaître, en 1893, ainsi que je l'ai dit plus haut, les droits de sortie que le Cambodge percevait sur toutes les marchandises cambodgiennes passant en Cochinchine et que j'ai fusionné les intérêts douaniers et commerciaux des deux pays.

3° *Moyens de développer le commerce de l'Indo-Chine.*

Il reste, pour terminer ce chapitre, à exposer les moyens déjà mis en pratique par la métropole ou par l'administration de l'Indo-Chine pour favoriser le développement du commerce de nos établissements indo-chinois, et les moyens qu'il convient d'employer encore pour mieux atteindre le but que la France s'est proposé en mettant le pied en Extrême-Orient.

Au premier rang des mesures déjà prises ou a prendre pour développer le commerce, figurent toutes celles qui ont eu déjà ou qui auront pour effet le développement de l'agriculture et des industries indo-chinoises. Pour que le commerce d'un pays quelconque prospère, il faut d'abord, en effet, que ce pays produise des marchandises exportables, seul moyen d'acquérir au dehors les produits qu'il est susceptible de consommer.

En même temps que nous nous occupons de créer la richesse du pays, nous devons faire tous nos efforts pour inculquer aux indigènes le goût de nos produits. On pourrait user utilement pour cela d'expositions locales, mettant sous les yeux des Annamites les objets européens susceptibles de les tenter, de concours agricoles avec prix consistant en articles français, etc. Les Annamites, je l'ai déjà dit plus haut, sont disposés à l'usage de nos boissons, de nos meubles, de nos tissus, etc.; aucun préjugé, religieux ou autre, ne les en écarte. L'exposition organisée par P. Bert à Hanoï, en 1886, eut un grand succès. Le moment est peut-être venu de faire une nouvelle tentative de ce genre.

Il est un certain nombre de mesures plus directement applicables au commerce lui-même, en vue de son développement, sur lesquelles il est utile d'insister en exposant ce qui a déjà été fait et ce qui devrait être fait encore.

Dès que les ressources budgétaires de l'Indo-Chine l'ont permis, je me suis attaché à diminuer, dans la mesure du possible, les charges du commerce. Par arrêté du 1ᵉʳ mai 1892, j'ai réduit à des chiffres infimes, les taxes de phare et d'ancrage dans les ports du Tonkin. Un arrêté de 1889 avait fixé ces droits à 15 cents par voyage et par tonneau de jauge pour les navires français et 30 cents pour les navires étrangers. Avec l'abonnement, le droit était de 60 cents par trimestre pour les navires français et de 1 $, 20 pour les navires étrangers. L'arrêté de mai 1892 a réduit ces droits à 10 cents par voyage et par tonneau de jauge pour les navires étrangers et à 1 cent pour les français. Les navires arrivant sur lest et emportant un chargement de charbon ou de minerai sont exempts de tous droits de tonnage s'ils battent pavillon français et ne paient qu'un droit de 3/10 de cent par voyage ou 12 cents par trimestre à l'abonnement s'ils sont étrangers. Les navires arrivant chargés et repartant avec un chargement exclusif de charbon ou de minerai ne sont soumis qu'à la moitié du droit de tonnage ordinaire.

En rachetant le monopole des docks d'Haïphong j'ai diminué dans de très fortes proportions les frais de manutention et de magasinage, auxquels les marchandises étaient soumises par la société des docks. Les droits d'accostage, etc., ont été supprimés en totalité pour les marchandises venant de France et réduits de moitié pour celles venant de l'étranger ou sortant du Tonkin. Les commerçants sont autorisés à laisser leurs marchandises gratuitement dans les docks, pendant l'intervalle de deux courriers, c'est-à-dire une douzaine de jours; ils ont la faculté de faire eux-mêmes et à leurs frais, aussi économiquement qu'ils le désirent, toutes les manipulations des marchandises qui autrefois étaient minutieusement tarifées par la société; le protectorat met également à leur disposition pour ces manipulations tout son outillage des docks, railways, wagonnets, etc. En outre la douane accomplit aujourd'hui à bord des navires les opérations qu'elle était autrefois tenue de faire dans les magasins de la société.

En un mot, tous les frais de navigation ont été réduits de manière à attirer les navires dans les ports du Tonkin et de l'Annam. Des mesures analogues devront être appliquées en Cochinchine où l'on n'a pas tenu assez compte jusqu'à ce jour des besoins nouveaux de la navigation et où les charges supportées par les navires fréquentant le port de Saïgon sont extrêmement lourdes.

Les administrations de l'Indo-Chine se sont toujours montrées très généreuses dans les subventions accordées aux services maritimes qui relient nos établissements aux pays voisins. Depuis longtemps la colonie de Cochinchine subventionne largement des services réguliers entre Saïgon et Manille, Saïgon et Singapore, Saïgon et Bangkok. Les sacrifices faits jusqu'à ce jour n'ont donné que des résultats minimes. Le service avec Manille a dû être interrompu à partir du 1er janvier 1893, à cause de son absolue inutilité. Le service entre Saïgon et Bangkok est également peu productif; nous avons cependant jugé utile de le rendre bimensuel au lieu de mensuel qu'il était autrefois, en raison des intérêts politiques de premier ordre qui existent entre l'Indo-Chine et le Siam!

Le service entre Saïgon et Singapore est plus fructueux; il se fait entre les deux villes un échange assez important de marchandises. Singapore sert d'intermédiaire à Saïgon pour ses relations avec les Indes néerlandaises, grâce à un service régulier des Messageries maritimes entre Singapore et Batavia.

Les Messageries maritimes exécutent encore un service régulier bimensuel entre Haïphong et Hong-Kong. Ce service n'est pas subventionné. Les Messageries y sont concurrencées par la Société des Correspondances fluviales du Tonkin qui entretient plusieurs bateaux entre Haïphong et Hong-Kong, également sans subvention.

L'Indo-Chine subventionne un service bimensuel des Messageries maritimes entre Saïgon et Haïphong avec escales dans trois ports de l'Annam central : Nha-Trang, Quinhone et Tourane. Ce service correspond avec celui de la grande ligne de l'Extrême-Orient. Le commerce se plaint avec raison de ses défectuosités. Les navires ne sont pas assez rapides ; ils perdent trop de temps à Saïgon d'où ils ne partent que trois ou quatre jours après l'arrivée du courrier de France ; les escales sont trop nombreuses. Mais, d'autre part, la ligne ne rapporte pas assez pour que l'administration puisse se montrer très exigeante. Elle ne pourrait l'être qu'en imposant aux budgets locaux de nouveaux sacrifices.

Le commerce se plaint aussi très justement de la lenteur des paquebots de la grande ligne Marseille, Saïgon, Yokahama. Les navires sont fort convenablement installés et sont pris par les étrangers de préférence à ceux des lignes anglaises ou allemandes, mais ils ne filent guère plus de 13 nœuds alors que les navires placés par la même compagnie sur sa ligne d'Australie en filent 15 et 16. Il résulte de la lenteur de la marche, de la fréquence des escales et du séjour qu'on y fait que l'on met vingt-six jours au minimum pour aller de Marseille à Saïgon, tandis qu'avec des navires de plus de vitesse et en supprimant une ou deux escales, on pourrait aisément faire la même trajet en vingt jours, Comme en raison de l'arrêt à Saïgon et des défectuosités de la ligne annexe il faut encore près de huit jours pour aller à Haïphong, il en résulte qu'un voyageur allant le plus rapidement possible met au moins trente-quatre jours pour se rendre de Marseille au Tonkin. Un homme d'affaires désireux de faire connaissance avec le Tonkin doit compter sur une absence minimum de trois mois et demi à quatre mois. Combien y en a-t-il qui puissent se séparer pendant un temps aussi long de leurs occupations courantes? Or, avec des modifications peu importantes dans leur service, les Messageries maritimes pourraient aisément transporter les voyageurs et les dépêches de Marseille à Haïphong en moins de vingt-cinq jours. On gagnerait au moins huit jours sur le temps actuellement exigé.

Les relations commerciales entre l'Indo-Chine et la France ont été beaucoup améliorées dans ces derniers temps par la création du service libre de la Compagnie nationale. Lorsque l'administration a substitué les navires affrétés de cette compagnie à une partie des bâtiments de l'Etat faisant le transport des troupes et du matériel entre Toulon et l'Indo-Chine, elle est entrée dans une voie où on ne saurait trop l'engager à persister; car il en résulte non seulement des avantages pour la compagnie chargée de ces transports, mais encore un profit indéniable pour tout le commerce de la métropole et de l'Indo-Chine. En effet, à l'aide des bénéfices réalisés par ses affrétés, la Compagnie nationale a bientôt établi un service libre entre Marseille et Saïgon et Haïphong. Les navires partaient d'abord tous les deux mois; ce service est devenu mensuel depuis le 1er janvier 1894. Grâce à lui, le prix du fret entre la France et l'Indo-Chine s'est notablement abaissé et certaines marchandises qui ne pouvaient pas être transportées par les Messageries maritimes ont pris la route de l'Indo-Chine ou celle de la France. L'exportation du riz de Cochinchine en France, par exemple, en a été grandement facilitée. Même depuis que le service est mensuel les navires de la Compagnie nationale ont constamment du fret de l'Indo-Chine pour la France. Ils en ont moins de France pour Saïgon ou Haïphong, mais il est probable que grâce à la faculté qu'ont désormais les négociants de l'Indo-Chine de faire leurs remises sur France en riz, les importations françaises iront sans cesse en augmentant.

J'ai entendu parler de la création d'une nouvelle ligne commerciale entre la France et l'Indo-Chine. Il en résulterait indubitablement une nouvelle diminution du prix du fret et un nouvel encouragement aux relations commerciales entre la métropole et sa colonie. Mais cette création ne me paraîtra susceptible de réussir que si la métropole autorise l'Indo-Chine à entreprendre sans délai les grands travaux d'utilité publique dont elle a le plus urgent besoin.

CHAPITRE VI

SITUATION DE L'AGRICULTURE INDIGÈNE ET EUROPÉENNE EN INDO-CHINE ET MOYENS DE LA DÉVELOPPER

La population de l'Indo-Chine française est évaluée généralement à 18 millions d'individus qui seraient répartis de la façon suivante :

Tonkin	10.000.000
Annam et Laos	5.000.000
Cochinchine	2.000.000
Cambodge	1.500.000

La principale culture à laquelle cette population se livre, dans les diverses parties du pays, est celle du riz. La Cochinchine et le Cambodge réunis en produisent annuellement 20 millions de piculs (de 62 kilogrammes) ou 1.240 millions de kilogrammes. Ils en ont exporté, en 1892, près de 10 millions de piculs ou 620 millions de kilogrammes et environ 11 millions de piculs en 1893. La surface de la Cochinchine et du Cambodge cultivée en riz est évaluée à 650.000 hectares, l'hectare produisant en moyenne de 28 à 30 piculs de riz en une seule récolte.

La surface cultivée du Tonkin est évaluée à 1.500.000 hectares dont 1 million environ en riz, produisant en moyenne 52 piculs de riz par hectare lorsqu'il se fait deux récoltes et seulement 30 piculs environ lorsqu'il n'y en a qu'une, celle de l'automne, la plus abondante.

La surface de l'Annam cultivée en rizières peut être évaluée à environ 200.000 hectares.

Avec ces 1.200.000 hectares de rizières l'Annam et le Tonkin produisent environ 44 millions de piculs de riz. Ils en exportent à peine 1 million et demi de piculs, tout le reste de la récolte étant consommé par les habitants.

La plus grande partie du riz produit par l'Indo-Chine est cultivée dans des champs entourés de petites digues qui permettent à l'eau des pluies de s'y accumuler. C'est surtout dans les terres basses des deltas du fleuve Rouge, du Mékong, des rivières de l'Annam, que les rizières s'étendent, mais on en trouve aussi dans les vallées plus ou moins larges dont les eaux se déversent dans les Deltas ; elles sont alors disposées en gradins dans le fond et sur le pied des collines ; on fait passer l'eau d'un champ dans l'autre, soit qu'on la recueille à la descente des collines, soit qu'on l'élève du fond des vallées. Le riz est d'abord semé dans des champs très fortement fumés, puis repiqué dans les rizières où il doit se développer. Le produit de ces rizières est connu sous le nom de « riz de plaine » ; il se subdivise lui-même en deux qualités : le riz gluant ou luà-nêp, employé surtout à la fabrication de l'alcool, de la farine et des gâteaux de riz, et le riz sec ou luà-gao qui sert à l'alimentation courante et à la fabrication de l'amidon.

On cultive aussi le riz sur le flanc et jusqu'au sommet des montagnes, dans des champs tout à fait semblables à nos champs de blé. Ce riz-là, ou « riz de montagne » est semé sur place dans les espaces où l'on a d'abord brûlé les arbres et les broussailles ; son seul engrais est la cendre des végétaux brûlés. Au bout de deux ou trois ans, il faut abandonner ces champs et en aller faire d'autres ailleurs. Le riz de montagne n'est cultivé que par les Thôs, Mans, Moïs, etc., pour leur propre consommation ; il n'entre pas dans le commerce.

La surface cultivée en rizières dans les diverses parties de l'Indo-Chine peut être augmentée dans de très fortes proportions. En Cochinchine, on pourrait facilement porter les rizières au double de la surface actuellement cultivée. Pour cela, deux choses sont nécessaires : 1° le creusement de canaux de dérivation pour l'écoulement des eaux des pluies qui s'accumulent et transforment en marécages une très notable partie des provinces de l'ouest ; 2° l'augmentation du chiffre de la population qui est tout à fait insuffisante.

Dans les deltas de l'Annam central et du Tonkin, une grande partie des terres à rizières est déjà cultivée ; cependant on admet que la surface productive de riz pourra être augmentée, au Tonkin, d'un bon tiers ou environ 300.000 hectares par la remise en culture des champs qui ont été abandonnés depuis quinze ou vingt ans, sous l'influence de la piraterie, des insurrections, des troubles de diverses natures qui avaient compromis la sécurité. Cette augmentation donnerait environ 15 millions de piculs de riz qui pourraient être entièrement exportés puisque les habitants ont déjà toute la quantité nécessaire à leur alimentation.

Si la Cochinchine et le Cambodge mettaient en culture d'ici dix ans seulement 200.000 hectares en plus des 650.000 actuellement productifs ils verraient augmenter leur récolte de 5 à 6 millions de piculs qui pourraient s'ajouter à leurs exportations. Sans autre condition à réaliser que la consolidation de la sécurité et l'aménagement des eaux, l'Indo-Chine pourrait donc voir augmenter en dix ans ses exportations de riz de 18 à 20 millions de piculs représentant au moins 30 millions de piastres.

En partant de ces données, je suis d'avis, et l'expérience de ces dernières années confirme mon opinion, que le premier soin des agriculteurs français doit être de prendre pour bases de toutes leurs opérations agricoles la production du riz. Ils y trouveront leur compte, en même temps qu'ils seront utiles à la métropole et à la navigation française.

Ce qui s'est passé depuis trois ans prouve que nos compatriotes commettraient une grave imprudence s'ils se lançaient dès les premiers pas, comme on les y poussait jadis, dans les grandes cultures industrielles.

Il n'est pas douteux que les cotons à longue soie, les plantes à graines oléagineuses, le thé, le caféier, toutes les plantes industrielles des pays chauds et la plupart de nos plantes européennes peuvent être cultivés en grand et avec succès dans notre Indo-Chine, mais il serait périlleux de se lancer tout de suite et à grands frais dans ces cultures. Il faut d'abord déterminer les localités qui conviennent le mieux à chacune, les saisons des semailles, de la taille, de la récolte, les procédés de culture les mieux appropriés au sol et au climat, etc. Tout cela exige soit de très grands capitaux pouvant rester improductifs pendant plusieurs années et exposés à des pertes inévitables, soit une étude patiente et des expériences répétées, faites dans des conditions modestes.

Au contraire, tout Européen qui saura s'entendre avec les Annamites pour la mise en valeur des anciennes terres à riz des vallées qui entourent le Delta trouvera le revenu des capitaux qu'il mettra dans l'affaire. Il sera, en effet, toujours certain d'avoir de la main-d'œuvre dans de bonnes conditions et de vendre son riz. Avec les bénéfices réalisés sur ce produit, il pourra faire ensuite des défrichements et se livrer aux cultures dites « riches ».

La culture du riz est, par excellence, la culture de toute l'Indo-Chine, celle que tous les indigènes connaissent le mieux et celle dont les produits ont l'écoulement le plus certain. Plus de 600 millions d'individus, dans l'Extrême-Orient, font du riz la base de leur nourriture. La vente de cette céréale y est donc toujours assurée, comme celle du blé en Europe. Notre Indo-Chine en exporte déjà sur les marchés de Hong-Kong et de Singapore des quantités considérables. La Cochinchine en exportait seulement 3 ou 4 millions de piculs il y a vingt ans. En 1893, elle en a exporté 11 millions de piculs. Au début, elle n'exportait que du paddy, aujourd'hui son exportation se compose en majeure partie de riz décortiqué, ce qui lui permet de réaliser un double bénéfice. Le Tonkin et l'Annam n'exportent que du paddy et leurs exportations n'atteignent pas encore 2 millions de piculs ; mais, ainsi que je l'ai dit plus haut, la production en riz de ces pays ne peut que s'accroître par la remise en culture de terres abandonnées depuis longtemps à cause de l'insécurité.

Les Européens peuvent donc, en toute sécurité, se livrer à la culture du riz, en participation de bénéfices avec les indigènes. Leur rôle dans l'affaire doit consister à faire les travaux pour l'irrigation la plus méthodique des rizières, à fournir aux paysans les avances de buffles et de semences et les engrais. Les Annamites fument très fortement les petits champs dans lesquels ils font les semis, mais ils ne donnent presque pas d'engrais aux rizières dans lesquelles la plante est repiquée et se développe jusqu'à maturité. Il est certain qu'avec le fumier de ferme et les engrais chimiques ils augmenteraient dans d'immenses proportions le rendement des rizières.

Les dépenses à faire pour l'établissement des cultures de riz sont peu considérables. Voici, d'après les expériences faites par M. Thomé dans les plaines de Lam, les avances indispensables aux familles annamites qu'un Européen veut fixer sur une concession. Chaque village, comprenant en moyenne de vingt à vingt et une familles et six individus par famille exige une avance en buffles, nourriture, matériel et outillage agricole, d'environ 1.000 francs. M. Thomé occupe actuellement deux mille individus répartis en trois cents familles environ et quatorze villages ayant exigé une avance de 16,000 francs. Il dit dans un rapport à la société dont il a été le représentant : « Cette population de deux mille travailleurs pourra, dans la situation actuelle, fournir à la prochaine récolte une redevance de 100.000 kilogrammes de riz décortiqué, d'une valeur approximative de 6.000 francs. » En moins de trois ans, à ce compte, les avances seront remboursées. M. Thomé ajoute que « chaque famille peut cultiver 3 hectares de rizières, produire 3.000 kilogrammes, garder 2.000 kilogrammes pour ses besoins et donner 1.000 kilogrammes comme redevance ». Les trois cents familles donneront donc « 300.000 kilogrammes de redevance totale annuelle, d'une valeur de 18.000 à 20.000 francs si les trois cents familles sont exclusivement occupées aux rizières », mais il pense qu'il vaut mieux ne donner à chaque famille que 2 hectares de rizières et 1 hectare de cultures diverses.

L'agriculteur européen fera sagement de joindre, dès le début, à la culture du riz l'élevage des animaux de race bovine, porcine et chevaline. Ces animaux lui donnent du fumier, aident au labour et sont facilement vendus, car les chevaux manquent et la consommation de la viande de bœuf et de porc est très considérable.

Avec les revenus obtenus à l'aide des procédés que je viens d'indiquer, il pourra, sans rien risquer, se livrer d'abord à des expériences de cultures industrielles, puis à ces cultures dans des proportions d'autant plus larges que ses revenus seront plus forts et que la vente des produits sera mieux assurée.

Dès ce moment, les cultures qui me paraissent pouvoir être tentées avec le plus de chances de succès sont celles du thé, du café, du coton et des graines oléagineuses.

Les Annamites cultivent encore, dans les diverses parties de l'Indo-Chine, pour leur alimentation, des haricots et des pois avec lesquels ils font du vermicelle et des pâtes, des patates douces, des ignames, du taro, du manioc, des arachides, du maïs, du millet, des salades, des choux, des bananiers et divers arbres fruitiers, parmi lesquels surtout le jacquier, l'arbre à pain, le letchis, le pamplemousse, l'oranger et le citronnier, etc.

Au Tonkin, depuis que l'exportation du riz a été autorisée sans interruption, ces cultures alimentaires tendent à s'accroître; les Annamites remplacent dans leur existence une certaine quantité de riz par des légumes divers et ils vendent le riz pour l'exportation. Si l'on évalue, comme le font certaines statistiques, la surface cultivée du Delta à 1.500.000 hectares on en aurait un million en riz et 500.000 en cultures diverses parmi lesquelles les plantes alimentaires autres que le riz figurent pour environ 300.000 hectares.

Les autres cultures sont les graines oléagineuses (sésame, ricin, arachides), le coton, le mûrier, le tabac, la canne à sucre, le thé, le poivre, etc. Toutes ces plantes sont cultivées dans les terrains secs ou qui sont inondés seulement à l'époque des hautes eaux, comme les berges du fleuve Rouge et du Mékong.

Le *thé* est cultivé par les Annamites dans diverses provinces de l'Annam central et du Tonkin. Ils ne savent pas le préparer; ils le consomment à l'état vert, en infusions qui, du reste, sont fort agréables. Les cultures de thé les plus importantes sont celles de la province de Quang-Nam (environ 200 hectares) et, au Tonkin, celles du Loch-Nam (près de 1.000 hectares). Au Tonkin, cette culture était beaucoup contrariée par le système d'impôts qui lui était appliqué. On avait créé une ferme des thés du Loch-Nam dont le titulaire percevait un droit sur tout le thé arrivant dans les marchés. Cette ferme était mise en adjudication et ne rapportait annuellement que 1.600 piastres environ. Elle était un obstacle considérable à la culture du thé par les vexations qu'elle imposait aux cultivateurs. Je l'ai supprimée à partir du 1er janvier 1894 et je l'ai remplacée par un simple impôt sur les terres cultivées en thé. Je suis convaincu qu'il en résultera un fort accroissement de la culture. Celui-ci se produira surtout quand les indigènes ou les Européens sauront préparer le thé pour l'importation en France. Il appartient aux Européens, d'abord de faire la culture d'une manière plus rationnelle, puis de créer des usines pour la préparation du produit. Déjà des tentatives ont été faites dans cette direction, à Tourane, par un missionnaire, le père Maillard, et par un colon français, M. Leroy. En 1893, ils ont exporté en France 10.000 kilogrammes de thé préparé par leurs soins. La préparation subie par ce thé n'est encore que très imparfaite. J'ai donné au père Maillard et à M. Leroy des missions en Chine et à Java pour y aller étudier les procédés de préparation des Chinois et des Européens.

La détaxe du demi-droit (104 francs par 100 kilogrammes) dont le thé de nos colonies jouit actuellement à l'entrée en France est un excitant puissant pour cette culture. Comme la quantité de thé importée dans notre pays dépasse 2 millions de kilogrammes, le Tonkin et l'Annam ont dans ce produit un objet d'exportation d'une réelle valeur.

La culture du *café* dans notre Indo-Chine est également encouragée par la détaxe de 104 francs par 100 kilogrammes dont jouissent, à l'entrée en

France, les cafés de nos colonies. Il est importé en France annuellement plus de 130 millions de kilogrammes de café, parmi lesquels figurent plus de 6 millions de kilogrammes provenant des Indes anglaises. Le café du Tonkin n'aurait-il que l'ambition de se substituer à celui des Indes que cela lui promettrait encore un assez bel avenir.

Divers colons s'adonnent déjà à cette culture. Les frères Guillaume ont, en face de Khéso, sur les bords du Day, une plantation de 160.000 pieds de caféiers, dont une partie notable commence à produire. Le café est de bonne qualité. Quelques autres colons en ont chacun 2 ou 3.000 pieds. M. Paris en a plus de 30,000 près de Tourane.

Les plantes à *graines oléagineuses* figurent parmi celles qu'il est bon de recommander aux agriculteurs européens. Le ricin, le sésame, les arachides, le lin, le colza, le pavot peuvent être cultivés dans presque toutes les parties de l'Indo-Chine. Il suffit de rechercher pour chacune le terrain, le mode de culture et la fumure les plus convenables. Indépendamment de la consommation qui peut être faite sur place et dans l'Extrême-Orient des huiles provenant de ces plantes, l'importation en France des graines elles-mêmes peut être tentée avec de belles espérances de succès, si l'on en juge d'après les quantités que la métropole reçoit des pays étrangers.

En 1893, il est entré en France 175 millions et demi de kilos d'*arachides*, dont 77 millions en cosses et 98 millions décortiqués. Sur cette quantité, 51 millions de kilos seulement provenaient de notre colonie française du Sénégal. Les Indes anglaises en ont fourni 3.700.000 kilos. On voit que l'Annam, où l'arachide est déjà cultivée par les indigènes et vient très facilement, se prêterait à de belles et productives cultures de cette plante. Les arachides viennent très bien aussi dans les terrains sablonneux de la Cochinchine et du Tonkin.

Les *graines de lin* importées en France, en 1893, représentent 135.849.000 kilos, sur lesquels 109 millions de kilos provenaient des Indes anglaises. Le lin n'est pas encore cultivé dans l'Indo-Chine française, mais il ne paraît pas douteux qu'il puisse réussir très bien dans les régions tempérées du Tonkin, par exemple dans les cirques du Caï-Kinh, et dans les environs de That-Khi. Les Européens devront tenter la culture de cette plante qui est doublement utile par ses fibres textiles et par ses graines.

Le *sésame* est déjà connu des Annamites; ils le cultivent dans presque toutes les provinces de l'Annam et du Tonkin, en petite quantité. Sa culture en grand devra faire l'objet des préoccupations des agriculteurs européens. En effet, sur les 114 millions de kilos de cette graine importés en France, en 1893, près de 96 millions provenaient des Indes anglaises. Il est naturel que nous ayons l'ambition de substituer le sésame de l'Indo-Chine française à celui de l'Inde sur les marchés français; rien ne peut nous empêcher de réussir dans cette tentative, si la culture de la plante est faite dans des conditions rationnelles.

Les *graines de colza et de pavot* devront aussi attirer l'attention des colons français, car les deux plantes peuvent être cultivées en Indo-Chine sur une grande échelle. Or, il a été importé en France, en 1893, 104.671.929 kilos de graines de colza et 19.740,367 kilos de graines de pavot.

Le pavot à opium devra aussi être encouragé au Tonkin, où il me paraît assuré de réussir, de même que dans certaines parties du Laos.

On cultive en Annam et en Cochinchine une assez grande quantité de *cocotiers*, mais on n'exporte que peu la pulpe de la noix, connue dans le commerce sous le nom de *coprat* et qui sert à l'extraction d'une huile très recherchée pour la savonnerie. Les Européens doivent se préoccuper de faire cette culture en grand partout où les conditions physiques et climatériques s'y prêteront, c'est-à-dire surtout au bord de la mer. La quantité de coprat importée en France, en 1893, est de 50 millions et demi de kilos. Il faut noter que les bateaux de la Compagnie Nationale faisant le service de l'Indo-Chine française vont, presque à chaque voyage, charger du coprat dans la péninsule malaise, à Poulo-Penang. Ils auraient, évidemment, tout avantage à l'embarquer dans les ports indo-chinois.

Le *cacaoyer* est encore une plante qui pourra être cultivée avec avantage par les Européens. Le climat de la Cochinchine et du Cambodge lui convient. Des tentatives ont été faites, mais elles n'ont jamais été conduites avec assez de persistance. Cependant la France a importé en 1893 plus de 28 millions et demi de graines de cacao provenant en entier de l'étranger. Grâce à l'avantage fait à nos colonies par le tarif douanier, les colons européens pourront tirer du cacao un très bon profit. Le tarif général établissant un droit de 104 francs, le cacao de l'Indo-Chine jouit d'une détaxe de 52 francs par 100 kilogrammes.

Le *poivre* est un des produits alimentaires dont l'Indo-Chine peut désirer monopoliser la fourniture à notre pays. Il a été importé en 1893, en France, 4.800.000 kilogrammes de poivre. La Cochinchine et le Cambodge nous en ont expédié, pendant cette même année, près de 2 millions de kilogrammes. Il est permis de penser, en raison des cultures nouvelles créées actuellement en Cochinchine près de Hatien et près de Saïgon et au Cambodge près de Kampot, que dans quelques années tous les poivres consommés par la France viendront de notre Indo-Chine. Ces résultats sont dus à la détaxe de 104 francs dont les poivres de nos colonies jouissent à l'entrée en France.

La culture du coton, du jute, de la ramie, de l'abaca se recommande particulièrement aux colons européens, non seulement à cause de l'utilisation du produit textile sur place, mais encore par la possibilité de l'exporter en France où il pénètre déjà en grande quantité, de provenance étrangère.

En 1893, il a été importé en France 171.604.100 kilogrammes de *coton*, sur lesquels 19.893.887 provenant des Indes anglaises. Il serait facile à l'Indo-Chine française de faire concurrence à l'Inde sur nos marchés, mais il faut qu'avant de se lancer en grand dans la culture du coton, les colons européens fassent des expériences sérieuses sur les conditions de sol, d'arrosage, de culture exigées par cette plante et sur les espèces qui conviennent le mieux aux diverses parties de notre établissement. En raison de la très grande variété de sols, de climats, de conditions d'arrosage, etc., il me paraît certain que presque toutes les espèces de coton doivent pouvoir être cultivées dans notre Indo-Chine.

Le jute et la ramie ont donné au jardin d'essai de Hanoï des résultats remarquables. Il n'est pas douteux qu'ils ne puissent être cultivés en grand dans toute l'Indo-Chine. Le jute serait travaillé avec profit dans l'Indo-Chine même, car il trouve un emploi sur place dans les sacs (gunnies) qui servent au transport du riz. Actuellement ces sacs viennent presque exclusivement de Calcutta.

Pour la culture du *jute*, le mieux serait peut-être de s'entendre avec les Annamites auxquels on donnerait les graines et dont on dirigerait le travail, avec l'engagement préalable d'acheter tout le jute récolté, à des prix fixés d'avance d'après les qualités et les conditions du marché. Ce système se recommande aux agriculteurs européens. Il offre l'avantage de n'occasionner que le minimum de frais.

La France importe actuellement près de 60 millions de kilogrammes de jute par an, dont environ 19 millions proviennent des Indes anglaises, mais le produit est exempt de droits d'entrée, quelle que soit son origine. Les jutes de l'Indo-Chine ne jouiraient donc d'aucun privilège à leur entrée en France. Malgré cela les cultivateurs indo-chinois pourraient tenter de substituer leur produit à celui de l'Inde anglaise, car il est probable qu'en agissant comme il a été dit plus haut, leurs prix de revient ne seraient pas supérieurs à ceux de l'Inde.

Les essais de culture de *ramie* faits au jardin d'Hanoï doivent également encourager les colons français à tenter la culture de cette plante, mais à la condition de procéder très économiquement, car la vente ne serait rien moins qu'assurée. La quantité de ramie importée en France est très faible. En 1893, il n'en a été importé que 222.000 kilogrammes et ce produit est exempt de droits de douane.

L'abaca réussit très bien dans le jardin d'essai d'Hanoï. Comme la ramie et le jute, il devra être cultivé dans les terrains humides et riches en humus. Il est bon à couper au bout de dix-huit mois, au moment de la floraison. Ses fibres sont de plus en plus recherchées pour la fabrication des cordages employés par la marine. En raison de leur imputrescibilité dans l'eau et de leur force de résistance, on leur donne aujourd'hui la préférence pour les usages maritimes sur les fibres de chanvre. La colonie espagnole de Manille produit une grande quantité d'abaca; il n'est pas impossible au Tonkin de lui faire concurrence. La culture de l'abaca devra être recommandée aux colons européens.

Beaucoup d'autres cultures, par exemple celle du badianier qui produit l'anis étoilé et que les Muongs cultivent déjà près de Langson, celle des arbres à vernis et à laque, du cannelier, de l'*aleurites triloba* qui produit une huile excellente pour les machines, du rocou, de l'indigo, de la vigne, des arbres fruitiers d'Europe, du blé, de l'orge et de l'avoine auxquels le Caï-Kinh et les vallées du nord du Tonkin paraissent devoir très bien convenir, etc., pourront être tentées avec profit par les agriculteurs européens de l'Indo-Chine. La vigne a été essayée avec succès, près de Dapeau, par M. Gavanon.

Je me suis borné à signaler les principales cultures et celles qui me paraissent le plus propres à donner des bénéfices immédiats. Ainsi que je l'ai dit plus haut, toutes ces cultures ne doivent, à mon avis, être abordées que lorsque les colons se seront assurés des revenus réguliers par le riz et l'élevage des bœufs, des porcs, des volailles, etc., c'est-à-dire par des entreprises agricoles ne demandant que de faibles capitaux, ayant à leur disposition une main-d'œuvre inépuisable et expérimentée et donnant des résultats dès la première année.

Le système le plus économique et le plus sûr à employer, aussi bien pour les cultures fondamentales que pour celles des plantes industrielles, me paraît être le métayage avec les paysans annamites, dans les conditions exposées plus haut en parlant de l'exploitation agricole de M. Thomé. Le paysan annamite ressemble beaucoup au paysan français : autant il est ardent au travail quand il sait qu'il en tirera un profit proportionné à la peine qu'il se donne, autant il est peu zélé quand il ne doit retirer de son labeur qu'un salaire fixé d'avance. Le travail à la tâche pour les ouvriers et le partage des produits du sol pour les agriculteurs sont, sans contredit, en Annam comme en France, les meilleurs moyens d'obtenir le maximum de produit du travail des ouvriers ou des paysans. Le système du métayage offre encore l'avantage énorme de diminuer dans de très fortes proportions les frais généraux et de surveillance des colons européens, frais qui sont beaucoup plus élevés aux colonies qu'en France.

Moyens de développer l'agriculture.

Par quels moyens l'administration peut-elle et doit-elle encourager la création et le développement des entreprises agricoles européennes en Indo-Chine ? Qu'a-t-on fait déjà dans cette direction ?

Le premier devoir de l'administration doit être de

se montrer aussi généreuse que possible dans la concession des terres aux Français. Mais elle doit avoir soin de proportionner l'étendue des concessions à l'importance des capitaux dont les colons disposent. Ces derniers demandent toujours beaucoup plus de terres qu'ils ne peuvent en mettre en valeur, dans l'espoir qu'ils pourront en vendre tôt ou tard une partie à de nouveaux arrivants. L'administration doit d'autant plus résister à ces demandes que les espérances des concessionnaires sont presque toujours déçues. J'en pourrais citer de nombreux exemples soit au Tonkin, en Cochinchine et au Cambodge, soit dans d'autres colonies. L'administration doit aussi, particulièrement dans les deltas de l'Annam, de la Cochinchine, du Tonkin et au Cambodge, tenir rigoureusement la main à ce que les concessions de terres ne lèsent pas les intérêts des habitants. Au Tonkin, beaucoup de terres en apparence dépourvues de propriétaires n'ont été que délaissées par ces derniers, depuis un nombre d'années plus ou moins grand, à cause du manque de sécurité. Dès que celle-ci se rétablit, les villages réoccupent leurs anciens domaines et se plaignent, non sans raison, s'ils se voient dépossédés de biens auxquels ils n'ont, en réalité, jamais renoncé.

Si l'on veut que le colon français ne risque pas d'être ultérieurement menacé dans ses intérêts et dans la libre jouissance de sa concession, il faut que celle-ci soit acceptée par les populations. Il faut aussi que l'administration tienne la main à ce que les colons se comportent équitablement à l'égard des indigènes qu'ils font travailler. Certains colons ont une forte tendance à croire que leur race suffit à leur donner de l'autorité sur les indigènes; ils maltraitent ces derniers, tiennent mal leurs engagements ou bien se font justice eux-mêmes s'ils se croient lésés d'une manière quelconque. Cette manière de procéder suffirait pour empêcher la réussite de l'entreprise agricole la mieux organisée et la plus riche. C'est à l'administration qu'il appartient de veiller à ce que les indigènes ne soient l'objet d'aucune injustice, d'aucun mauvais traitement.

Mais elle doit, en revanche, assurer aux colons une protection aussi étendue et aussi efficace que possible. Elle doit intervenir, s'il en est besoin, auprès des autorités indigènes, pour faciliter le recrutement des travailleurs, l'organisation des villages, la construction des chemins de servitude, des petits canaux d'irrigation, etc. Les Annamites ont été si souvent violentés et malmenés par certains colons ou fonctionnaires et officiers qu'ils sont toujours effrayés quand on leur demande une corvée quelconque. C'est à l'administration de dissiper leurs inquiétudes et de veiller à ce que leur travail soit toujours convenablement rémunéré. La confiance qu'elle aura fait naître ainsi dans l'esprit des populations sera la meilleure et la plus utile collaboratrice des agriculteurs français.

L'administration pourra et devra aider ces derniers en achetant leurs produits toutes les fois que cela sera possible, de préférence à ceux des Annamites et surtout des Chinois. En agissant de la sorte, les administrations locales pourront, peut-être, se faire accuser de violer quelques règles financières transportées à tort de la métropole dans les colonies auxquelles ceux qui les ont établies ne pensaient même pas; mais elles trouveront leur justification, aux yeux de tous les hommes éclairés et patriotes, dans les services rendus aux colons.

Ces principes paraîtront peut-être subversifs aux administrateurs qui croient avoir satisfait à tous leurs devoirs en faisant très méthodiquement les adjudications traditionnelles; ils ont, j'en suis certain, l'approbation de tous ceux qui savent quelle somme énorme de travail, d'efforts incessants, de patience et d'audace, nos compatriotes sont obligés de déployer pour mener à bien leurs entreprises. Je n'entends pas dire, d'ailleurs, que l'administration doive sacrifier ses propres intérêts au profit exclusif des colons; s'il faut que sa protection soit très large, il faut aussi qu'elle soit prudente et raisonnable; si elle a le devoir d'acheter les produits de l'agriculture française de préférence à tous autres, il ne faut pas qu'elle les paie au delà de leur valeur réelle. Le colon trop exigeant n'aurait pas à se plaindre si, pour vaincre ses prétentions, l'administration faisait appel à des concurrents chinois ou annamites.

Enfin, le devoir de l'administration est de faire elle-même les frais des premiers essais des diverses cultures et de l'élevage des animaux : les haras pour le croisement des races du pays avec celles destinées à leur amélioration; les champs d'essai pour la culture des diverses plantes industrielles ou autres dont l'introduction en Indo-Chine demande des tâtonnements prolongés et coûteux; les études sur la composition chimique des terrains afin de déterminer les engrais les plus convenables à chaque champ et à chaque plante ; toutes ces dépenses sont trop improductives pour qu'il soit raisonnable d'en laisser la charge aux colons; on s'exposerait à ce qu'elles ne fussent jamais faites, au grand détriment de la colonie.

L'administration devra seconder encore les colons dans leurs entreprises, en mettant à leur disposition, soit gratuitement, soit à des prix aussi réduits que possible, les graines, plantes, boutures, etc., de ses champs d'essai.

Enfin, il lui appartient d'encourager les efforts des colons par des récompenses et des primes accordées aux meilleurs produits et par une législation protectrice, pour laquelle on devra demander aussi le concours de la métropole.

Je suis heureux de pouvoir dire qu'à toutes les époques, les administrations locales de l'Indo-Chine se sont vivement préoccupées de favoriser les entreprises agricoles des colons français. Partout les concessions de terres ont été données avec une grande libéralité, parfois même avec une libéralité excessive, en ce sens qu'on ne se préoccupait pas assez de savoir si les concessionnaires avaient des capitaux pour la mise en valeur des terrains qui leur étaient donnés. La plupart des concessions de terre accordées en Cochinchine depuis trente ans sont, pour ce motif, restées improductives ; il en a été de même du Cambodge. Au Tonkin, un certain nombre des premières concessions ont eu le même résultat négatif. Depuis quelques années les choses se passent autrement : la majeure partie des terres concédées est en voie d'exploitation. Les concessions ne sont données d'ailleurs qu'à titre provisoire ; c'est seulement après cinq années d'exploitation qu'elles peuvent devenir définitives.

Afin d'éviter les conflits entre les concessionnaires et les villages, l'administration a toujours soin de faire précéder les concessions d'une enquête destinée à bien établir que les terres à concéder n'ont pas d'ayant droit; puis la délimitation est faite par l'administration française, assistée des autorités annamites.

J'ai fait à Lam, avec M. Thomé, une expérience intéressante. La concession qui lui a été accordée se trouve en territoire militaire, loin de toute administration civile et dans une vaste plaine mamelonnée qui avait été abandonnée depuis longtemps, en raison de l'insécurité. Les villages muongs et annamites qui vinrent s'y établir, à la demande de notre compatriote, se trouvaient en dehors de toute circonscription administrative. Le colonel Galliéni, commandant du territoire, me proposa d'investir M. Thomé d'une sorte de pouvoir administratif sur tous les indigènes de sa concession. Cela faciliterait la police, la création des voies de communication, etc. Comme le caractère très bienveillant de M. Thomé se prêtait à l'expérience, je l'autorisai. Nous n'avons eu qu'à nous en louer. Ce coin de terre s'administre et fait sa police sans aucune intervention des autorités françaises ou annamites. Il y a quelque temps, des malfaiteurs essayèrent de traverser la plaine, ils furent arrêtés par les habitants.

Dans le but de favoriser les entreprises agricoles de nos compatriotes, l'administration a passé des marchés avec divers agriculteurs pour la fourniture de foin et de paddy récoltés sur leurs propriétés, et pour celle de la viande de boucherie consommée par les troupes. Je n'ignore pas que certaines personnes ont voulu voir, dans la protection ainsi accordée, un simple acte de favoritisme. Ces personnes étant avant tout les porte-paroles de quelques Chinois accoutumés aux bienfaits des adjudications publiques, je me console aisément de leurs attaques en pensant que les chefs de service qui ont passé les marchés et moi-même qui les ai approuvés, nous avons contribué au développement d'entreprises françaises, dans une colonie française.

L'administration a déjà fait des sacrifices importants pour les essais de culture des plantes susceptibles d'être introduites en Indo-Chine. Le jardin de Hanoï a été fort bien organisé dès le premier jour dans cette direction. Au lieu d'en faire un simple jardin d'agrément, on l'a constitué en véritable champ d'essai où le coton, la ramie, le jute, l'arrow-root, le café, le cunao, l'abaca, etc., sont cultivés en assez grande quantité pour permettre d'aboutir à des conclusions rationnelles. Les graines, plants, boutures, rhizomes, etc., distribués par le jardin d'essai pendant ces dernières années sont représentés par des chiffres très importants. De décembre 1892 à novembre 1893, il a été livré au public plus de 120.000 plantes industrielles, 42.000 plantes potagères, 216 kilogrammes de pommes de terre pour semences, etc. En 1894, le jardin a livré plus de 150.000 plants de caféiers, 12.000 abacas, 100.000 boutures de manioc, 30.000 plants de ramie, 300.000 plants de mûrier de France, de Chine et du Japon, 120.000 tubercules d'arrow-root que les Annamites recherchent beaucoup, 600 kilogrammes de graines de jute, etc.

L'administration a pris déjà diverses mesures en

vue de l'amélioration des races chevaline et bovine. Par les soins de M. Lepinte, vétérinaire, et aux frais du protectorat, il a été constitué à Hanoï un haras qui compte actuellement seize étalons français et une jumenterie contenant treize juments de France. Les races de la Bretagne et du sud-ouest de la France sont celles qui paraissent devoir supporter le mieux le climat du Tonkin et se prêter dans les meilleures conditions au croisement avec la race indigène. Celle-ci est élégante de formes, sobre, résistante à la fatigue, mais trop petite ; les chevaux dépassant 1^m,20 sont rares.

Afin d'encourager les colons européens et les indigènes à l'élevage des chevaux, j'ai pris, le 15 février 1892, un arrêté accordant des primes à tous les indigènes qui font saillir leurs juments par les étalons du protectorat et à tous les éleveurs qui établissent des jumenteries dans les conditions déterminées par une commission spéciale. Pour éviter les abus, aucune avance n'est faite aux éleveurs ; ils ne touchent les primes que quand ils font la preuve des résultats acquis. Trois ou quatre colons français se trouvent actuellement dans ces conditions.

Nous nous sommes également préoccupés de l'amélioration de la race bovine. Quelques vaches françaises de race bretonne ont déjà été transportées au Tonkin ; d'autres ont été demandées. Nous nous adressons plutôt aux vaches de France qu'aux taureaux, parce que les taureaux du pays sont assez beaux et surtout parce que le seul défaut sérieux des vaches tonkinoises est de ne donner que des quantités insignifiantes de lait, à peine un litre par jour. On espère qu'en croisant de bonnes vaches laitières de France avec les taureaux du pays, on remédiera à ce défaut.

Quelques expériences déjà faites permettent de croire qu'il sera possible d'arriver au même résultat avec la race annamite seule, en la traitant et la nourrissant mieux, et en ayant soin de traire les vaches, ce que les Annamites ne font pas, car ils ne boivent pas de lait. Un de nos colons les plus laborieux, M. Gobert, affirme qu'il obtient couramment, deux et trois litres de lait de vaches annamites qu'il soigne et trait régulièrement et qui, au début, ne donnaient qu'un demi-litre. En Algérie, on a obtenu, par simple sélection, un perfectionnement très grand de la race indigène, tant au point de vue de la production du lait qu'à celui de la viande. Au Tonkin, le châtrement des taureaux détermine une augmentation assez considérable de la taille et du poids, pour qu'il ne soit pas nécessaire de se préoccuper des croisements au point de vue de la viande de boucherie. Si les vaches peuvent être rendues laitières par les soins et la sélection, le problème de l'amélioration de la race bovine sera très aisément résolu, car les bœufs du Tonkin et de l'Annam sont déjà assez nombreux pour satisfaire aux besoins de tous les Européens; les Annamites s'adonnent volontiers à l'élevage de ces animaux. Néanmoins, je suis d'avis d'encourager autant que possible les expériences du croisement de la race bovine indigène avec les races françaises ; je vois avec plaisir nos colons entrer dans cette voie.

L'amélioration de la race porcine est également digne d'attirer l'attention de l'administration. La viande de porc est celle que les Annamites et les

Chinois consomment le plus volontiers. Or, la Chine est loin de suffire à ses besoins. Elle achète au Tonkin, en Annam et en Cochinchine, une grande quantité de porcs. Il se fait même entre certains ports de la Chine et les nôtres un trafic assez singulier. Les jonques chinoises d'Haïnan apportent en Indo-Chine une grande quantité de jeunes porcs que les Annamites élèvent et revendent aux Chinois lorsqu'ils sont bons à tuer. La Cochinchine, l'Annam et le Tonkin exportent chaque année des milliers de porcs à Hong-Kong, à Singapore et à Haïnan. Ces animaux sont de petite taille et de qualité inférieure ; il faudrait les améliorer par la sélection et par le croisement avec les races de France, ou même avec celles du Quang-Si, du Quang-Tong et du Yunnan qui sont beaucoup plus belles que la race tonkinoise.

Les moutons paraissent devoir bien venir dans les régions mamelonnées du Tonkin qui entourent le Delta et où il sera relativement aisé de leur aménager des pâturages convenables. Pendant ces dernières années, des brebis de France et du Yunnan, à grosse queue et à queue mince, ont déjà donné sur place des agneaux qui eux-mêmes se sont reproduits. Les expériences faites, soit dans la citadelle de Hanoï par M. Lepinte, soit près de Hanoï par les frères Grobert, à Késo par les frères Guillaume, ont déjà donné d'excellents résultats. L'élevage du mouton pourrait être encouragé par l'administration militaire à l'aide d'achats pour la troupe, des moutons élevés par nos compatriotes.

Les concours agricoles sont un moyen excellent à employer pour encourager le développement de l'agriculture, au Tonkin. La Société d'agriculture en avait organisé un à Hanoï, à la fin de décembre 1894. La réussite a dépassé toutes les espérances.

Grâce à tous ces encouragements, les entreprises agricoles des colons français sont aujourd'hui en bonne voie de développement. Plusieurs de nos compatriotes en tirent des bénéfices suffisants pour être résolus à étendre leurs cultures ; le Tonkin offre cet immense avantage que l'Européen y peut travailler la terre sans inconvénient pendant la majeure partie de l'année. En effet, voici ce que je lis dans une note qui m'a été remise par M. Gobert :

« Depuis huit ans que je suis au Tonkin, j'ai pu me rendre compte que l'Européen est capable de travailler la terre ; j'ai des employés européens occupés à ma ferme, qui de septembre à fin avril, c'est-à-dire pendant huit mois de l'année, ont labouré, hersé, etc., fait tous les travaux des champs comme en France, sans en être incommodés ; ils sont, au contraire, en très bonne santé et trouvent qu'ils se portent mieux que quand ils étaient soldats. De mai à septembre, ils ont travaillé dans les champs de 5 à 8 heures du matin, sans avoir à souffrir de la chaleur. »

CHAPITRE VII

SITUATION DE L'INDUSTRIE INDIGÈNE ET EUROPÉENNE EN INDO-CHINE AU COMMENCEMENT DE 1895 ET MOYENS DE LA DÉVELOPPER.

Les Annamites et les Chinois sont tellement en arrière de l'Europe au point de vue industriel que nous avons une tendance naturelle à les considérer presque comme des barbares. Ils ne méritent cependant à aucun titre d'être traités de la sorte. Non seulement ils sont dotés d'une instruction élémentaire répandue même parmi les classes inférieures, mais encore leur esprit est ouvert, par la philosophie très large qu'on leur enseigne, à toutes les idées de progrès et à toutes les productions de la civilisation la plus raffinée et de l'industrie la plus avancée. L'Annamite ne ressemble nullement à l'Arabe qui passe insouciant et dédaigneux devant les plus belles productions de nos arts et de nos industries ; il s'arrête, au contraire, curieux et attentif, devant toutes les manifestations de notre intelligence et de notre travail et il apporte toujours dans cet examen non seulement le désir de comprendre ce qui lui est inconnu mais encore la volonté d'imiter ce qu'il voit. Il est, d'autre part, doué d'une adresse naturelle très grande, d'une patience à toute épreuve et d'une docilité qui permet de le mettre à toutes les besognes.

On ne doit pas être étonné qu'avec ces qualités intellectuelles et physiques, les Chinois et les Annamites aient abordé presque tous les arts et toutes les industries. Il y a parmi eux des dessinateurs, des coloristes, des peintres même, des sculpteurs, des graveurs, des ciseleurs, des incrusteurs, des brodeurs, des architectes, des fondeurs et des ajusteurs, des bijoutiers, des tisseurs, des laqueurs, des maçons, des charpentiers, des couvreurs, des porcelainiers, des potiers, des briquetiers, etc. Cependant les arts et les industries ne sont que peu développés, malgré l'habilité des ouvriers et le bon goût des populations. Cela tient à ce que la richesse faisant entièrement défaut, les consommateurs ne sont pas assez nombreux pour provoquer le développement de la production. Mais tout Européen qui désire perfectionner une industrie locale, ou bien en créer une nouvelle, est assuré de trouver autant d'ouvriers qu'il en aura besoin et ne doit avoir aucune inquiétude sur les résultats de l'enseignement technique qu'il faudra leur donner.

A l'heure actuelle, l'Annam et le Tonkin produisent eux-mêmes, avec la main-d'œuvre annamite, la majeure partie des objets employés ou utilisés pour le logement, l'ameublement, le vêtement, l'alimentation, etc., des indigènes de toutes les classes. Les habitations de presque toutes les personnes aisées sont construites en briques et couvertes en tuiles fabriquées dans le pays, presque toujours de qualité excellente, souvent vernies et ornementées de dessins en relief ou en creux. Les pilastres des portes des jardins, les façades des maisons, les arêtes des toits sont fréquemment ornés de moulures et de peintures pour lesquelles les ouvriers ne font jamais défaut. Les parties des poutres faisant saillie en dehors, les chambranles des portes ou les portes elles-mêmes, parfois toutes les boiseries des maisons sont sculptées en plein bois avec une habileté non discutable. Les Annamites travaillent habilement la pierre et le marbre qu'ils taillent et sculptent avec art. Ils fabriquent, sur tous les points du pays, une chaux excellente, soit avec des coquillages, soit avec des madrépores ou des pierres calcaires.

Les seuls emprunts faits à la Chine, dans la construction des maisons, consistent en ces dragons en poterie vernissée qu'on place au-dessus des pagodes et de certaines habitations. Autrefois même on fabriquait de ces poteries dans l'Annam ; on en fait encore dans quelques villages de la Cochinchine, mais les ouvriers sont presque tous Chinois. Il serait facile de leur substituer des Annamites.

L'ameublement des maisons annamites les plus aisées est toujours de fabrication locale et porte le cachet indiscutable de son origine, non seulement dans les formes que les meubles revêtent, mais encore dans la façon dont les joints sont faits, sans clous ni chevilles, par de simples ajustements d'espèces diverses. Les sculptures en plein bois ou à jour et les incrustations de nacre sont les ornements habituels de ces meubles dont quelques-uns sont très beaux. Les maisons aisées sont aussi, presque toujours, ornées de dessins coloriés, de bibelots, de broderies sur laine ou soie, faits sur place et dont beaucoup seraient considérés comme fort jolis dans tous les pays du monde. Autrefois, on trouvait dans ces maisons des tasses, des jardinières, des vases émaillés sur cuivre d'une réelle beauté. Cet art est aujourd'hui à peu près perdu en Annam; les objets émaillés qu'on y voit viennent de Canton, mais on fabrique encore dans le pays les brûle-parfums, les chandeliers, les vases en cuivre ou en bronze qui ornent les autels des ancêtres; ils sont fréquemment d'un très joli modèle et d'une bonne exécution. Ce sont également des fondeurs annamites qui fabriquent les cloches et clochettes, les gongs et les tam-tams des pagodes. Les parasols en papier huilé, peints et vernis, les palanquins, les insignes de l'autorité, en bois laqué et doré, les éventails en plumes, les lances aux formes bizarres, les sabres à fourreaux ciselés et à poignées sculptées, etc., qui figurent dans les cérémonies publiques et dont se servent les mandarins sont aussi de fabrication annamite.

Les nattes, stores, portières en jonc ou en bambou qui ornent la plupart des maisons sont fabriqués dans le pays et peuvent rivaliser avec les mêmes objets d'origine chinoise.

Les poteries, faïences et porcelaines consacrées aux usages domestiques sont, en majeure partie, chinoises. Cependant, on fabrique dans l'Annam et au Tonkin les poteries grossières, en terre rouge, qui servent aux usages les plus vulgaires; en Cochinchine, il existe plusieurs fabriques de ces grands pots vernis, à couvercles, dans lesquels les indigènes conservent l'eau, l'huile, le nuoc-mam, etc. On fabrique même quelques porcelaines avec le kaolin du Tonkin, mais il est manifeste que cette industrie est plutôt en décadence qu'en progrès.

Les objets en verre viennent de la Chine, et surtout de l'Europe. Les Annamites paraissent n'avoir jamais su fabriquer le verre; les Chinois eux-mêmes ne connaissent cette industrie que depuis peu de temps.

Dans quelques provinces de l'Annam, on fabrique avec les minerais du pays des ustensiles de ménage, en fer ou en cuivre, à l'usage des habitants des montagnes.

Les vêtements en coton que portent les Annamites sont en majeure partie tissés en Europe, à Bombay ou en Chine. Cependant, on importe au Tonkin une grande quantité de filés de coton qui sont tissés sur place, à l'aide de métiers très simples; on les teint avec le cunao, l'indigo, etc.

Les Annamites savent également filer et tisser la soie. Leurs procédés sont trop primitifs pour donner des fils ou des tissus comparables à ceux de l'Europe; quelques crépons, cependant, tissés dans l'Annam central, sont très estimables et témoignent de ce que pourraient faire les ouvriers indigènes sous la direction de nos industriels.

Les bracelets, colliers, bagues, boucles d'oreilles en argent ou en or que portent les femmes annamites sont fabriqués par des bijoutiers indigènes; les modèles sont peu variés, mais la main-d'œuvre est assez habile. Il y a des bijoutiers annamites dans toutes les localités un peu importantes. On commence à y trouver aussi quelques horlogers qui réparent les montres et pendules très appréciées par les indigènes.

Les sandales et souliers que portent toutes les personnes aisées sont fabriqués en majeure partie sur place; une portion vient de Chine.

Les Annamites préparent eux-mêmes la plupart des produits qui entrent dans leur alimentation. Ils fabriquent, sur les côtes de la Cochinchine, de l'Annam et du Tonkin, une quantité de sel assez considérable pour qu'une partie puisse être exportée en Chine. Ils préparent les poissons salés et le nuoc-mam, liquide produit par la fermentation des poissons dans l'eau salée ; ils font, avec des fruits et des légumes, des conserves salées et vinaigrées, employées comme condiments ; ils préparent aussi des conserves de porc et de volaille à l'instar des Chinois. Toute l'eau-de-vie de riz consommée dans le pays est fabriquée par les Annamites à l'aide de procédés et d'appareils d'une grande simplicité. On pourrait presque dire que tout Annamite est bouilleur de cru. Ils font avec la canne à sucre une cassonade et des mélasses qu'ils consomment en assez grande quantité. Ils préparent encore une partie des huiles végétales employées dans l'alimentation (sésame, arachide) ou pour l'éclairage. Ces dernières (huile de coco, de ricin, de calopyllum, etc.) sont de plus en plus remplacées par le pétrole dont l'importation augmente avec une très grande rapidité. Les lampes dans lesquelles on le brûle sont en partie d'origine européenne ou chinoise, en partie de fabrication indigène. Les ferblantiers d'Hanoï en font une grande quantité avec les vieilles boîtes de conserves.

La fabrication du papier, des pétards, des feux d'artifice n'est pas non plus inconnue des Annamites qui, en résumé, ne sont étrangers à aucune industrie européenne, mais ne s'y livrent qu'avec des moyens très primitifs et dans des proportions limitées par la pauvreté des habitants.

Il existe déjà dans l'Indo-Chine plusieurs industries européennes importantes.

Au Tonkin, les *mines de houille* de Hongay et de Kébao entrent dans la période de production commerciale. Depuis plus d'un an, les houillères de Hongay exportent à Hong-Kong 10.000 à 12.000 tonnes de combustible par mois. L'extraction a lieu sur deux points seulement de ce très riche bassin : à Nagotna, en galeries desservies par un puits de 140 mètres de profondeur et à Hatou, dans une mine exploitée à ciel ouvert. Ces deux centres sont reliés à Hongay, où se font les opérations de criblage et d'embarquement, par des voies ferrées ayant la première 5 kilomètres et la seconde 10 kilomètres de longueur. Le puits de Nagotna peut donner au minimum 300 tonnes de charbon par jour ou 90.000 tonnes par an. La mine de Hatou, actuellement exploitée, est formée d'une couche principale de 50 mètres d'épaisseur, attaquée simultanément par les deux extrémités qui affleurent à la surface du sol. On estime à 4 millions de tonnes la contenance en charbon de cette seule couche; la masse dont elle fait partie s'étend sur une longueur de 24 kilomètres. La production de ces mines peut donc être doublée ou triplée du jour au lendemain par la seule adjonction d'ouvriers nouveaux.

La houille extraite de Nagotna et de Hatou est transportée en chemin de fer jusqu'aux ateliers de criblage et aux appontements de Hongay où l'embarquement est fait à l'aide de deux très fortes grues hydrauliques. Le personnel européen de Hongay se compose d'une cinquantaine de personnes, ingénieurs, contremaîtres, maîtres mineurs et mécaniciens. Les ouvriers mineurs sont presque en totalité des Annamites ; la société en trouve autant qu'elle en a besoin. La vente du « gros » est assurée à Hong-Kong, à 7 piastres 50 en tout temps ; la quantité extraite ne suffit même pas aux demandes. Quant au « menu » qui est extrait dans la proportion de 65 à 70 p. 100, il est vendu, en partie, tel quel, au prix de 3 piastres à 3 piastres 50, à des industriels de Hong-Kong et de Canton. Pour utiliser le surplus, la société a construit à Kaw-Loon, sur les bords de la rade de Hong-Kong et en face de la ville, une usine à agglomérés qui fabrique journellement 200 tonnes de briquettes. Cette production est insuffisante ; aussi la société a-t-elle l'intention de doubler l'usine de Kaw-Loon et d'en créer une autre à Hongay.

Les briquettes fabriquées par l'usine de Kaw-Loon ont d'abord été de qualité assez médiocre ; elles manquaient de cohésion, soit par suite d'un vice de fabrication, soit parce qu'elles ne contenaient qu'une quantité insuffisante de brai. Elles offrent aujourd'hui des qualités qui les placent à côté des meilleurs produits analogues de la France et de la Belgique ; leur vente est assurée à Hong-Kong.

Les mines de Kébao entrent dans la période commerciale. La Société a dépensé, depuis la fin de 1891, 6 millions de francs à la création d'un outillage qui est complet aujourd'hui. Le puits auquel elle a bien voulu me faire l'honneur de donner mon nom et les galeries de son centre principal d'extraction sont prêts et permettent de travailler à l'exploitation aussi activement qu'il est nécessaire. Les galeries du second centre, celui de Caï-Day, sont également prêtes.

Le chemin de fer de 13 kilomètres destiné à transporter les charbons de ces deux centres à Port-Wallut est achevé; le quai d'accostage est construit, les plus forts cargo-boats y peuvent aborder en tout temps. Les ateliers de criblage et l'usine d'agglomérés sont terminés. L'usine peut fabriquer 300 tonnes de briquettes par jour. Le directeur a déjà passé des marchés importants à Hong-Kong et à Singapore et avec les services publics de l'Indo-Chine. Il pense pouvoir livrer sans peine, chaque mois, de 10 à 12.000 tonnes de charbon, dès à présent.

Il n'y a donc plus à discuter, comme on le fait depuis si longtemps, la question de savoir si les charbons du Tonkin sont utilisables. Le gros trouve un emploi tel quel dans toutes les machines maritimes ou terrestres. Le menu transformé en briquettes produit un combustible excellent. Quant à la vente, elle est assurée non seulement au Tonkin où les services publics (marine, douane, service local) et les particuliers ne consomment plus que du charbon du pays, mais encore sur le marché de Hong-Kong qui est l'un des plus importants du monde.

On a dépensé dans les mines de Nongson, près de Tourane, environ 1 million et demi de francs en travaux préparatoires que le service technique déclare avoir été très bien conduits, mais la Société a dû s'arrêter en raison du manque de capitaux.

M. Marty a dépensé près de Yenbay, sur les bords du fleuve Rouge, quelques centaines de mille francs pour l'extraction d'une houille qui paraît bien plus grasse que celles de Kébao et de Hongay. Les travaux continuent avec activité.

Les mines du Tonkin ont été soumises par un

décret du 16 octobre 1888 à un régime tout à fait défectueux et dont j'ai réclamé la modification dès 1892. Quand j'ai soulevé la question, les mines de Kébao avaient à payer : 1° un droit fixe de 75 centimes par tonne de houille extraite; 2° un droit de sortie de 3 p. 100 *ad valorem* par tonne de houille exportée; 3° un droit de statistique de 10 centimes par tonne exportée; ces droits représentaient ensemble 10 p. 100 environ de la valeur du produit.

Les charges fiscales imposées aux mines d'Hongay étaient plus lourdes encore. Indépendamment du droit de concession de 150.000 francs payé par la Société avant d'entrer en possession, elle était soumise aux redevances annuelles suivantes : 1° pour le lot de Hongay, 1 piastre 25 cents sur les premières 100.000 tonnes extraites, 1 piastre 50 cents pour les 100.000 suivantes et 1 piastre 75 cents par tonne au delà de 200.000 ; 2° pour le lot de Hatou, 1 franc pour les premières 100.000 tonnes, 1 fr. 25 pour les 100.000 suivantes et 1 fr. 50 au delà de 200.000. La redevance ne devait jamais être inférieure à 60.000 francs pour l'ensemble. Les mines de Hongay étaient soumises, en outre, comme toutes les autres mines, au droit de sortie de 3 p. 100 *ad valorem* et au droit de statistique de 10 centimes par tonne de houille exportée.

En 1893, le Gouvernement décida, sur la demande des intéressés appuyée par moi, que les mines de Hongay et de Kébao seraient, à partir du 1ᵉʳ avril 1893, exemptées de tous ces droits, auxquels serait substituée une taxe unique de 50 centimes par tonne de houille extraite, transformée ou non.

Les mines dont je viens de parler avaient été concédées avant le décret du 16 octobre 1888. Celles qui sont régies par ce décret, quoique moins lourdement chargées, le sont encore trop. Les taxes qu'elles ont à payer sont de deux sortes : taxes de concession et d'exploitation. Tout concessionnaire doit payer au Protectorat, dès le jour de sa mise en possession et sous peine de déchéance après un seul semestre impayé, une redevance annuelle de 10 francs par hectare de superficie pour les mines de combustible. Comme les périmètres des mines sont nécessairement très étendus, le concessionnaire est frappé dès le premier jour d'une charge destinée à peser sur lui d'autant plus lourdement qu'il devra attendre pendant plusieurs années le jour où sa mine donnera des bénéfices. Une concession de 4.000 hectares, par exemple, coûtera 40.000 francs par an, ce qui représente, à 5 p. 100, un capital de 800.000 francs. On espérait que la taxe dont je parle rapporterait gros au Protectorat, elle n'a pas mis un centime dans ses caisses; elle n'a pas eu d'autre effet que d'arrêter les demandes de concession.

Le droit de sortie de 3 p. 100 *ad valorem* sur toute la houille exportée, augmenté du droit de statistique de 10 centimes, est également considéré par toutes les personnes compétentes comme trop élevé.

En 1893, j'ai soumis au département un projet de décret préparé dans des conditions telles qu'il aurait dû être aisément accepté. Il avait été rédigé dans des conférences auxquelles prirent part les directeurs des deux exploitations houillères du Tonkin, le résident supérieur et l'ingénieur conseil du gouvernement, etc. Ce projet supprime toutes les taxes établies soit par le décret du 16 octobre 1888, soit par les contrats antérieurs au décret de 1888, ainsi que la taxe de 50 centimes établie en avril 1893, et les remplace par un droit unique de 25 centimes sur toute tonne de houille transformée ou non, sortant des limites de la concession. La même disposition est proposée pour les minerais de fer. Pour les mines d'alluvion et d'autres minéraux, le projet propose une taxe par hectare dont les mines seront exemptes, pendant les deux premières années et dont elles pourront être dispensées si l'administration le juge utile pendant les trois années suivantes.

En second lieu, dans le but de faciliter la demande et l'obtention des concessions minières et la constitution des capitaux nécessaires à leur exploitation, le projet supprime la taxe annuelle de 10 francs par hectare établie par le décret du 16 octobre 1888. Mais, afin d'empêcher que les concessions soient demandées par des gens incapables de les utiliser, nous avons conservé l'article 25 du décret de 1888 qui impose au demandeur l'obligation de verser, une fois pour toutes, en déposant sa demande, un droit fixe, calculé à raison de 20 francs par hectare pour les mines de combustible, 40 francs pour celles d'alluvion et 30 francs pour les autres.

Dans les deux premières années à partir de l'acte de concession, les mines de combustible ne seront soumises à aucune redevance. Pendant les troisième, quatrième et cinquième années, il sera payé 25 centimes par tonne de combustible extraite. A partir de la sixième année, la production devra atteindre un minimum de 100.000 tonnes par an ou payer la redevance de 25 centimes comme si un minimum de 100.000 tonnes sortait de la concession.

Pour atteindre le même but, les mines d'alluvion et de minéraux divers sont soumises, comme il a été dit plus haut, à une redevance annuelle par hectare, toujours exigible à partir de la sixième année et assez élevée pour que les propriétaires qui ne les exploiteraient pas aient intérêt à y renoncer.

En exemptant les mines de toute redevance pendant les premières années, nous nous étions proposés d'alléger, dans la mesure du possible, les difficultés du début. Au moment où les concessionnaires courent les nombreux risques d'une entreprise grevée de dépenses d'installation improductives, il était assurément maladroit d'exiger de lourdes redevances. On mettait ainsi une nouvelle entrave au développement de l'industrie.

Deux années sont le minimum de temps nécessaire pour qu'une mine, surtout de houille, puisse être mise en état d'être exploitée, en admettant, bien entendu, que les capitaux étaient réunis par avance et que les travaux d'installation ont pu être commencés aussitôt après la signature de l'acte de concession. Mais il est impossible que la période commerciale commence au bout de deux ans. On peut assurer qu'il faut pour cela de quatre à cinq années bien employées, pendant lesquelles les capitaux n'auront fait défaut à aucun moment.

Mais à partir de la sixième année toute mine, de quelque nature qu'elle soit, doit être en pleine production, si elle vaut réellement la peine d'être exploitée et si les concessionnaires ont l'argent ou la capacité nécessaires. A partir de ce moment, nous pouvons sans injustice exiger d'elle qu'elle rende un minimum de 100.000 tonnes par an ou tout au moins qu'elle paie l'impôt pour 100.000 tonnes, à raison de 25 centimes par tonne, si pour une raison ou pour une autre elle se croyait intéressée à restreindre sa production.

Toute la partie du décret de 1888 relative à l'adjudication des mines disparaissait du nouveau projet. L'adjudication ne serait plus imposée en aucun cas. Les dépenses énormes exigées par la mise en exploitation des mines font reculer les demandeurs de concessions et nous n'avons plus à redouter les compétitions en vue desquelles l'adjudication avait été imaginée. Nous avons aujourd'hui plutôt à favoriser qu'à entraver les demandes sérieuses de concessions minières.

Ce projet est encore à l'étude à l'administration centrale des Colonies. Il est à souhaiter qu'il n'y reste pas trop longtemps.

Les mines de houille forment la base la plus solide de la richesse du Tonkin. Leur prospérité sera nécessairement suivie de celle de toutes les autres industries européennes; la vente de leurs produits sur les marchés de l'Extrême-Orient est déjà la preuve la plus manifeste de l'ère nouvelle dans laquelle entre le Tonkin; il ne faudrait pas que le progrès fût enrayé par la législation défectueuse dont nous avons demandé depuis plus de deux ans la modification.

Parmi les industries actuellement existantes en Indo-Chine, les unes fournissent à la France des matières premières dont elle a besoin, d'autres ne fabriquent rien qu'elle puisse utiliser mais ne risquent pas de faire concurrence aux industries métropolitaines, d'autres enfin procurent aux consommateurs de l'Indo-Chine des produits qui leur viennent aujourd'hui de l'étranger ou de la France, mais que cette dernière peut avoir la légitime prétention de leur fournir exclusivement. Il est manifeste que le gouvernement de l'Indo-Chine devra protéger très inégalement ces trois catégories d'industries.

A la première appartient sans conteste l'*industrie de la soie* annamite. La France, on le sait, est loin de produire toute la soie mise en œuvre par ses usines. En 1893, il a été importé du dehors, dans notre pays, 5.852.387 kilogrammes de soie grège et 8.126.528 kilogrammes de bourre de soie. La Chine et le Japon occupent les deux premiers rangs parmi les pays qui nous ont fourni ces soies. La Chine a importé en France, en 1893, près de 3 millions de kilogrammes de soie grège et plus de 2 millions de kilogrammes de bourre de soie. Le Japon nous a expédié pendant le cours de la même année près de 1 million de kilogrammes de soie grège et près de 2 millions de kilogrammes de bourre de soie. La Chine et le Japon réunis, c'est-à-dire, les deux pays auxquels l'Indo-Chine française peut faire le plus aisément concurrence, ont importé en France 3.710.572 kilogrammes de soie grège et 4.280.434 kilogrammes de bourre de soie. J'ajoute que la majeure partie, sinon la totalité de ces soies, a été transportée en France par des navires français.

Ces chiffres disent éloquemment par eux-mêmes tout le parti que les colons français du Tonkin peuvent retirer de l'industrie de la soie. C'est un approvisionnement total de près de 8 millions de kilogrammes pour lequel ils peuvent tenter de se substituer à la Chine et au Japon sur les marchés français, car personne aujourd'hui ne met en doute qu'il soit possible de fabriquer au Tonkin et en Annam des soies valant celles du Japon et de la Chine. On croyait, il y a quelques années, que la race des vers à soie élevés au Tonkin et le mûrier dont ils se nourrissent ne pouvaient pas donner des soies acceptables par nos marchés. Les avis sont aujourd'hui tout à fait différents. Les fabricants lyonnais admettent qu'il suffit de filer convenablement les soies indigènes du Tonkin pour obtenir un produit sinon égal à celui de beaucoup de soies de la Chine, du moins assez approchant pour atteindre en France un prix rémunérateur. Cette opinion s'est formée sur l'examen et l'emploi des soies filées à Hanoï par M. Bourgoin-Neiffre à l'aide de bassines perfectionnées. Or, M. Bourgoin-Neiffre, dont l'usine compte seulement 100 bassines, déclare que le pays pourrait, aujourd'hui même, fournir des cocons en quantité suffisante pour alimenter deux ou trois usines semblables. Les trois localités convenant le mieux pour le moment à ces filatures sont Hanoï, Bac-Ninh et Nam-Dinh; ce sont les trois points sur lesquels les Annamites se livrent le plus activement à l'élevage des vers à soie. On pourrait aussi, dès à présent, créer dans l'Annam deux filatures : l'une à Vinh et l'autre à Quinhone, avec la certitude d'avoir des cocons en quantité suffisante.

Comme encouragement, j'ai institué, par arrêté du 15 février 1894, une prime à la bassine analogue à celle qui a été accordée par la loi du 13 janvier 1892 aux filateurs français; mais en raison de la différence du prix de la main-d'œuvre, j'en ai réduit le chiffre de moitié.

J'ai dit plus haut que d'après l'opinion des gens compétents, les cocons actuels du Tonkin sont aptes à donner une soie de vente courante et d'un prix rémunérateur. Ils sont, néanmoins, de qualité très inférieure. Les cocons triés ne donnent qu'un kilogramme de soie filée pour 10 kilogrammes de cocons; il faut de 14 à 18 kilogrammes de cocons non triés pour 1 kilogramme de soie filée. Le fil n'est pas inférieur à 16 deniers tandis qu'en France il descend à 8 ou 10. Il est donc indispensable de s'occuper de l'amélioration des cocons. Pour atteindre ce but, j'avais songé à créer une prime qui serait délivrée aux éducateurs dont les cocons atteindraient une certaine qualité, au moment où l'agriculteur apporte ses cocons à la filature. J'ai été détourné de ce projet par la crainte de voir le filateur abaisser son prix d'achat dans une proportion égale au chiffre de la prime, ce qui ferait disparaître l'encouragement donné à l'éleveur. En France, la prime de 50 centimes par kilogramme de cocons accordée aux éducateurs de vers par la loi du 13 janvier 1892 est, en réalité, partagée entre ces derniers et les filateurs. Ceux-ci baissent leurs prix en raison de la prime, mais comme les éducateurs se défendent, la prime finit par être partagée entre les deux. Au Tonkin, le paysan est presque sans défense vis-à-vis de l'Européen.

Je pense qu'il faudra chercher d'autres moyens d'encourager les paysans annamites à perfectionner leur élevage. On y parviendrait à l'aide de magnaneries et de cultures modèles qui distribueraient aux indigènes, à prix aussi réduits que possible, des boutures de mûrier et des graines de vers. Mais il faudrait éviter de tomber dans la création d'un nouveau nid à fonctionnaires. Le moyen qui assurerait peut-être le mieux la réussite de cette œuvre consisterait dans une sorte d'association du protectorat avec des industriels européens qui, à côté de leurs filatures, créeraient des magnaneries modèles et des champs de mûrier encouragés pécuniairement.

La *filature et le tissage du jute* constituent encore une industrie dont le développement ne saurait inspirer aucune inquiétude à la France, car ses produits seraient consommés sur place.

L'Indo-Chine française est tributaire de l'Inde anglaise pour les quantités considérables de sacs en jute dont elle fait usage pour l'exportation de ses riz; En la dotant de filatures et de tissages de ce textile, on l'arracherait à cette dépendance et on lui donnerait une source importante de profits.

La présence de ces usines devant entraîner la culture de la plante sur une grande échelle, le surplus des récoltes pourrait être exporté en France et s'y substituer aux 60 millions de kilogrammes de filasse de jute que l'Inde anglaise importe chaque année dans notre pays, soit directement (19 millions de kilogrammes), soit par l'intermédiaire de l'Angleterre (37 millions de kilogrammes). Il en résulterait une nouvelle source de profits pour les indigènes et les colons de l'Indo-Chine et du fret pour notre navigation de l'Extrême-Orient.

Malheureusement, les usines à jute coûtent fort cher et les Français qui pourraient être tentés d'en créer en Indo-Chine, en raison de leurs connaissances spéciales, en ont déjà d'importantes en France ou dans l'Inde. Une usine de 500 métiers coûterait, dit-on, de 5 à 6 millions de francs; mais elle rendrait de grands services au pays, car elle n'emploierait pas moins de 4.000 ouvriers. Chaque métier pouvant tisser par jour 100 kilogrammes de filasse, les 500 métiers emploieraient 50.000 kilogrammes de jute par jour ou 18 millions de kilogrammes par an. La production à l'hectare pouvant être de 2.000 kilogrammes de filasse, les 18 millions de kilogrammes nécessaires annuellement à l'usine assureraient la mise en culture de 9.000 hectares de terre. Cette seule usine représenterait donc pour le pays une véritable fortune, surtout si l'on ajoute aux salaires et bénéfices qu'elle représente par elle-même ceux qui pourraient résulter de l'exportation en France de la filasse qu'elle n'utiliserait pas sur place.

Mais une autre question se pose ; celle de la concurrence que les usines à jute de l'Indo-Chine pourraient faire à celles de la métropole. En raison du bas prix de la main-d'œuvre indo-chinoise, les fabricants français sont convaincus qu'il serait facile aux usines du Tonkin de concurrencer celles de la France au point d'en amener la ruine dans un laps de temps très court. Les usines de Calcutta auraient, d'après eux, déjà produit cette ruine si notre industrie n'était protégée par des droits sur les tissus de jute fabriqués à l'étranger. Les usines de l'Ecosse qui ne jouissent pas de la même protection sont sur le point de succomber. Déjà les usines qui sont projetées à Chandernagor, terre française, menacent celles de la France, car leurs produits entreront en franchise dans notre pays.

Si l'administration de l'Indo-Chine prend des mesures pour favoriser le développement de l'industrie du jute au Tonkin, elle devra donc se préoccuper, en même temps, des moyens à employer pour protéger la métropole. Tous les tissus de jute fabriqués en France (sacs, toile d'emballage, tapis, rideaux, tentures, etc.), sont consommés dans notre pays; l'exportation en est nulle. Les industriels français ne sauraient donc s'émouvoir de la création au Tonkin d'une usine qui travaillerait pour nos établissements indo-chinois et pour les marchés de l'Extrême-Orient; ils devraient, au contraire, s'en réjouir et la créer eux-mêmes en profitant du bas prix de la main-d'œuvre annamite. Ils ne peuvent demander qu'une chose, c'est que les produits des usines tonkinoises soient exclus du marché français. Le moyen le plus simple d'atteindre ce résultat serait, à mon avis, de frapper, à la sortie de l'Indo-Chine, d'un droit élevé, les tissus de jute exportés en France. Le gouvernement de l'Indo-Chine ayant, d'après la législation, le libre usage des droits de sortie, c'est lui-même qui se chargerait de protéger la France.

L'*industrie de l'abaca* pourrait se développer dans notre Indo-Chine sans provoquer aucune plainte de la métropole, car jusqu'à ce jour elle a été confinée dans les Philippines.

Un Français qui a longtemps habité l'Extrême-Orient me demanda en 1892 « l'autorisation d'exploiter en monopole les bananiers sauvages du Tonkin et la concession du droit exclusif d'exportation du chanvre que l'on retire de ces plantes ». Le bananier sauvage existe en abondance au Tonkin, particulièrement sur les bords du fleuve Rouge et des rivières Claire et Noire. Notre compatriote pensait qu'il serait possible d'en extraire une fibre semblable à celle de l'abaca. J'aurais pu être encouragé à lui concéder le monopole demandé par ce fait que, malgré la promesse de primes très fortes, les tentatives faites dans l'Inde anglaise et à Java pour extraire les fibres du bananier sauvage n'ont donné que des résultats imparfaits. Nulle part on n'a pu imiter le produit fabriqué aux Philippines. J'ai été arrêté par la crainte de créer un précédent fâcheux. Autant il me paraît sage et souvent nécessaire d'encourager les industries naissantes par des moyens appropriés à chacune, autant il me paraîtrait dangereux pour l'avenir du protectorat de concéder le monopole d'une industrie quelconque.

Pour favoriser l'industrie de l'abaca il faut d'abord en répandre la culture. J'ai dit plus haut ce que le jardin d'essai d'Hanoï a déjà fait dans ce but ; je dois ajouter qu'il est très difficile d'avoir aux Philippines des pousses d'abaca et que, par conséquent, l'introduction de la culture de cette plante au Tonkin demandera un certain temps.

Les *rizeries* (décorticage et blanchissage du riz) entrent dans la catégorie des industries dont le développement en Indo-Chine ne saurait provoquer, la jalousie de la métropole. Cette industrie est déjà très prospère à Saïgon où elle décortique en ce moment les trois quarts des riz du pays, de sorte que l'exportation du paddy est devenue très faible.

Les indigènes décortiquent le riz avec des moulins à bras. A Saïgon et à Cholon, il y a plus de 200 petites usines travaillant de cette façon pour les marchés locaux. Les Européens et les Chinois ont installé, depuis une dizaine d'années, dans les deux villes, des usines à vapeur où le décorticage et le blanchissage sont opérés par des moyens mécaniques. Saïgon compte deux de ces usines aux mains des Européens; Cholon en a sept, dont quatre chinoises. Le chauffage se fait à l'aide de la balle de riz. Le capital de ces usines varie de 150.000 à 600.000 piastres. La plus importante compte onze meules à décortiquer et utilise une force de 350 chevaux-vapeur. En 1886, la quantité de paddy travaillé par cette seule usine n'était que de 550.000 piculs. En 1893, elle a été de 1.200.000 piculs, donnant 410.000 piculs de riz cargo et 450.000 piculs de riz blanc. Actuellement la majeure partie du paddy de la Cochinchine est décortiquée avant l'exportation. Il s'est récemment établi à Marseille une usine qui blanchit le riz cargo importé en France par la Cochinchine.

En Cochinchine, l'administration favorise ces industries en exonérant des droits de sortie les riz de la vallée du Mékong qui se font décortiquer à Saïgon et en exemptant de la moitié du droit de sortie les riz exportés à destination de la France, lesquels sont presque exclusivement des riz décortiqués ou pour mieux dire des riz dits « cargo », c'est-à-dire contenant 10 à 15 p. 100 de paddy mélangé à du riz décortiqué.

Au Tonkin, la création des rizeries n'a pas encore été possible en raison de la faible exportation des riz. Pour qu'une rizerie puisse être montée avec des chances de succès, il faut qu'elle puisse décortiquer chaque année environ 1 million de piculs de paddy; ce chiffre ne lui serait assuré au Tonkin que si elle décortiquait presque tout le paddy actuellement exporté.

Je suis d'avis que pour favoriser davantage l'exportation en France des riz de l'Indo-Chine il y aura lieu de les exonérer entièrement du droit de sortie.

La fabrication de l'*eau-de-vie de riz* peut encore se développer en Indo-Chine sans provoquer aucune plainte de la part de la Métropole, car le produit est destiné à la consommation exclusive des indigènes et ne pourra être remplacé par les liqueurs françaises qu'à la suite d'un changement radical dans les habitudes et les goûts de la population. Même quand ils s'adonnent volontiers à la consommation de nos vins et de nos liqueurs, les Annamites ne renoncent pas à l'eau-de-vie de riz. Celle-ci est véritablement leur boisson nationale ; elle sert aussi dans les cérémonies rituelles qui tiennent une place très considérable dans la vie familiale et sociale du peuple annamite.

Jusqu'à ce jour l'eau-de-vie de riz n'a été produite en Indo-Chine que par les indigènes et les Chinois. Tout indigène ou peut s'en faut est « bouilleur de cru ». En Cochinchine, les bouilleurs de cru avaient dû renoncer à leurs habitudes, la fabrication de l'eau-de-vie de riz ayant été, depuis un grand nombre d'années, affermée à des Chinois. Dans le but de diminuer l'influence trop grande de ces derniers, de rendre au peuple annamite une liberté à laquelle il est très attaché et d'engager les Européens à créer des distilleries perfectionnées, j'ai, par arrêté du 1er avril 1893, et après un vote conforme du Conseil colonial du 22 mars 1893, supprimé à partir du 1er janvier 1894, le fermage de l'alcool de riz et je l'ai remplacé par un régime de liberté présentant de forts encouragements pour les distilleries européennes. La fabrication de l'eau-de-vie de riz est absolument libre; tout individu, village ou association de villages peut s'y livrer dans des conditions de surveillance égales pour tous. L'eau-de-vie de riz fabriquée dans ces conditions est soumise à une taxe de consommation qui, afin de favoriser les distilleries européennes, est plus faible pour les alcools fabriqués avec des appareils et par les procédés européens et présentant le minimum d'impureté, que pour les alcools fabriqués avec des appareils et par des procédés asiatiques. Ce régime fonctionne depuis le 1er janvier 1894; les recettes se sont accrues tandis que le prix de l'eau-de-vie s'abaissait. Les fermes chinoises de l'eau-de-vie de riz rapportaient à la Cochinchine 600.000 piastres par an; la régie produira en 1894, plus de 820.000 piastres. En même temps, le prix du litre s'est abaissé de 24 cents, prix de la ferme, à 22, 20, 18 et même 15 et 14 cents.

Dans l'Annam et au Tonkin, la fabrication des alcools de riz est également libre. L'industrie française y pourrait trouver comme en Cochinchine une source abondante de profits.

Au Cambodge, il existe une ferme des alcools; elle devra être transformée en régie quand elle arrivera à expiration.

L'Indo-Chine tout entière sera ouverte alors à l'industrie européenne de la distillerie des alcools de riz. La fabrication pouvant viser non seulement les 20 millions d'indigènes de notre colonie qui consomment au moins un litre d'eau-de-vie de riz, par tête, soit une vingtaine de millions, mais encore les territoires du Laos, du Siam et de la Chine qui confinent aux nôtres, je suis persuadé que s'ils voulaient s'en donner la peine, nos compatriotes pourraient tirer de gros bénéfices de cette industrie.

La *fabrication des allumettes* figure encore parmi les industries auxquelles les Européens peuvent se livrer sans créer aucune concurrence aux industriels français, puisque toutes les allumettes consommées dans l'Indo-Chine sont d'origine japonaise. Or, il est consommé annuellement dans toute l'Indo-Chine environ 250 millions de boîtes contenant chacune soixante allumettes. Le droit à l'entrée est insignifiant (12 francs par kilogrammes ou environ 10 francs par caisse). Le bénéfice réalisé par les intermédiaires de ce commerce, tous Chinois, était évalué à près de 80 p. 100.

En 1891, une société française construisit à Hanoï une importante usine mécanique. Dans le but de la protéger, sans créer de monopole, j'ai appliqué au protectorat de l'Annam-Tonkin, par arrêté du 1er mai 1892, une législation analogue à celle de la Russie. La fabrication et l'importation des allumettes sont libres, mais toute boîte introduite dans le commerce, soit qu'elle vienne du dehors, soit qu'elle ait été fabriquée dans le pays, doit être entourée d'une banderole dont le prix varie suivant que les allumettes viennent d'un pays étranger ou sont fabriquées sur place.

Par arrêté du 5 décembre 1892, les droits établis par le premier arrêté furent modifiés de la façon suivante : Le droit de consommation est fixé en principe pour les allumettes étrangères de toute provenance, à 2 cents et demi par paquet de dix boîtes du modèle ordinaire, ne contenant pas plus de soixante-dix allumettes à la boîte. Pour les allumettes fabriquées dans le pays avec des bois du pays, le droit est réduit à 8/10 de cent (0$,008); il est de 1 cent 8/10 (0$,018) pour les allumettes fabriquées dans le pays avec des bois étrangers. Jusqu'au 1ᵉʳ juillet 1893, les droits ci-dessus subissaient une détaxe de 50 p. 100 pour les allumettes étrangères, et 60 p. 100 pour les allumettes fabriquées dans le pays, quelle que fût l'origine des bois employés. A partir du 1ᵉʳ juillet 1893, les droits pleins de consommation ont été rigoureusement appliqués, mais diverses considérations avaient fait réserver encore l'emploi de la banderole. Il a été décidé à partir du 1ᵉʳ janvier 1895.

Avec ce régime, la fabrication locale jouit d'une protection très suffisante pour assurer son succès, à la condition que la vente soit faite par les Chinois ou les Annamites. Un échec certain sera fatalement le lot de tous les Français qui prétendront se passer de ces auxiliaires. Comment un industriel français pourrait-il réaliser des bénéfices si, aux frais généraux considérables et aux avances de fonds que lui occasionne une usine aussi importante que celle d'Hanoï, il était obligé d'ajouter les frais énormes que nécessiterait un personnel de vente composé d'Européens? Pour qu'il puisse lutter contre la production japonaise, qui est très économique, il faut que le personnel européen de l'usine soit réduit au strict minimum, et que toute la vente se fasse par l'intermédiaire des marchands chinois ou annamites qui, dépensant très peu, se contentent d'un bénéfice très réduit. Indépendamment de l'usine mécanique d'Hanoï, il existe à Haïphong une usine à la main, employant des bois japonais et dirigée par un Chinois. Celui-ci prospère très manifestement. Il fabrique aujourd'hui de cent vingt à cent cinquante caisses d'allumettes par mois. Une deuxième fabrique est sur le point d'être créée à Vinh, en Annam, par un Français, M. Mange, qui déjà exploite les bois de cette région. La fabrication du Chinois de Haïphong élève le prix de revient de la caisse à 15 piastres ; il la vend 32 à 35 piastres.

Ce n'est d'ailleurs ni la matière première ni la main-d'œuvre à bon marché, ni les consommateurs qui feront défaut. Ces derniers sont innombrables ; tout Annamite de tout sexe et de tout âge fume du matin au soir et porte dans sa ceinture ou dans son chignon une boîte d'allumettes.

La *fabrication des briques, de la poterie, de la faïence et de la porcelaine* à l'usage des indigènes figure encore parmi les industries qui peuvent se développer en Indo-Chine sans éveiller la susceptibilité de la métropole, car celle-ci ne pourrait fournir ces produits qu'à des conditions de transport trop onéreuses.

Les porcelaines et faïences propres aux Européens sont seules susceptibles d'être fournies à nos compatriotes d'Extrême-Orient par les fabriques françaises. Elles ne le sont, en réalité, que dans une faible proportion. La cherté du fret et les chances de casse font que les commerçants français de l'Indo-Chine achètent la majeure partie de leurs porcelaines et faïences à Hong-Kong ou à Singapore qui sont plus rapprochés. Il en est de même pour la verrerie, les glaces et miroirs, les flambeaux à verrines dont il se fait une très grande consommation, etc. Je crois qu'il serait facile à nos fabricants de se substituer aux Anglais et aux Allemands pour la fourniture de tous ces objets. Il leur suffirait d'établir des dépôts dans les principales villes indo-chinoises.

Quant aux poteries et aux faïences communes employées par les indigènes ou les Chinois, la France ne saurait songer à nous les fournir. Actuellement la majeure partie de ces objets vient de Canton. Les quelques fabriques indigènes existant déjà dans nos établissements se plaignent de ne pas pouvoir faire concurrence aux importateurs chinois; elles m'ont demandé à diverses reprises de les protéger par des droits à l'entrée. Les poteries ordinaires d'origine asiatique paient actuellement 1 fr. 50 par 100 kilogrammes et les faïences ordinaires de même origine paient 2 fr. 50. La fabrique de poteries et faïences chinoises de Cholon déclare qu'avec un droit de 5 francs par 100 kilogrammes elle serait suffisamment protégée pour se développer et substituer en Cochinchine ses produits à ceux de Canton. Il sera bon de faire relever les droits. Il serait, en effet, très intéressant de doter nos établissements indo-chinois d'une industrie pour laquelle ils dépendent de la Chine, et dont les importations s'élèvent annuellement à des chiffres importants. En 1892, il a été importé en Cochinchine pour 520.080 francs de porcelaine chinoise à l'usage des indigènes, pour 16.814 francs de faïences et pour 20.250 francs de poterie de terre commune, soit au total une valeur de 557.114 francs. Le Tonkin a importé pour 939.625 francs de poteries, faïences et porcelaines chinoises, et l'Annam pour 71.300 francs. Le Cambodge, de son côté, en a importé pour 1.168 francs. Le total de l'importation de ces produits dans toute l'Indo-Chine, en 1892, atteint la valeur de 1.569.237 francs.

En 1893, le Tonkin et l'Annam en ont importé ensemble pour 1.487.379 francs; avec les importations de la Cochinchine et du Cambodge on peut, sans crainte, estimer à plus de 2 millions de francs la valeur des poteries chinoises importées actuellement dans toute l'Indo-Chine.

Ce chiffre n'est pas énorme incontestablement, mais si l'on admet que la main-d'œuvre y est représentée seulement pour moitié, c'est 1 million de francs environ à répartir entre les ouvriers annamites tandis qu'il sort chaque année 1 million et demi à 2 millions de la poche des indigènes, au profit des fabricants et commerçants chinois. S'il était possible, à l'aide d'une simple augmentation du droit d'entrée, de déplacer cette industrie, nous devrions en être très heureux.

Le *papier chinois* pourra être l'objet d'une mesure analogue, de manière à favoriser la fabrication indigène et européenne de ce papier. Elle existe au Tonkin où elle est susceptible de prendre un grand développement. Déjà notre fabrication de papier chinois est fortement encouragée par la création du papier timbré annamite que j'ai décidée en 1892 (arrêtés du 24 juillet 1892 et du 15 mars 1893, ordonnance royale du 12 mars 1893).

Nous ne connaissons pas la quantité de papier annamite fabriquée au Tonkin et consommée par les indigènes, elle doit être assez considérable si l'on en juge d'après l'activité des fabriques des environs d'Hanoï. Quant au papier de fabrication chinoise importé dans nos établissements, la quantité en est considérable. En 1893, il a été importé au Tonkin 1.256.470 kilogrammes de papiers chinois de toute nature y compris ceux qu'on emploie dans les cérémonies rituelles, représentant une valeur de 539.908 francs. L'Annam en a reçu, pendant la même année, pour 530.000 francs. Je n'ai pas le chiffre de la Cochinchine pour 1893, mais en 1892 elle avait reçu pour plus de 1.500.000 francs de papiers chinois.

La valeur totale du papier chinois importé en Indo-Chine annuellement est donc d'environ 2 millions de francs.

Comme le Tonkin connaît déjà l'industrie de ce papier et qu'il possède en abondance la matière première, il est probable qu'une protection douanière convenablement établie ne tarderait pas à produire ses effets. Actuellement le droit sur le papier chinois de toute nature est de 8 francs par 100 kilogrammes. Le papier destiné au culte est exempt.

Comme tous les pays voisins de l'Indo-Chine consomment de très grandes quantités de ce papier, les usines indo-chinoises ont devant elles non seulement la consommation locale, mais encore celle des territoires chinois, laotiens et siamois qui nous entourent et qui ne font usage actuellement que de papiers fabriqués en Chine ou au Japon.

La fabrication en Indo-Chine des papiers européens se trouve, par rapport à la métropole, dans des conditions moins favorables que celle du papier chinois. Il est à craindre que notre papeterie y voie une concurrence à sa production. J'estime donc que pour éviter de provoquer les susceptibilités de nos compatriotes, les usines indo-chinoises devront se préoccuper principalement de la fabrication du papier chinois.

Toutefois, en raison du bas prix de la main-d'œuvre et des conditions exceptionnellement favorables à la culture des plantes à papier, la papeterie française aurait probablement avantage à créer en Indo-Chine des fabriques de papiers européens, produisant pour l'Extrême-Orient. C'est peut-être le seul moyen qu'elle ait de lutter sur ce marché avec les papiers anglais, allemands et japonais qui y dominent aujourd'hui.

M. Schneider a doublé son imprimerie d'une papeterie mécanique. Il obtient avec les jeunes pousses de bambou des pâtes qui donnent des papiers très beaux et d'une grande solidité. Il fabrique aussi pour le protectorat un papier chinois, timbré, dont la consommation augmente chaque jour, en procurant au budget des ressources importantes.

La fabrication du *ciment* n'existe pas encore en Indo-Chine. Le ciment qui s'y emploie vient en majeure partie de France. Le chiffre de l'importation est significatif au point de vue du développement des travaux. En 1891, il n'avait été importé au Tonkin que pour une douzaine de mille francs de ciments. En 1892, la valeur de la quantité importée s'élève à 305.649 francs dont 263.000 de France. La quantité est de 2.335 tonnes pour le ciment français et 700 tonnes pour le ciment de Macao. D'après le dernier rapport du directeur des douanes « les ciments fabriqués à Macao, dans le voisinage de Hong-Kong, menacent de faire une concurrence sérieuse aux ciments français, malgré l'élévation des droits d'entrée ». Ces droits sont de 75 centimes par 100 kilogrammes pour les ciments à prise lente et 50 centimes pour les ciments à prise rapide. Ils écartent les ciments étrangers européens, qui ont à payer en plus des frais de transport élevés, mais ils sont incapables d'arrêter les ciments de Macao qui sont fabriqués dans des conditions particulières de bon marché et qui n'ont à payer qu'un transport insignifiant, car Macao n'est qu'à cinquante heures par mer de Haïphong.

En raison des frais de transport entre la France et l'Indo-Chine qui sont très élevés pour une marchandise de peu de valeur, les fabricants français de ciments auraient tout intérêt à installer au Tonkin des succursales de leurs usines ; ils auraient ainsi non seulement le marché de l'Indo-Chine elle-même mais encore une partie de ceux de l'Extrême-Orient. Je crois qu'une entreprise de ce genre va être créée par un fabricant français. Les environs de Hongay, sur les bords de la baie d'Along, se prêteraient bien à l'établissement de fabriques de ciment et de chaux hydraulique, à cause de la présence en ces lieux des matières premières et du combustible.

La fabrication des meubles européens est en voie de développement au Tonkin. Jusqu'à ces dernières années, les meubles employés dans toute notre Indo-Chine venaient en presque totalité de Hong-Kong, ceux en bois ou en rotin étant fabriqués dans cette ville, ceux en fer y étant apportés d'Angleterre ou d'Allemagne. Les meubles français n'étaient qu'en très petit nombre, à cause des frais de transport, des chances de casse et surtout de la crainte qu'avaient les commerçants de conserver longtemps dans leurs magasins des objets qui, sous l'influence du climat chaud et humide, se défraîchissent et même se détériorent très rapidement.

Dans ces dernières années, divers colons français

du Tonkin, parmi lesquels je me plais à citer MM. Lane et Viterbo, d'Hanoï, se sont mis à fabriquer des meubles de modèles français avec les bois du pays. Ils emploient des ouvriers annamites. Ceux-ci sont très habiles, doués d'autant de patience que de goût et aptes à faire, sous une bonne direction, les travaux les plus délicats. En combinant les formes françaises avec celles de l'Annam et avec les ornementations annamites, on pourrait créer au Tonkin un genre d'ameublement très digne de figurer à côté des genres européens.

Dans le but d'encourager l'industrie naissante de nos compatriotes et de substituer leurs produits à ceux de Hong-Kong, le Protectorat a passé avec eux des marchés pour la fabrication de tous les meubles des résidences et des bureaux de l'administration locale. Nous y trouvons des avantages notables, tant au point de vue de l'élégance et de la solidité des meubles, qu'au point de vue de la dépense. Je crois que, dans quelques années, l'exemple des premiers fabricants de meubles français étant imité par d'autres, le Tonkin d'abord, puis nos autres établissements indo-chinois, remplaceront tout à fait les vilains meubles anglais de Hong-Kong par ceux fabriqués dans notre colonie.

Le relèvement des droits sur les meubles étrangers favoriserait cette évolution. Pour les meubles en bambou et en bois ordinaire d'origine asiatique, le droit n'est que de 5 francs par 100 kilogrammes. Il pourrait être doublé ou triplé sans aucun inconvénient. Nous exportons actuellement à Hong-Kong des bambous et des rotins que nous aurions tout avantage à travailler sur place; les meubles nous reviendraient moins cher et le prix de la main-d'œuvre resterait dans le pays.

Les meubles en bois sculptés et incrustés venant de la Chine ou du Japon sont frappés d'un droit de 20 francs par 100 kilogrammes. Il est également insuffisant pour favoriser le développement de nos industries.

La même observation s'applique aux nattes de Chine qui supportent seulement un droit de 2 fr. 50 par 100 kilogrammes. Avec une protection suffisante, les fabriques de nattes de Phat-Diem au Tonkin, du Cambodge et de l'Annam, etc., pourraient substituer leurs produits à ceux de la Chine auxquels ils ne sont inférieurs sous aucun rapport.

Les lits en fer et en cuivre avec sommiers en toile métallique, dont l'usage est très répandu en Indo-Chine, nous viennent presque tous de Hong-Kong et sont fabriqués en Angleterre ou en Allemagne. Cette industrie pourrait être créée avantageusement au Tonkin. Elle bénéficierait de la protection du tarif général sans faire aucune concurrence à la métropole, car celle-ci ne fournit à notre colonie, en fait de meubles, que quelques objets de luxe.

La fabrication des gros ouvrages en fer, tels que ponts, charpentes, grilles, bateaux à vapeur, etc., a déjà pris une assez grande importance au Tonkin. Elle promet de se développer proportionnellement aux besoins du pays. C'est encore une portion du marché de Hong-Kong qui passera entre les mains de nos colons.

Autrefois toutes les chaloupes à vapeur employées dans l'Indo-Chine venaient de Hong-Kong. Aujourd'hui le Tonkin en fabrique une partie notable.

Les fers destinés à ces travaux sont, actuellement, importés en majeure partie de France. En 1893, la France a importé au Tonkin 1.331.509 kilogrammes de fers en barre et de fers à T, contre 145.328 kilogrammes importés de l'étranger. Les tôles laminées françaises figurent pour 46.123 kilogrammes contre 16.778 kilogrammes d'étrangères. Le cuivre est venu en presque totalité de l'étranger : 113.418 kilogrammes étrangers contre 1.627 kilogrammes français. Les tôles et fers étamés pour toitures, très employés au Tonkin, nous viennent par parties à peu près égales de la France et de l'étranger : 114.391 kilogrammes de la France et 137.485 kilogrammes de l'étranger.

La Société des Correspondances fluviales, dirigée par MM. Marty et d'Abbudie, a créé à Haïphog des ateliers importants pour la réparation de ses bateaux et la construction des chaloupes à vapeur. Elle fabrique non seulement les coques, mais encore les machines. M. Leroy fabrique à Dapeau des ponts en fer. Le Protectorat, afin de l'encourager, a passé un marché avec lui pour la fourniture de tous les ponts nécessaires aux routes qui sont en voie d'exécution. M. Leroy emploie des ouvriers français et étrangers.

Je ne pense pas que la métropole ait à se plaindre du développement en Indo-Chine des industries dont je viens de parler ; le prix du transport est tel qu'elle ne peut pas espérer remplacer Hong-Kong pour la fourniture à notre colonie des chaloupes à vapeur. Elle trouve, au contraire, son avantage dans notre fabrication locale, puisqu'elle fournit les tôles, les fers, etc. Quant aux autres gros ouvrages en fer, tels que ponts, charpentes, toitures, etc., si les matériaux viennent de France, la métallurgie française doit préférer qu'ils soient fabriqués dans une colonie française que de voir celle-ci les acheter sur les marchés anglais de Hong-Kong et de Singapore comme cela se passait autrefois.

Les industries dont le *coton* forme la base méritent une mention spéciale. Le coton est cultivé actuellement dans toutes les parties de l'Indo-Chine française, mais partout il donne des soies courtes, considérées par beaucoup de personnes compétentes comme ne pouvant pas être filées sans addition de fibres plus longues. Il est donc de toute nécessité de pousser sans aucun délai les indigènes à la culture des cotons longue soie de la Louisiane, de la Géorgie et de l'Égypte. J'ai dit qu'ils viennent très bien au jardin d'essai d'Hanoï et qu'ils y donnent de très beaux produits. Afin d'en développer la culture, je me proposais de prendre diverses mesures qui avaient déjà été étudiées ; les événements ne m'ont pas permis d'y donner suite. Quant au coton du pays, il serait probablement possible de l'améliorer par les soins donnés à la culture, le choix des graines, etc., mais il faudrait beaucoup de temps ; il est préférable de se préoccuper principalement de l'introduction des cotons étrangers à longue soie.

Je pense, en outre, que l'administration devra faire porter surtout ses encouragements sur les cotons qui seraient exportés en laine en France. Celle-ci reçoit tous les ans de l'étranger plus de 150 millions de kilogrammes de coton, dont 20 millions de l'Inde anglaise et 10 millions de l'Egypte. Il ne me paraît pas douteux que ces deux dernières sources de la matière première pourraient être remplacées par notre Indo-Chine. Or, une exportation de 30 millions de kilogrammes représenterait pour notre colonie, au prix très bas de 20 piastres les 100 kilogrammes, une somme de plus de 6 millions de piastres ou, avec la piastre à 3 francs, 18 millions de francs à répartir entre les agriculteurs indigènes et européens qui se livreraient à cette culture.

Il est vrai que le coton en laine est exempt de droits à l'entrée en France et que, par suite, celui de l'Indo-Chine ne jouit d'aucun avantage sur les cotons étrangers; mais je suis d'avis que pour encourager l'exportation en France des cotons indo-chinois, le gouvernement de l'Indo-Chine devra prendre des mesures spéciales, telles qu'exemption de l'impôt foncier pour les terres cultivées en coton, primes aux cotons exportés en France, etc.

La première industrie européenne à laquelle le coton ait donné naissance en Indo-Chine est celle de *l'égrenage mécanique*. Une usine fut créée au Cambodge, en 1892, par M. Praire, à une heure et demie en amont de Pnom-Penh, dans l'île de Ksachkandal. En 1892, elle n'égrenait que 17.000 piculs de coton brut, donnant 5.000 piculs de coton égrené. En 1893, la quantité qu'elle a pu égrener s'est élevée à 90.000 piculs. Les cotons égrenés sont vendus aux filatures du Japon en aussi grande quantité que l'usine peut en produire.

Il importe de noter ici que M. Praire a déterminé un accroissement très notable de la culture du coton au Cambodge parce que, vendant ses produits plus cher, il peut aussi payer le coton brut aux paysans cambodgiens plus cher que ne le payaient les Chinois, autrefois seuls acheteurs des récoltes.

En 1893, grâce à certains encouragements de l'administration, M. Praire a pu joindre à son usine des machines pour la trituration des graines de coton et l'extraction de l'huile. Celle-ci trouvera facilement à se vendre sur place ou sur les marchés de Hong-Kong et de Singapore.

Des usines analogues à celle de M. Praire peuvent aisément être créées au Tonkin et dans le nord de l'Annam où le coton vient admirablement, car la dépense qu'elles exigent n'est pas très considérable.

Il me reste à parler de la *filature* et du *tissage* du *coton*. En 1893, il a été importé au Tonkin pour 4.803.216 francs de fils de coton écrus; l'Annam en recevait, pendant la même année, pour plus de 1 million de francs; la Cochinchine et le Cambodge pour 600.000, soit au total, pour toute notre Indo-Chine, une valeur de 6 millions et demi de francs de fils de coton destinés à être tissés dans le pays. Tous ces filés viennent de l'étranger, surtout de Bombay. La France n'en fournit pas la moindre quantité.

Les tissus de coton ne sont importés au Tonkin et en Annam qu'en quantités très faibles. En 1893, il n'a été importé au Tonkin que pour 890.171 francs de tissus de coton écrus, blanchis, teints ou imprimés, plus de la moitié (499.016 francs) provenant de l'étranger. En comparant ce chiffre avec celui relatif aux fils de coton importés pendant la même année, on voit que la valeur des tissus ne représente que le cinquième environ des filés. En second lieu, on remarquera que la France importe au Tonkin près de la moitié des tissus de coton tandis qu'elle n'importe pas du tout de filés. En rapprochant ce fait de ce que nous savons des habitudes du pays, je crois pouvoir dire qu'une partie très notable des tissus de coton importés au Tonkin est destinée à la consommation des Européens, les indigènes achetant surtout des filés qu'ils tissent eux-mêmes.

Ce fait explique pourquoi l'élévation des droits sur les filés n'a produit presque aucun effet sur l'importation des cotonnades françaises. Il faudrait, en effet, qu'ils fussent presque prohibitifs pour compenser la différence de prix qui existe entre le tissu de fabrication française et celui fabriqué dans le pays par les consommateurs eux-mêmes. Ajoutons que le prix des cotonnades françaises se trouve notablement augmenté, en Indo-Chine, par l'abaissement du taux de la piastre.

En conséquence, tout en étant favorable aux droits de douane réclamés par nos industriels dans le but de protéger l'importation de leurs cotonnades en Indo-Chine, je crois que le tarif douanier ne peut pas leur donner tous les résultats qu'ils en attendent et qu'ils doivent chercher un moyen plus efficace de substituer les produits français à ceux de Bombay. Le plus sûr incontestablement est de créer au Tonkin des filatures françaises. Trouvant sur place la matière première à bas prix et une main-d'œuvre beaucoup moins chère que celle de la France, ayant en outre sous les yeux les consommateurs dont ils pourraient aisément étudier les besoins, nos industriels, établis au Tonkin même, auraient vite fait de supprimer les importations de Bombay, soit qu'ils se bornent à fabriquer des filés pour le tissage indigène, soit qu'ils tentent de remplacer ce dernier par des tissages mécaniques.

C'est, sans contredit, cette pensée qui a déterminé

certains gros industriels français à fournir les capitaux avec lesquels s'est édifiée et fontionnera la filature de M. Bourgoin-Meiffre, à Hanoï.

Cette usine était à peu près prête à fonctionner à la fin de décembre 1894. Elle contient 11.000 broches. Sa construction a coûté, avec les machines, plus de 1 million et demi. Elle filera d'abord des cotons du Cambodge et de l'Inde, concurremment à ceux qu'elle pourra se procurer dans le pays. Il n'est pas douteux qu'elle détermine une augmentation considérable et une amélioration sensible des cultures locales du coton.

Les industriels français doivent craindre qu'il ne se produise au Tonkin un fait analogue à celui qui s'est produit à Bombay où toutes les filatures sont aujourd'hui entre les mains non point de capitalistes, d'industriels et d'ingénieurs anglais, mais de capitalistes, industriels et ingénieurs indigènes. Un Parsi, directeur de la plus grande filature de coton de Bombay, me disait en 1887, en me faisant visiter son usine : « Il y a encore, en ce moment, dans les usines de Bombay quelques ingénieurs anglais, mais dans trois ou quatre ans ils auront disparu et tout sera entre nos mains, capitaux, direction et travail. » Au Tonkin ce ne sont pas les indigènes qui pourraient créer des filatures ou des tissages, mais il pourrait bien se faire que l'idée en vînt à des étrangers qu'il serait fort difficile d'évincer. Il faut donc que les Français mettent, dès aujourd'hui, la main sur toutes les industries susceptibles de s'y développer.

Indépendamment, des industries dont il vient d'être question, les colons du Tonkin en ont déjà créé quelques-unes de moindre importance que je me borne à mentionner. A Haïphong, il existe une savonnerie en bonne voie de développement, car elle a déjà pu passer un marché avec l'administration. Elle saponifie les huiles de coco, d'arachide et de ricin du pays. A Hanoï, M. Hamel fabrique une bière déjà introduite dans l'usage des hôpitaux locaux et dans la cosommation des colons.

A Haïphong, M. Berthoin se livre, depuis quelque temps, avec profit, à la préparation des jaunes d'œufs pour la ganterie française. Il en exporte actuellement, en France, plus d'un million par mois. Il exporte ainsi le blanc de l'œuf après l'avoir fait dessécher dans des étuves. Actuellement les jaunes d'œufs employés par notre ganterie viennent de Syrie. M. Berthoin prétend substituer le Tonkin à la Syrie pour la fourniture de ce produit à notre pays.

On voit que nos compatriotes font preuve d'une grande activité et sont décidés à faire mentir l'accusation si souvent portée contre les Français de ne pas être colonisateurs.

CHAPITRE VIII

CONSTRUCTIONS MILITAIRES ET CIVILES. — TRAVAUX D'UTILITÉ PUBLIQUE. — MOYENS FINANCIERS MIS EN ŒUVRE POUR LEUR EXÉCUTION. — TRAVAUX A FAIRE POUR DOTER L'INDO-CHINE DE TOUT L'OUTILLAGE NÉCESSAIRE AU PROGRÈS DE SON AGRICULTURE, DE SON INDUSTRIE, DE SON COMMERCE ET A L'UTILISATION DE SES RICHESSES NATURELLES.

Lorsque j'arrivai au Tonkin, en 1891, le budget local et la subvention de la métropole ne suffisaient pas à payer les dépenses les plus indispensables, puisque, chaque année, le budget se soldait par d'énormes déficits. On avait, en conséquence, dû renoncer d'une manière absolue aux travaux publics. Il en était naturellement résulté, parmi les colons, un très grand malaise. Pendant le cours de l'année 1890, on s'était bercé de l'espoir que les chambres autoriseraient l'emprunt de 60 millions demandé par M. Piquet; on bâtissait mille projets sur ces ressources extraordinaires. Mais le Parlement se défiait; il craignait que la majeure partie de l'emprunt ne fut absorbée par les déficits budgétaires. D'autre part, la Cochinchine, dont on réclamait la garantie, refusait de la donner, craignant d'obérer ses finances sans profit. La Commission du Budget, de son côté, refusa d'autoriser l'emprunt sollicité par le gouverneur général et le sous-secrétaire d'Etat. Ces refus étaient appuyés peut-être sur de fort bonnes raisons, mais il en résultait que le Protectorat ne faisait aucun travail d'utilité publique et que les colons commençaient à perdre toute confiance dans l'avenir.

Je fus, à mon arrivée, frappé de cette situation; je me préoccupai tout de suite de rechercher les moyens de donner du travail aux colons et aux indigènes. Je ne tardai pas à me convaincre qu'il ne fallait pas, pour cela, compter sur la métropole. J'avais demandé au Gouvernement 2 millions pour constructions militaires, en 1892. Ils me furent refusés; le Gouvernement craignait, non sans raison, l'opposition du Parlement. La subvention qui nous était allouée pour toutes les dépenses militaires devait permettre à peine de faire face aux dépenses les plus indispensables, en raison des effectifs qui nous étaient imposés par les nécessités de la pacification et avec les états-majors dont je n'ai pu obtenir la réduction.

Je dus chercher un autre moyen de faire les travaux que je considérais comme les plus urgents, tels que l'hôpital d'Hanoï, certaines casernes, des résidences, etc. J'eus l'idée de constituer, à l'aide des ressources dont chacun des gouvernements indo-chinois pourrait disposer, une « Caisse des travaux publics de l'Indo-Chine » qui serait alimentée par les plus-values ou les reliquats des divers budgets et par une subvention que je pensais pouvoir obtenir du gouvernement annamite. Elle paierait les travaux à l'aide d'annuités calculées de manière à pouvoir faire tout de suite les travaux qui paraîtraient les plus urgents dans chaque pays de l'Union. Les entrepreneurs s'entendraient avec des banquiers pour obtenir les capitaux dont ils feraient l'avance à la Caisse des travaux publics et dont celle-ci paierait les intérêts, en attendant qu'elle pût se libérer du capital. En procédant avec habileté, la Caisse pourrait voir très rapidement grossir ses ressources.

Ce projet fut adopté dans un conseil auquel assistaient : le général en chef, le résident supérieur du Tonkin, le contre-amiral commandant la division navale, le colonel commandant l'artillerie, le directeur du contrôle financier, le chef des services administratifs, l'ingénieur-conseil du gouverneur général.

Il fut décidé que l'on entreprendrait dans ces conditions l'hôpital d'Hanoï. Malheureusement, diverses raisons firent échouer nos projets.

Constructions militaires et civiles.

Cependant, les impôts commençaient à rentrer avec une activité jusqu'alors inconnue; les plus-values de 1892 s'annonçaient; nous nous mîmes au travail, en escomptant ces espérances. J'ouvris au budget local, d'accord avec le directeur du contrôle, M. Prigent, un chapitre XVI, dont les ressources étaient formées par les plus-probables des budgets futurs. En 1892, nous pûmes faire pour 242.557 $ 88 de constructions militaires et pour 16.457 $ 33 de constructions civiles. En 1893, nous fîmes encore pour 256.518 $ 68 de constructions militaires et pour

86.970 $ 52 de constructions civiles, sans compter les routes en territoires militaires.

Nous aurions pu faire beaucoup plus si les excédents de dépenses du budget militaire de l'exercice 1892 n'avaient pas absorbé : 1° tout le reliquat du budget local de 1892, c'est-à-dire 358.000 $; 2° 260.000 $ que nous dûmes emprunter à la Cochinchine et qui furent remboursées en décembre 1893.

Si la métropole avait, comme elle l'aurait dû, comblé elle-même le déficit du budget militaire de 1892, nous aurions donc pu faire, en 1893, pour 618.000 $ ou 2 millions de francs de travaux de plus que nous n'en fîmes.

En 1894, l'achèvement de l'hôpital d'Hanoï absorbait encore près de 250.000 piastres prélevées tant sur le reliquat de 1893 que sur les ressources normales du budget local de 1894. On a prélevé encore, en 1894, sur les ressources normales du budget, pour les constructions militaires et civiles plus de 150.000 piastres, dont 20.000 pour les blockhauss en territoires militaires.

Les principales constructions militaires faites en 1892, 1893, 1894, avec les plus-values du budget local, représentent ensemble une somme de 3 millions de francs. Il y faut ajouter environ 200.000 francs de constructions payées sur les ressources normales du budget, ce qui fait un total de 3.200.000 francs.

Cependant les plus-values et les ressources normales du budget ne suffisaient pas à faire face à tous les besoins les plus urgents de la protection militaire du pays. Il était indispensable, pour en finir avec la grande piraterie, de fermer complètement et tout de suite les frontières du Quang-Tong et du Quang-Si et de protéger les abords de la route de Langson.

Pour faire face à ces besoins immédiats, on s'adressa à la compagnie concessionnaire des travaux de construction du chemin de fer. Il était de son intérêt comme de celui du protectorat de protéger ses travaux ; elle consentit donc les avances nécessaires à la construction des blockhauss et des postes que l'autorité militaire jugeait indispensables à la protection de la route, y compris ceux de la frontière et de Langson. Ceux-ci n'étaient pas moins utiles que les premiers ; ils l'étaient même davantage, puisqu'ils devaient empêcher les malfaiteurs du Quang-Si de pénétrer sur notre territoire et de gagner la route de Langson. Les fonds mis à la disposition du protectorat pour ces travaux n'étant majorés que de 5 p. 100, nous pûmes sans retard fermer nos frontières aux bandits chinois, et protéger la route de Langson et les travaux du chemin de fer. Ainsi qu'on l'a vu plus haut, les résultats prévus ne se sont pas fait attendre. Avant même que les postes et blockhauss construits par ces moyens fussent achevés, la piraterie avait complètement disparu de tout le 2e territoire.

Certes, il eût été préférable de travailler avec des fonds appartenant en propre au protectorat ; on aurait évité les majorations et les intérêts des capitaux avancés, mais s'il avait fallu attendre que la métropole mît à notre disposition les 2 millions de francs environ que les constructions ont coûté, la pacification aurait, sans aucun doute, subi un retard de plusieurs années, nos troupes auraient continué à croupir dans les paillottes misérables et insalubres où elles vivaient depuis dix ans, les travaux du chemin de fer seraient encore loin de leur achèvement, et notre situation dans le pays aurait conservé cette attitude pitoyable et précaire qui faisait croire aux Annamites et aux Chinois que nous étions résolus à ne pas garder le Tonkin.

Qui donc pourrait nous reprocher d'avoir fait ces travaux? Ce n'est pas l'autorité militaire qui en bénéficie comme moyens de défense et qui les jugeait absolument indispensables à son action. Ce ne sont pas les familles de nos soldats que ces logements mettent à l'abri de la maladie et préservent de la mort. Ce ne sauraient être davantage les pouvoirs métropolitains qui nous ont refusé les fonds nécessaires aux constructions militaires les plus urgentes, et qui n'auront pas à les payer, puisque tout est à la charge du budget du protectorat. Les colons du Tonkin ne se plaindront pas davantage, car ils ont trouvé du travail à faire et de l'argent à gagner.

Avec les travaux indiqués plus haut, c'est environ 5 millions de constructions militaires (hôpitaux, casernes, postes, blockhauss, magasins, etc.) qui auront été faits en trois ans au Tonkin, *aux frais du budget local*, tandis que dans toutes les autres colonies, y compris la Cochinchine, ces travaux sont payés par le budget colonial, c'est-à-dire par la métropole.

Les constructions militaires de moindre importance et l'entretien des postes ont marché parallèlement pendant toute l'année 1894, grâce au fonds de casernement pour les troupes européennes inscrit au budget de cet exercice pour la première fois et à la masse de baraquement des tirailleurs qui y figurait depuis déjà plusieurs années. Avec l'argent mis directement à leur disposition et la main-d'œuvre de leurs troupes, les officiers commandant les postes ont fait partout des constructions confortables.

Grâce aux travaux militaires indiqués plus haut et aux sacrifices que le budget local s'est imposé pour eux, les conditions d'existence de nos troupes ont été, depuis 1891, complètement modifiées. Le progrès est d'autant mieux senti par nos soldats que le commandement militaire, profitant de la pacification des territoires confiés à ses soins, a pu réduire le nombre des postes ayant des garnisons européennes. Dans le 1er territoire, il n'existe plus que cinq garnisons européennes. Dans le 2e territoire, le nombre des postes à garnison européenne a été réduit à une douzaine. Dans presque tous ces postes, notamment à Moncay, Sept-Pagodes, Lam, Kep, Bac-Lé, Than-Moï, Langson, Nacham, Dong-Dang, etc., etc., les troupes sont déjà logées dans des casernes en maçonnerie très confortables et parfois très belles. Dans le 3e territoire, il existe des casernes très confortables à Vietry, Phu-Doan, Tuyen-Quan, Thai-Nguyen, Hayang. Dans le 4e territoire, les troupes européennes sont peu nombreuses. Elles sont logées dans de belles casernes en maçonnerie à Yenbay. Des fonds sont inscrits au budget de 1895 (40.000 $) pour les troupes de Laokay. Dans le Delta, les troupes sont pourvues partout de casernes en maçonnerie. Dans l'Annam, en Cochinchine et au Cambodge, toutes les troupes européennes sont également logées dans des casernes en maçonnerie.

En réalité, il n'existe plus au Tonkin qu'un très petit nombre de postes où les troupes européennes ont des logements en torchis, couverts en paillotte, et ces postes sont presque tous destinés à disparaître dans un délai assez rapproché, en raison des progrès de la pacification.

Quant aux hôpitaux et aux ambulances, ils existent à peu près partout où les services compétents les ont jugés nécessaires. L'hôpital d'Hanoï, en service déjà depuis le mois de juillet 1894 est, sans contredit, le plus bel établissement de ce genre de tout l'Extrême Orient ; il est situé sur le bord du fleuve Rouge, en aval de la ville d'Hanoï, dans des conditions d'aération, de lumière, d'espace et de confort véritablement remarquables. Il a été construit pour 350 lits répartis dans trois grands pavillons à rez-de-chaussée et à étage, munis de larges vérandahs et divisés en plusieurs chambres très aérées. Les pavillons pour les officiers, les sœurs, les médecins, les dépendances de toutes sortes, sont disposées de manière à ne pas se gêner les uns les autres et à être tous également aérés. La distribution d'eau est déjà prête ; l'éclairage est fait à l'électricité comme dans toute la ville d'Hanoï. L'hôpital de Quang-Yen, sur les bords de la baie d'Along, reçoit les malades destinés à être rapatriés ; il est bâti au sommet d'une colline et très confortablement aménagé.

Il existe encore à Haïphong, un hôpital déjà un peu vieux, mais qui n'a plus de raison d'être depuis que celui d'Hanoï est en service ; il suffira de construire à Haïphong une ambulance. Mais rien ne presse d'ailleurs, car le bâtiment actuel est encore très suffisant. Le motif le plus sérieux qu'on puisse invoquer pour son remplacement est qu'il est bâti sur des terrains qui, en raison de leur situation au bord du Cua-Cam conviendraient beaucoup mieux à des établissements commerciaux qu'à un hôpital.

Langson a un très bel hôpital. Phu-lang-Thuong, Vietri, Yenbay, Sontay, Moncay, Sept-Pagodes possèdent des hôpitaux neufs, très confortables, gérés en ambulances militaires. Le service médical, dans certains endroits, existe en double et en triple. A Hanoï, il y a un hôpital, une ambulance militaire et une infirmerie. A Langson, il y a un hôpital, une infirmerie et une ambulance. A Thaï-Nguyen, il y a une ambulance et une infirmerie régimentaires, etc.

Pendant les trois années 1892, 1893 et 1894, en regard des 5 millons environ dépensés en constructions militaires, se place à peine un demi-million consacré aux constructions civiles. Je pensais qu'il fallait d'abord songer à l'hospitalisation et au logement des troupes européennes qui viennent au Tonkin, non pour se faire une situation, mais pour remplir un service exigé par la patrie. A ce titre, elles devaient avoir le pas sur les fonctionnaires civils.

Les constructions civiles sont faites petit à petit, avec les ressources normales du budget. La plupart des besoins sont d'ailleurs déjà satisfaits.

Indépendamment des bâtiments d'Hanoï qui, sauf en ce qui concerne le gouvernement général, sont très confortables, il a été construit de belles résidences en maçonnerie et à étage dans les provinces d'Haïphong, Sontay, Thaï-Binh, Phu-lang-Thuong, Bac-Ninh, Haïduong. Une très belle caserne de gendarmerie a été construite à Hanoï en 1894, etc.

Parmi les travaux exécutés ou en voie d'exécution, en vue de l'amélioration de la vie des Européens au Tonkin, il faut ici faire mention de l'éclairage électrique des deux principales villes, Hanoï et Haïphong, et de leur approvisionnement en eau potable.

Éclairage électrique. Eau. Citadelle d'Hanoï.

Haïphong est éclairé à l'électricité depuis le 1ᵉʳ février 1893; Hanoï depuis les premiers jours de janvier 1895. J'ai eu le plaisir d'assister, le 5 janvier, veille de mon départ, à l'essai définitif des machines; quelques jours plus tard l'éclairage entrait en plein fonctionnement. Toute la dépense est payée par les deux villes, moyennant un concours du protectorat de 10.000 $ par an pendant quatre ans pour Hanoï, et de 6.000 $ pendant quatre ans pour Haïphong. Il sera facile maintenant d'établir dans les deux villes et de l'une à l'autre un service téléphonique.

Le protectorat a pris à sa charge les travaux d'approvisionnement en eau potable des villes d'Hanoï et d'Haïphong. Ils sont déjà en cours d'exécution à Hanoï. La captation et la distribution des eaux sont exécutées par des entrepreneurs qui font toutes les avances de fonds nécessaires et seront remboursés en vingt annuités de 300.000 francs chacune. Dès le début, le protectorat rentrera dans ses frais par les concessions d'eau faites aux services militaires, à la municipalité, aux usines et aux particuliers.

Les 60.000 habitants de la ville d'Hanoï ne sont alimentés que par l'eau du fleuve Rouge qui est bourbeuse et malsaine; on est obligé de la traiter par l'alun pour précipiter les matières terreuses.

Le besoin d'eau potable n'est pas moins urgent à

Haïphong. Les eaux du Cua-Cam étant salées et les puits creusés jusqu'à ce jour ne donnant que de l'eau saumâtre, il faut aller chercher l'eau jusqu'aux Sept-Pagodes, ou boire l'eau des mares qui est malsaine.

On calcule que l'aprovisionnement d'Haïphong en eau potable coûte annuellement plus de 170.000 piastres ou environ 500.000 francs, l'eau coûtant plus d'une piastre le mètre cube. C'est une situation intolérable.

Le protectorat a traité, à la fin de 1893, avec des entrepreneurs du Tonkin pour l'adduction à Haïphong des eaux d'une rivière des montagnes du Dong-Trieu à l'aide d'une canalisation en fonte qui devrait traverser les trois ou quatre bras de rivières interposés entre la source et la ville. Cette dépense serait payée en vingt annuités de 400.000 francs chacune. Mais avant de procéder à ces importants travaux, il fut entendu que les entrepreneurs devraient forer un puits dans la ville, afin de rechercher s'il n'y existe pas, à une profondeur raisonnable, une couche d'eau potable qui pourrait être exploitée au moyen de puits. A une profondeur de 43 mètres, on a trouvé une couche d'eau sur la qualité de laquelle on discute encore. Les services techniques ont été d'avis qu'il y avait lieu de creuser jusqu'à cette profondeur un puits maçonné qui permettrait de se faire une opinion exacte sur l'abondance et la qualité de l'eau. Il est indispensable que ces travaux préliminaires soient poussées rapidement, car la ville d'Haïphong a pris, depuis quelques années, un très grand essor.

Dans le but d'assainir la ville d'Hanoï, de faciliter son développement et de donner de l'air aux casernes des troupes européennes, on procède actuellement à la démolition de la citadelle. Ce terme de « citadelle » ne convient pas, en réalité, aux enceintes de cet ordre ; il a été, aussi bien en France qu'en Indo-Chine, la source d'idées fausses et de préjugés nuisibles. On y trouve, indépendamment d'une pagode, dite pagode royale parce qu'elle est consacrée particulièrement à la mémoire des empereurs, tous les services administratifs de la province, les logements de tous les mandarins provinciaux et de leurs employés, les casernements des linhs et des trams (postes), les logements des femmes de tout ce monde, les boutiques d'un grand nombre de marchands, d'ouvriers, etc., des jardins, des étangs et même des rizières avec leurs buffles. Les murs qui entourent ces villes ont toujours un très grand développement. La citadelle d'Hanoï n'a pas moins de 2 kilomètres et demi de tour. Ces enceintes ne sont par conséquent pas défendables, à moins qu'on ne puisse disposer de garnisons très considérables, ce qui n'est pas notre cas en Indo-Chine. Nous sommes passés, à leur égard, par deux séries très différentes d'opinions. Au premier abord, en arrivant dans le pays, nous avons toujours eu soin de nous y établir ; d'abord parce qu'on s'y loge d'une manière relativement confortable dans les pagodes et les habitations des mandarins, les magasins à riz, etc. ; ensuite parce que nous voyions dans leur occupation un témoignage de notre domination et de notre force. Plus tard nous nous aperçûmes que ces logements sont insalubres, que les murs d'enceinte arrêtent l'air, que les mares donnent la fièvre et nous les abandonnons pour nous établir dans des lieux mieux aérés, plus conformes à nos habitudes. Enfin, nous procédons à la démolition des enceintes. C'est par ces trois phases que sont déjà passées toutes les citadelles de la Cochinchine et une partie de celles du Tonkin.

Il y a plusieurs années déjà que l'on a commencé à démolir les murs de la citadelle de Nam-Dinh; on est en train de démolir ceux de la citadelle de Ninh-Binh; le conseil de défense a décidé, à la fin de 1893, sur la demande du résident supérieur, la démolition des murs de la citadelle de Hong-Hoa et, conformément à une pétition du conseil municipal d'Hanoï, la démolition des murs de la citadelle de cette dernière ville. Comme on y avait déjà bâti les casernes de l'infanterie de marine et de l'artillerie, il a été convenu qu'on entourerait tout l'espace occupé par elles d'un mur destiné à les mettre à l'abri des indiscrétions et des malfaiteurs. Les travaux de démolition des anciens murs et la construction du nouveau mur d'enceinte sont payés moyennant 60.000 piastres réparties en cinq annuités, sans intérêts, et l'abandon d'une partie des terrains devenus libres, terrains dont la valeur est tout à fait incertaine et dont la vente exigera probablement un assez grand nombre d'années.

Enfin, l'entreprise s'est engagée à construire tout de suite les bâtiments militaires réclamés par le commandement et par les services administratifs, et qui représentent 700.000 à 800.000 francs, en faisant les avances de fonds, si le protectorat, comme cela est certain, ne pouvait pas y faire face avec ses ressources normales. Au moment de mon départ, dans les premiers jours de janvier 1895, les travaux marchaient déjà depuis un mois avec une grande activité.

La ville y gagnera des terrains d'une surface importante, sur lesquels elle pourra s'étendre dans la direction du grand lac et du jardin d'essai. Il en résultera pour les troupes une aération meilleure et des bâtiments nouveaux et confortables. On verra disparaître les foyers d'infection constitués par les fossés qui entourent les murs et qui sont remplis d'eau croupissante. La population y trouve du travail, car la démolition seule occupe plusieurs milliers d'ouvriers.

Aménagement d'Haïphong.

La ville d'Haïphong réclamait depuis bien des années des travaux d'aménagement indispensables. Elle avait besoin d'appontements, de ponts sur le canal de ceinture, etc. Pour permettre aux voitures de traverser le canal, on avait dû le barrer par une digue en terre, au niveau de la route de Doson, de sorte qu'il n'était utilisable que par ses deux extrémités. Il était également indispensable de construire un phare à l'entrée du Cua-Cam, sur les îles Norway. Le phare était acheté depuis plusieurs années, mais les fonds manquaient pour construire la tour. On réclamait aussi, non sans raison, des appontements, des quais, etc. L'argent faisant défaut pour doter Haïphong de tous ces aménagements indispensables, je dus aviser à un moyen de trouver des ressources en dehors des recettes normales du budget. Je profitai du rachat des docks pour imposer à la société les travaux dont je viens de parler. Elle fera toutes les avances et le protectorat les remboursera par annuités.

Le monopole des docks ou magasins généraux de Haïphong fut concédé, en 1886, par Paul Bert, à une société qui prenait l'engagement de construire et d'entretenir à ses frais des magasins ou docks à l'usage du commerce. Toutes les opérations de la douane devaient être faites dans ces magasins, tous les navires, qu'ils y accostassent ou non, devaient payer à la société des droits d'accostage ; les marchandises déposées dans lesdits docks payaient, indépendamment des droits de magasinage, des frais de manipulation obligatoires. Ces opérations étant faites par les agents de la société. Celle-ci avait la jouissance de ce monopole pendant vingt ans. Avant même que les magasins fussent construits, le commerce du Tonkin fit entendre des protestations tellement vives que le gouvernement métropolitain, obligé de se préoccuper de la question, décida de racheter le monopole.

En 1886 également, le successeur intérimaire de Paul Bert, M. Paulin Vial, signait avec la Société des Docks un second contrat par lequel la société s'engageait à construire, pour les services administratifs militaires et maritimes, des magasins dits « centraux » dans lesquels seraient déposés tous les vivres et tout le matériel destinés aux troupes et à la marine. La société faisait toutes les dépenses de la construction et de l'entretien des magasins centraux qui, au bout de vingt ans, devenaient la propriété de l'administration. Celle-ci payait à la société une location de 15.000 francs par mois ou 180.000 francs par an ; elle était soumise, comme le commerce, aux droits des docks pour tous ses approvisionnements. La société avait, en outre, le monopole des manipulations de toutes les denrées et matières logées dans les magasins centraux, moyennant un tarif convenu entre elle et l'administration.

Lorsque les magasins centraux leur furent livrés, les services administratifs refusèrent d'y installer leurs approvisionnements qui étaient alors logés dans des magasins dits « chinois » parce qu'ils avaient été achetés à une société chinoise. Ils ne consentirent à déposer dans les magasins centraux que le vin, le tafia, et quelques autres denrées encombrantes. Ils n'en étaient pas moins tenus, en vertu du contrat de 1886, de payer à la société le loyer prévu de 180.000 francs, les droits de docks pour toutes les matières et vivres, y compris ceux logés aux magasins chinois, les frais d'assurances et ceux de manipulation pour les vivres logés aux magasins centraux. Ils payaient donc à la fois pour les magasins chinois et pour les magasins centraux, sans faire pour ainsi dire usage de ces derniers.

Cependant les magasins chinois, déjà vieux quand on les avait achetés, subissaient chaque jour des détériorations qui compromettaient leur solidité et il y avait à craindre que des accidents et des pertes graves ne se produisissent. D'un autre côté, le département avait, à diverses reprises, invité les services administratifs à s'installer dans les magasins centraux qui avaient été construits spécialement à leur usage.

Dès la fin de 1891, satisfaction fut donnée aux instructions du département. Une convention passée entre la société et le chef des services administratifs, puis approuvée par le gouverneur général, porte que tous les approvisionnements militaires seront transférés aux magasins centraux et que les stipulations de la convention de 1886, seront exécutées. D'après les calculs du commissaire, le budget militaire réalisait de ce chef des économies notables ; mais les services administratifs se plaignirent encore de l'élévation des tarifs de manipulation, des entraves mises à la surveillance par l'intervention des agents et ouvriers de la société dans toutes les manipulations, etc.

Pendant ce temps, le commerce continuait à faire entendre des plaintes unanimes et très vives au sujet des frais et des ennuis que le monopole des docks lui occasionnait; la question du rachat fut de nouveau soulevée. Elle fut résolue par le contrat du 8 décembre 1892 entre la société des docks et le Protectorat. Celui-ci rachetait à la fois le monopole des magasins centraux et celui des magasins généraux et la propriété de ces derniers. Les services administratifs militaires continuaient à payer le loyer de 180.000 francs par an qui les faisaient propriétaires des magasins centraux au bout de vingt ans, mais ils devenaient entièrement libres chez eux, faisaient leurs manipulations à leurs frais, cessaient de payer les redevances, etc. Le bénéfice réalisé de ce chef par le budget militaire fut évalué à plus de 160.000 francs par le chef des services administratifs. D'autre part, la propriété des docks et le rachat du monopole dont le commerce se plaignait avec tant d'énergie avaient lieu moyennant le paiement à la société de vingt annuités qui furent évaluées à 187.327 fr. 10.

Ainsi qu'il a été dit plus haut, le contrat de rachat du monopole des docks et des magasins centraux, contenait une clause par laquelle la société s'obligeait à faire tous les travaux d'amélioration du port d'Haïphong et de ses abords jusqu'à concurrence de 1 million de francs, la société étant d'ailleurs disposée à dépasser ce chiffre, s'il était nécessaire. Elle faisait les avances de tous les travaux et serait remboursée par annuités de 200.000 francs.

Aussitôt après le rachat, le Protectorat diminua considérablement, comme il a été dit plus haut, les frais dont le commerce se plaignait si vivement.

Les conséquences financières du rachat des magasins généraux furent, on peut le dire aujourd'hui, inespérées. On avait prévu pour 1893 une recette de 50.000 $; elle atteignit 70.000 $, malgré les diminutions de frais accordées au commerce. En 1894, les recettes avaient été prévues pour 70.000 $, elles ont dépassé 120.000 $. Avec le taux budgétaire de la piastre en 1893 (3 fr. 50), les recettes représentaient 245.000 francs, c'est-à-dire la somme nécessaire au paiement du rachat, 187.000 francs, plus un boni de 58.000 francs au profit du Protectorat. En 1894, d'après le taux budgétaire de la piastre (3 fr.) les 120.000 piastres de recettes représentent 360.000 francs, c'est-à-dire l'annuité de rachat, 187.000 francs, plus un boni de 173.000 francs. La première annuité de remboursement des travaux (200.000 fr.) payée en 1894 était donc entièrement couverte par les bénéfices déjà réalisés par le Protectorat sur l'opération du rachat, le chiffre de ces bénéfices étant de 173.000 + 58.000 = 231.000 francs. Il reste encore après le paiement de l'annuité de

200.000 francs en 1894, un boni de 31.000 francs à reporter pour le paiement de l'annuité de 1895. Comme, sans aucun doute, les recettes des docks iront sans cesse en augmentant, en raison des progrès du pays, on peut dès à présent affirmer que les 2 millions de travaux à exécuter par la société des docks seront entièrement payés par les bénéfices résultant de l'opération du rachat.

Déjà le port d'Haïphong, grâce à ces moyens, vient d'être doté de quais très beaux sur les bords du Song-Tam-Bac, d'appontements sur le Song-Tam-Bac et le Cua-Cam qui étaient devenus absolument nécessaires, d'un pont tournant sur le canal de ceinture, en service depuis trois ou quatre mois ; un deuxième pont tournant ne tardera pas à être posé sur le même canal, ainsi qu'un pont sur le Lach-Tray qui coupe la route de Doson ; le phare des Norway sera achevé dans quelques mois, etc.

Amélioration des voies fluviales.

J'ai assuré par des moyens analogues l'exécution immédiate de tous les travaux d'amélioration des rivières et canaux du Tonkin sans porter une atteinte trop sensible aux ressources budgétaires du Protectorat. En 1893, la Société des correspondances fluviales du Tonkin ayant sollicité le renouvellement de son contrat pour dix ans, je lui imposai, en outre de diverses réductions de tarif, l'obligation de faire tous les travaux de balisage, d'entretien, d'amélioration des cours d'eau du Tonkin et de l'Annam septentrional qui lui seraient demandés par le Protectorat, jusqu'à concurrence de 3 millions de francs, remboursables par annuités de 200.000 francs. Grâce à cette combinaison, on a pu, dès la fin de 1893, organiser un service régulier hebdomadaire de navigation à vapeur jusqu'à Laokay et entreprendre sans retard des travaux réclamés depuis dix ans par le commerce. Actuellement, plusieurs équipes d'ouvriers travaillent sur le haut fleuve Rouge, entre Yenbay et Laokay, à l'enlèvement des roches qui entravent la circulation des bateaux à vapeur. Quand ce travail et le creusement de quelques bancs de galets seront achevés, la navigation du haut fleuve Rouge par les vapeurs de faible tirant d'eau ne présentera plus aucune difficulté, pendant toute l'année. Déjà d'ailleurs, le service a lieu régulièrement, même pendant les basses eaux, grâce aux études faites en 1893 par le lieutenant de vaisseau Escande avec la canonnière *le Moulun*.

Pendant qu'elle travaille à l'amélioration du haut fleuve Rouge, la Société des correspondances fluviales balise tous les cours d'eau du Tonkin et fait à Haïphong des travaux importants. Depuis que nous sommes au Tonkin, le commerce et la marine réclamaient le creusement d'un canal réunissant le Cua-Cam au Lach-Tray pour permettre aux chaloupes de monter à Hanoï ou de descendre à Haïphong sans avoir à se préoccuper des marées. Actuellement elles ne peuvent aller de l'une de ces rivières dans l'autre qu'en passant par le Song-Tam-Bac qui n'est navigable qu'à marée haute. L'utilité du creusement du canal du Lach-Tray n'était contestée par personne, mais l'argent avait toujours fait défaut pour l'entreprendre. Grâce à la convention dont il a été question plus haut, la Société des correspondances fluviales est en train de faire le travail. J'ai eu la satisfaction de donner le premier coup de pioche le 12 novembre 1894. Quand j'ai quitté le Tonkin, le 7 janvier 1895, le canal était, grâce à l'abondance et à l'habileté de la main-d'œuvre annamite, déjà à moitié creusé sur la partie de son parcours située entre le Lach-Tray et le Song-Tam-Bac. Entre celui-ci et le Cua-Cam, le canal traversera un large étang qui sera creusé de manière à former un port pour les barques. Dans un an au plus tard, du train dont marchent les travaux, le canal du Lach-Tray au Cua-Cam pourra être ouvert à la navigation. Il aura 22 mètres au plafond et 40 mètres à la ligne d'eau des mers moyennes. Les plus grandes canonnières pourront y naviguer librement à toute marée. Pendant combien d'années aurait-il fallu attendre son ouverture, si l'on n'avait dû compter que sur les ressources normales du budget ou les subventions de la métropole ?

J'ai passé, avant mon départ de Paris, à la fin de septembre 1894, avec l'assentiment du ministre des Colonies, un contrat avec la Société des Messageries fluviales de Cochinchine pour l'amélioration des rivières de notre colonie et celle du haut Mékong. La Société s'est engagée à faire ces travaux jusqu'à concurrence de 5 millions, remboursables par annuités. Grâce à cette convention, on pourrait commencer tout de suite la mise en état du lit du Mékong entre Sambor et Stung-Treng, car les études récentes de l'enseigne de vaisseau Robaglia ont prouvé qu'il existe dans les rapides de cette région un chenal navigable en tout temps par les chaloupes de faible tirant d'eau. On pourrait aussi étudier et exécuter les travaux qui seront jugés nécessaires pour le passage des rapides de Khône, etc.

Grâce à ces contrats, tous les travaux d'améliorations des fleuves du Tonkin, de l'Annam septentrional, de la Cochinchine, ainsi que ceux du haut Mekong, peuvent, dès aujourd'hui, être poussés aussi activement qu'on le voudra, sans que l'on ait à se préoccuper des charges budgétaires qu'ils imposeront, puisque ces charges sont réparties en un nombre d'annuités assez grand pour que chaque exercice puisse aisément y faire face.

Port d'Haïphong.

Parmi les autres travaux plus urgents, se placent ceux que nécessite le port d'Haïphong. Quel que puisse être l'avenir industriel et commercial du Tonkin, Haïphong en restera toujours le port principal pour les importations et les exportations générales. C'est à lui qu'aboutissent tout naturellement, par les rivières et les canaux, les marchandises de tout le Tonkin et du nord de l'Annam. Il est le port de transit naturel de toutes les marchandises allant de Hong-Kong vers Lao-Kay ou Longtchéou et inversement. C'est à Haïphong que sont déjà les entrepôts et les docks et que les principales maisons de commerce ont leurs comptoirs. Hongay et Port-Wallut pourront se développer plus ou moins, grâce à la présence des mines, mais ils ne rivaliseront jamais avec Haïphong.

Dans les conditions actuelles, le port d'Haïphong est abordable en tous temps et à toutes les marées par les navires ne calant pas plus de 2ᵐ,50 à 3 mètres ; ceux qui calent de 4 à 5 mètres peuvent y pénétrer tous les jours à marée haute ; ceux qui calent entre 5 et 6 mètres ne peuvent entrer qu'à certaines marées. Ces entraves à la navigation sont occasionnées par les barres du Cua-Cam qui se trouvent l'une au delà de la presqu'île de Doson, l'autre en deçà. Ce sont des barres molles, apportées par le Cua-Cam et le Lach-Tray.

On a proposé trois systèmes principaux pour rendre le port d'Haïphong praticable en tout temps : 1° draguer les barres molles du Cua-Cam ; provoquer leur enlèvement par les courants à l'aide de travaux rétrécissant le cours de la rivière en un point déterminé ; 2° abandonner l'entrée par le Cua-Cam et utiliser le Cua-Nam-Trieu qui n'est séparé du premier que par une étroite langue de terre. Il est fermé à son entrée par une barre dure qu'on ne suppose pas devoir se reformer quand elle aurait été enlevée. Même en l'état actuel, il y a plus d'eau sur cette barre que sur celle du Cua-Cam. Si l'on adoptait l'entrée par le Cua-Nam-Trieu, on ferait communiquer les deux bras du fleuve par un canal creusé dans la partie la plus étroite de la langue de terre qui les sépare en aval d'Haïphong ; 3° on laisserait de côté les deux entrées dont je viens de parler ; les navires pénétreraient par la baie d'Along qui serait mise en relation avec Haïphong par un canal creusé dans les environs de Quang-Yen.

En novembre 1894, je nommai une commission présidée par le capitaine de frégate Paupy, commandant de la marine du Tonkin et composée de toutes les personnes les plus compétentes du pays, pour décider entre les projets dont il est question ci-dessus, ou tout autre qui pourrait être proposé. La commission conclut en faveur de l'amélioration de l'entrée du Cua-Cam, comme étant le procédé le plus simple, le moins coûteux et celui, par conséquent, qu'il serait le plus facile d'exécuter sans retard. Aussitôt après cette décision, je pris des mesures pour que les études préparatoires des travaux fussent faites sans délai. Quand je suis parti, elles avaient été déjà commencées par les soins du commandant de la marine. Je souhaite que rien n'entrave la marche de ces travaux et que la ville d'Haïphong soit dotée bientôt du port dont elle a besoin.

Construction des digues, des routes et des lignes télégraphiques.

Il me reste à parler des travaux de digues, de routes et de chemins de fer.

Pour les digues et les routes du Delta, dont une quantité considérable a été faite en 1892, 1893 et 1894, surtout en 1892 et 1893, on a utilisé les corvées indigènes. Les Annamites sont d'admirables terrassiers; avec des moyens primitifs, des paniers aux deux extrémités d'un fléau, ils exécutent, grâce à leur nombre, de très grands travaux en un laps de temps relativement restreint. Le travail est réparti entre tous les villages d'un même huyen et, dans chaque village, par les notables, entre les inscrits. Ceux qui ne veulent pas travailler eux-mêmes se font remplacer en payant, des ouvriers dont ils sont responsables.

Les digues avaient été beaucoup négligées depuis notre arrivée au Tonkin, à cause des troubles à peu près permanents qui agitaient le pays. C'est seulement à partir de 1890 que nous commençâmes à nous en occuper un peu sérieusement ; mais, c'est en 1892 et en 1893 que les travaux les plus importants ont été faits. Pendant ces deux années, il a été construit par les corvées plus de 100 kilomètres de digues neuves et réparé plus du triple de digues anciennes. Parmi ces digues, beaucoup ont jusqu'à 40 mètres de largeur à la base, 10 à 12 mètres au sommet, et 4 à 5 mètres de hauteur. La valeur totale des travaux exécutés fut estimée par les services techniques à 290.000 piastres pour les travaux neufs et 208.000 piastres pour les travaux d'entretien, soit une valeur d'environ 500.000 piastres. Mais, 110.000 piastres seulement furent payées en argent, dont 72.000 piastres pour les travaux neufs et 38.000 piastres pour les travaux d'entretien, le reste étant représenté par des dégrèvements et des corvées gratuites. Le nombre des journées de coolies fut, en chiffres ronds, de 5.500.000 pour les travaux neufs et 4 millions pour les travaux d'entretien, soit 9 millions et demi de journées. Des travaux moins considérables ont été faits en 1894.

La question des digues présente, au Tonkin, une grande importance ; les digues sont destinées à protéger les rizières contre les crues du fleuve Rouge pendant les mois de juillet et août. Il est remarquable qu'elles existent seulement dans la portion centrale du Delta ; près de la mer, les Annamites n'en font pas usage. Cela est dû non-seulement à ce que la région moyenne du Delta offre une dépression notable du sol, mais encore, et surtout, à ce que les bras du fleuve Rouge y sont moins nombreux qu'au voisinage des côtes, le fleuve se divisant en éventail dont les branches se subdivisent à leur tour d'autant plus qu'elles se rapprochent davantage de la mer. Pour faciliter l'écoulement des eaux d'un bras dans l'autre, les Annamites ont relié ces derniers par des canaux transversaux dont les plus importants sont le canal des Rapides, le canal des Bambous, le canal des Riz, le canal de Phuly, etc. Ces travaux sont insuffisants ; leur direction est trop perpendiculaire au cours du fleuve et ils s'envasent très vite. Il serait probablement préférable de creuser, dans le centre du Delta, des canaux longitudinaux, parallèles aux bras du fleuve dont ils multiplieraient le nombre. De cette façon, peut-être, rendrait-on possible la suppresssion des digues, en facilitant l'écoulement des eaux.

Les routes du Delta construites en 1892, 1893, 1894 représentent plus de 500 kilomètres, avec des largeurs de 7 mètres et 11 mètres, et plus de 1.000 kilomètres de voies secondaires de communication. Le plus grand effort, pour ces travaux, fut fait dans l'hiver de 1891 à 1092 ; la majeure partie de la population du Delta y travailla pendant les mois de décembre et janvier. Les services techniques estiment à 828.000 $ la valeur des travaux neufs de cette nature faits en 1892 et 1893 et à 58.000 piastres les travaux d'entretien, soit une valeur totale de 886.000 piastres, représentant plus de 14 millions de journées de travail. Sur les 886.000 piastres représentant la valeur des travaux exécutés, 40.000 piastres seulement furent payées en argent, 272.000 piastres en dégrèvements accordés aux villages ; le reste représente des corvées gratuites. Il faut noter que les dégrèvements portent sur des arriérés d'exercices déjà anciens, qui ne seraient certainement jamais entrés dans les caisses du Protectorat.

La question des ponts fut résolue également de manière à ne pas grever le Protectorat de dépenses trop considérables, tout en faisant faire ces travaux au fur et à mesure des besoins. Un contrat fut passé en 1893 avec un industriel du Tonkin, M. Leroy, pour la construction de tous les ponts en fer dont le Protectorat aurait besoin ; le paiement est fait par annuités ne devant pas dépasser 50.000 francs.

La construction des routes dans les territoires militaires est soumise à des conditions moins favorables ; la rareté des populations ne permet pas d'employer les corvées ; il faut nécessairement avoir recours à la main-d'œuvre payée qui est souvent difficile à trouver. Pour ces motifs, les constructions de routes en territoires militaires sont nécessairement des travaux de longue haleine. En 1892-93-94, il a été dépensé pour ces travaux environ 100.000 $. Aux coolies payés, il a été possible d'ajouter, sur certains points, la main-d'œuvre pénale, dont la valeur n'a pas été estimée, mais qui peut représenter un chiffre à peu près égal à celui des dépenses payées en argent. La valeur totale des travaux de routes exécutés en territoires militaires peut donc être estimée à environ 200.000 $, dont la moitié payée en argent.

L'exemple donné par le Tonkin pour la construction des routes a été suivi dans l'Annam central dès 1892. Depuis cette époque, les autorités annamites, guidées par nos résidents, se sont employées à la construction d'un grand nombre de voies de communication entre les principaux centres.

On s'occupait, en même temps que des routes, d'augmenter le réseau télégraphique et de remplacer les poteaux en bois, dont la durée n'est pas suffisante, par des poteaux en fer. En 1891, il a été construit, au Tonkin et en Annam, 252 kilomètres de lignes télégraphiques en bois et l'on a doublé les fils sur 98 kilomètres. En 1892, il a été construit 186 kilomètres de lignes en fer et 78 kilomètres de lignes en bois ; les fils ont été doublés sur 73 kilomètres. En 1893, on a construit 269 kilomètres de lignes en fer, 96 kilomètres de lignes en bois, et les fils ont été doublés sur 240 kilomètres. A la fin de 1893, le réseau télégraphique comprenait 4.761 kilomètres de lignes, dont 869 kilomètres à doubles fils, ce qui donnait un développement total de fils de 5.630 kilomètres. En 1894, les travaux ont été continués avec activité. Il a été construit plus de 400 kilomètres de lignes, y compris celles du Laos ; sur près de 1.000 kilomètres les lignes sont construites avec des poteaux en fer revenant chacun à 15 francs sans la pose ; 1.000 kilomètres coûtent environ 500.000 francs.

Il est indispensable d'établir tout le réseau télégraphique de l'Indo-Chine avec des poteaux en fer. Non seulement le bois se pourrit très rapidement en raison de l'humidité et de la chaleur, mais encore les poteaux en bois sont fréquemment cassés ou renversés par les animaux, particulièrement dans les régions où il y a des éléphants. De plus, dans certaines contrées, les bois sont rares, coûtent cher et les populations sont peu disposées à les fournir, même à des prix rémunérateurs, à cause des difficultés qu'elles ont à se les procurer et à les conduire sur le lieu de l'emploi. Dans l'Annam central surtout ces difficultés se présentent journellement. Aussi la Cour a-t-elle consenti à ce qu'une partie des fonds mis à la disposition du Protectorat en 1894 pour les travaux publics, fût consacrée à l'achat de poteaux en fer pour cette portion de l'empire. Si la ligne de l'Annam, longue de 1.534 kilomètres entre la frontière du Tonkin et celle de la Cochinchine était construite très solidement, il serait possible de la substituer au câble sous-marin qui relie Haiphong à Saïgon. Ce câble est la propriété d'une compagnie anglaise à laquelle nous sommes liés encore pour dix ans. Lorsque le contrat arrivera à expiration, nous aurons tout avantage à ne pas le renouveler, car il nous coûte 245.000 francs par an. Avec une bonne ligne terrestre, le câble sous-marin n'aurait plus aucune utilité.

Chemin de fer de Langson.

Au départ de Phu-Lang-Thuong, ville située sur la rive gauche du Song-Thuong, à six heures environ de chaloupe en amont d'Haïphong, la ligne ferrée traverse jusqu'à Kep (21 kilomètres) une plaine cultivée qui devient mamelonnée aux approches de cette dernière station. Le poste est lui-même au sommet d'un colline au pied de laquelle se trouve, la gare.

De Kep à Bac-Lé (23 kilomètres) le tracé suit la vallée du Song-Thuong, entre des collines de 10 à 40 mètres de hauteur, arrondies au sommet, couvertes d'herbes, de broussailles et de forêts avec quelques beaux arbres. La région est tout à fait deserte. Sur cette section, les travaux ont été considérables : les déblais extraits atteignent 140.000 mètres cubes dans la terre et plus de 50.000 mètres cubes dans la roche, à la mine. Sept affluents du Song-Thuong sont traversés sur des ponts de 16 à 30 mètres de portée. Le cube de maçonnerie de ces ponts et des autres petits ouvrages d'art moins importants dépasse 5.600 mètres cubes. La station de Bac-Lé se trouve dans une vallée étroite, protégée par des mamelons sur lesquels des casernes et des blockhauss en maçonnerie ont été construits en 1894. Entre Kep et Bac-Lé, la voie est protégée par plusieurs blockhauss construits aussi en 1894.

De Bac-Lé à Than-Moï (20 kilomètres), la ligne circule encore entre de hautes collines boisées et inhabitées, dans la vallée du Sui-Chuc, affluent du Song-Thuong, puis le long de cette rivière elle-même. A mi-route, elle gagne le pied du massif calcaire du Caï-Kinh, qui se dresse à pic au-dessus d'elle, à gauche, jusqu'à Than-Moï ; cette dernière station est dans une belle plaine ; la gare est protégée par un poste en maçonnerie, bâti au sommet d'une petite colline. Le marché du Than-Moï est très important ; il compte, tous les cinq jours, plusieurs milliers d'individus ; on y vient du Caï-Kinh et de la plaine de Lam. Sur cette section, il a été fait des travaux énormes ; les déblais atteignent près de 100.000 mètres cubes de terre et plus de 64.000 mètres cubes de roches. Les maçonneries représentent plus de 9.000 mètres cubes.

De Than-Moï à Lang-Giaï (16 kilomètres), la voie

suit d'abord le pied du Caï-Kinh, non loin du Song-Thuong et de la route mandarine jusqu'à Lang-Nac où elle quitte cette route pour se diriger, en suivant le Song-Thuong, vers le col de Ban-Thi. Celui-ci a été choisi en raison des facilités plus grandes qu'il offre et de sa hauteur (291 mètres), moindre que celle du col de Tien-Ho (370 mètres) par lequel passe la route mandarine. Sur cette section, les travaux de terrassement sont peu importants; la hauteur des remblais et des déblais ne dépasse pas 1^m,50; les tranchées sont faites dans des schistes friables ou du calcaire dur.

De Lang-Giaï à Langson (24 kilomètres), la voie monte d'abord vers le col de Ban-Thi en suivant les contours sinueux du Song-Thuong qu'on traverse plusieurs fois. Les travaux dans cette partie ont été très considérables; le col de Ban-Thi est franchi à 291 mètres de hauteur dans une tranchée de 3 mètres; puis la voie monte encore un peu jusqu'au col de Natha qu'elle traverse à 296 mètres d'altitude et à 90 kil. 200 de Phu-Lang-Thuong. Elle descend alors le long du Natha, petit affluent du Song-Ki-Kong, dans la plaine de Langson qu'elle traverse sur 12 kilomètres.

Depuis Lang-Nac jusqu'à Ban-Thi, on ne rencontre guère que des schistes; cependant un affleurement de calcaire se montre sur la rive droite de la rivière, au kil. 86. Vers Natha, le grès fait son apparition et alterne souvent avec le schiste jusqu'au kil. 97. Aux kil. 97 et 100, on retrouve le terrain calcaire qui émerge en massifs verticaux à travers les schistes et donne à la région de Lang-Son et Ki-Lua son aspect caractéristique.

Le terrain de cette section est généralement très bouleversé. On remarque sur les talus des tranchées de nombreuses failles ainsi que des plissements d'une grande hauteur et de peu de largeur, de sorte que le pendage change souvent d'une tranchée à l'autre.

En général, les schistes et grès rencontrés sont d'une dureté moyenne et ont été extraits au pic; le calcaire, au contraire, est d'une dureté telle qu'il a fallu avoir recours partout à la mine pour l'extraire.

Le versant du Song-Thuong, depuis Lang-nac, est pauvre en matériaux de construction. Du côté de Langson les tranchées et carrières ouvertes dans le calcaire ont fourni d'excellents moellons pour les ouvrages d'art.

Le gravier pour ballast a été tiré des lits du Song-Thuong et du Song-Ki-Kong.

Les travaux de cette section sont considérables. Plusieurs tranchées ont sur l'axe plus de 10 mètres de hauteur. Le cube des déblais dépasse 118.000 mètres cubes dans la terre et 65.000 mètres cubes dans le rocher. Le cube des maçonneries peut être évalué à 6.500 mètres cubes.

Les plus fortes déclivités entre Ban-Thi et le kilomètre 95 sont de $0^m,017$ et $0^m,014$. A partir de ce dernier point, les pentes ne dépassent pas $0^m,01$.

Le pays est assez peuplé sur le parcours de la ligne à partir de Ban-Thi.

Les pentes sont généralement dénudées; les vallons sont cultivés en rizières. A Ban-Thi, on trouve les premières plantations de badiane.

Les travaux du chemin de fer de Lang-Son ont été commencés au mois de mai 1890. On croyait alors qu'il serait possible de suivre la route mandarine, en se bornant à l'améliorer pour y poser la voie Decauville. Le directeur des travaux publics d'alors n'estimait pas à plus de 1.300.000 francs les dépenses à faire pour l'infrastructure. Elles ont été plus que doublées. Dès que l'on se mit à l'œuvre, on vit qu'on aurait à surmonter des difficultés considérables. Le lecteur en a déjà une idée d'après ce qui précède; les chiffres suivants les résument et les mettent en lumière :

Les terrassements s'élèvent à. . . . . . 483.000 m. c.
Les déblais de rochers au pic s'élèvent à. 221.000 —
Les déblais de rochers à la mine s'élèvent à 31.000 —
Total. . . . . 735.000 —

Les ouvrages d'art sont au nombre de 562, ayant absorbé 27.000 mètres cubes de maçonnerie et 720 tonnes de métal.

Les bâtiments définitifs sont au nombre de 44, avec 34 bâtiments provisoires.

La construction du chemin de fer de Langson a eu à vaincre non seulement les difficultés très considérables du terrain, mais encore celles résultant de la température et de l'insalubrité de la région, du manque de sécurité pendant la majeure partie des travaux et de l'absence d'habitants qui obligeait de faire venir les coolies de très loin. Je ne veux insister ni sur la température qui atteint jusqu'à 35 et 38 degrés, ni sur les pluies abondantes de l'été qui, ajoutées à la chaleur, rendent le pays très insalubre, ni sur le crachin de l'hiver qui est encore plus dangereux pour les indigènes. Cependant les chaleurs, les pluies et le froid ont mis beaucoup d'entraves aux travaux par les maladies et la mortalité qu'ils occasionnaient parmi les coolies. Les pluies obligeaient, en outre, à interrompre presque complètement les travaux pendant trois ou quatre mois de l'année, de juin à septembre, de sorte que la période d'activité était limitée d'octobre à avril. Pendant cinq mois, les travaux de maçonnerie étaient tout à fait interrompus par les pluies.

L'insécurité de la région n'a pas moins contribué que le climat et l'insalubrité à retarder la marche des travaux. La région du Kep à Langson, entre les montagnes du Bao-Day et le massif calcaire de Nui-Dong-Naï, plus connu aujourd'hui sous le nom de Caï-Kinh, du nom du chef pirate Caï-Kinh pris en 1889, cette région, dis-je, a été de tout temps le principal repaire des pirates chinois. Venus du Quang-Tong et du Quang-Si, les malfaiteurs trouvaient dans le Caï-Kinh et le Bao-Day des refuges situés admirablement pour les coups de main à tenter, soit sur la route de Langson où les attiraient des passages incessants de convois de vivres et de munitions, d'armes et d'argent, soit dans le Delta d'où ils étaient peu éloignés. En 1890 et 1891, ils s'étaient portés en masse vers le Dong-Trieu où ils étaient encore plus près du Delta. En 1892, chassés du Dong-Trieu, ils revinrent dans le Caï-Kinh et ils firent pendant le cours de l'année de nombreux coups de main sur la route de Langson et la voie du chemin de fer où les travaux se faisaient alors entre Kep et Bac-Lé, dans une région très broussailleuse, coupée de torrents, admirablement propre aux embuscades.

Je me borne à citer parmi les actes de piraterie commis : d'abord en 1892, diverses attaques de convois, ou de villages d'ouvriers, en février, avril, mai et juin, n'occasionnant que de faibles pertes, mais créant de graves inquiétudes sur les chantiers ; l'enlèvement de M. Vézin, le 1ᵉʳ juillet à 2 kilomètres de Suigham par des bandits qui l'emmenèrent dans le Bao-Day ; l'attaque d'un convoi près de Bac-Lé où succombèrent le commandant Bonneau et plusieurs soldats européens et indigènes, mais où, en revanche l'ancien chef du Dong-Trien, Luu-Ky, trouva également la mort ; l'assassinat d'un surveillant des télégraphes en septembre. En 1893, l'incendie du village de Than-Moï, l'attaque d'un baraquement d'ouvriers en mai entre Bac-Lé et Suigham, l'enlèvement de Roty en juillet, celui de Bouyer en septembre et celui de Fritz en octobre. Enfin en 1894, l'enlèvement de MM. Chesnay et Logiou par Déthan.

Ces faits malheureux se produisaient quoique la route et les travaux du chemin de fer fussent surveillés très activement, d'abord par les troupes régulières seules puis, à partir de septembre 1892, par les troupes assistées d'une forte brigade de garde civile. Mais dans cette région inhabitée, couverte de broussailles et de forêts, bordée de montagnes d'où les pirates pouvaient surveiller tous les mouvements des ouvriers et guetter les Européens au passage, il suffisait de la moindre négligence pour donner aux pirates tous les avantages sur nous. L'achèvement des travaux et la circulation régulière des trains pouvaient seuls mettre fin aux actes de brigandage. Il faut dire aussi pour être complet, qu'on avait entrepris les travaux avant qu'une protection suffisamment efficace de la route et de la voie eût été organisée. Cette protection demandait des effectifs importants que l'autorité militaire se refusait à y mettre et des postes et blockhauss que l'état des finances du Protectorat n'avait permis de construire ni en 1891 ni en 1892. Au commencement de 1892, je m'étais entendu avec l'entreprise du chemin de fer pour qu'elle fît au Protectorat l'avance des fonds nécessaires, mais ma maladie interrompit l'exécution de ces projets jusqu'à la fin de 1892. A cette époque, on se mit à l'œuvre, mais les constructions n'ont été achevées qu'à la fin de 1894; elles n'avaient pu marcher que très lentement, à cause des difficultés de transport des matériaux et du recrutement des ouvriers. Aujourd'hui la protection est complète, et les bandes qui avaient leurs repaires dans le Bao-Day et le Caï-Kinh en ont été chassées à la fin de 1893.

D'autre part, les travaux qui, pour des motifs divers, avaient marché très lentement en 1892 et pendant la première partie de 1893, prirent, à partir de septembre 1893, une très grande activité, à la suite de l'adoption d'un nouveau mode de recrutement des coolies. En 1890, 1891, 1892, les coolies employés aux travaux du chemin de fer étaient exclusivement chinois; comme il était fort difficile de les recruter, on prenait tous ceux qui se présentaient. La plupart étaient d'anciens pirates qui, de temps à autre, quittaient le chantier pour aller faire une tournée de piraterie. C'est par ses propres ouvriers que M. Vézin fut enlevé. A partir de la fin de 1892, les ouvriers chinois furent remplacés par des Annamites; mais le recrutement de ces derniers était encore plus difficile que celui des Chinois. L'Annamite n'aime pas à quitter le Delta, surtout pour aller dans les montagnes où il est très souvent malade. A la fin de 1893, le résident supérieur, M. Rodier, s'entendit avec les autorités annamites du Delta pour avoir des coolies qu'on laissait sur les chantiers seulement pendant un mois et qui furent l'objet de soins tout particuliers. A partir de ce moment, il y eut toujours sur les chantiers de 5 à 6.000 ouvriers et les travaux marchèrent avec une extrême rapidité. Au printemps de 1892, les études n'étaient même pas faites entre Bac-Lé et Langson ; l'inauguration de la gare de Bac-Lé (au kil. 44) ne put avoir lieu qu'au mois de mai 1893. Dix-huit mois plus tard, le 24 décembre 1894, grâce à des efforts considérables et à une ténacité que rien ne put vaincre, nous faisions en chemin de fer le voyage de Phu-Lang-Thuong à Langson en cinq heures et demie ; les travaux étaient achevés ; leur seconde moitié avait duré dix-huit mois, tandis que la première beaucoup plus facile, car elle est en plaine, avait traîné de mars 1890 à mai 1893.

Déduction faite des dépenses nécessitées par la protection des chantiers (garde civile et construction des postes) le chemin de fer de Phu-Lang-Thuong à Langson aura coûté environ 15 millions de francs. Avec les avances faites par l'entreprise pour la protection de la voie, les dépenses atteindront environ 18 millions de francs.

Ce chiffre est fort au-dessus de celui qui avait été donné primitivement, mais il faut dire qu'au cours des travaux les projets primitifs ont été radicalement transformés. On avait d'abord eu l'idée de poser simplement une voie Decauville sur la route mandarine, afin de faciliter les communications entre Lang-Son et le Delta et diminuer les frais de transport des vivres, munitions, etc., destinés aux troupes de la haute région. Cette idée avait été inspirée à l'administration des colonies par plusieurs généraux ayant commandé au Tonkin et qui tous se plaignaient avec raison des difficultés que rencontraient le ravitaillement de Lang-Son et sa défense; il fallait alors huit jours pour aller de Phu-Lang-Thuong à Lang-Son et l'on était exposé, d'un bout à l'autre de la route, à de graves incidents, sans parler de la fatigue et de la maladie.

Il était évident qu'un chemin de fer serait fort utile. On crut, à la suite d'études trop sommaires, qu'il suffirait de poser des rails sur la route refaite. C'est dans ces conditions que les travaux furent adjugés. Mais aussitôt qu'on les eut commencés, on s'aperçut qu'il serait impossible de réaliser le plan primitif; on dut étudier la construction d'une voie de grande ligne et y procéder de suite, sous peine de faire de la besogne inutile et de dépenser de l'argent en pure perte. Le sous-secrétaire d'État donna des instructions dans ce sens. Aujourd'hui, tout le monde au Tonkin est d'avis qu'on eut raison d'agir de la sorte et tout le monde pense également qu'il y aura lieu de transformer aussitôt que possible la voie de 60 centimètres en voie de 1 mètre. Un ingénieur qui a dirigé tous les travaux depuis le début avec beaucoup d'habileté écrivait récemment : « Ces sacrifices faits pour avoir un chemin de fer à déclivités moyennes auront-ils un résultat utile ? Peut-on espérer que le trafic deviendra prochainement assez important pour rémunérer le capital engagé ? Sans hésiter, nous répondrons oui. Nous sommes convaincu que le chemin de fer Decauville, s'il avait été construit comme on l'entendait à Paris, aurait été abandonné avant son achèvement, et qu'on aurait adopté le projet exécuté. C'est qu'en vérité les résultats de l'exploitation ont dépassé les prévisions les plus optimistes et que ce chemin de fer, qui avait été entrepris dans un but stratégique et pour ravitailler économiquement la région de Langson, s'est révélé tout de suite comme un chemin de fer appelé à un brillant avenir commercial. »

Les recettes de l'exploitation ont été, en 1891, de 4.909 piastres sur un parcours moyen de 17 kil. 500 exécutés à partir du mois de mai, soit une recette kilométrique de 435 piastres. En 1892, elles sont de 17.041 $ pour une longueur moyenne exploitée de 19 kil. 100, soit une recette kilométrique de 892 $. En 1893, elles atteignent 49.410 $ pour une longueur moyenne de 35 kil. 500, soit une recette kilométrique de 1.391 $ à 3 fr. 50 ou 4.868 francs. En 1894, elles ont dépassé 100.000 $ donnant une moyenne kilométrique d'environ 2.000 $ à 3 francs ou 6.000 francs. En 1895, toute la ligne étant en exploitation, on prévoit que les recettes donneront, après toutes dépenses payées, un boni de 125.000 $ à 2 fr. 60 ou 325.000 francs au minimum.

Ces recettes paraîtront fort naturelles quand on saura qu'en 1893, avec une moyenne de ligne exploitée de 35 kilomètres seulement, la moyenne journalière des voyageurs a été de 639, le total dans l'année de 233.586. Le chemin de fer aboutissait alors à Bac-Lé, c'est-à-dire en un point tout à fait inhabité. N'est-il pas permis de supposer que maintenant, avec Langson et la Chine à l'une des extrémités de la ligne et le Delta du Tonkin de l'autre, le nombre des

CONSTRUCTIONS, TRAVAUX D'UTILITÉ PUBLIQUE

voyageurs et la quantité des marchandises usant de la voie ferrée augmenteront dans de très fortes proportions?

Les conclusions de M. Borreil citées plus haut ne sauraient donc être contestées. On ne peut que se réjouir des résultats obtenus et se féliciter d'avoir entrepris ce travail.

Sur les 16 millions qu'a coûtés le chemin de fer, il y en a 4 payés par la métropole en 1890; le Protectorat, de son côté, en a payé 3 de 1891 à 1894 inclus. Il y avait donc 7 millions déjà remboursés au 31 décembre 1894. A partir de 1895, le remboursement se fera à raison de 2 millions par an, plus les bénéfices réalisés sur les recettes. Sans compter ces derniers, les 11 millions restant à payer seraient remboursés en quatre ans et demi; avec les plus-values de recettes, le remboursement sera terminé, sans aucun doute, en moins de cinq ans. Le Protectorat pourra dès lors consacrer les 2 millions devenus libres et les plus-values des recettes de l'exploitation au paiement de ses autres chemins de fer et à la transformation de la voie.

Aucune autre colonie ne saurait donner un pareil témoignage de vitalité et de richesse. C'est la métropole qui paie les 25 millions de garantie d'intérêts annuels des chemins de fer de l'Algérie. C'est elle qui a payé les chemins de fer du Sénégal et de la Réunion. Pourquoi le Tonkin est-il la seule colonie française à laquelle on ne veut pas croire?

On a tant parlé des conditions financières dans lesquelles le chemin de fer de Langson a été fait qu'il me paraît indispensable d'en dire ici quelques mots.

La construction du chemin de fer de Phu-Lang-

Thuang à Langson fut mise en adjudication en 1889. On croyait alors, comme je l'ai rappelé plus haut, qu'il suffirait de « rectifier la route mandarine, de remplacer les ponts trop faibles, d'empierrer ou ballaster la voie, en un mot de faire tous les travaux nécessaires pour que la route fût en état de recevoir la voie ferrée ». (Art. 11 du cahier des charges). L'ingénieur du Protectorat estimait ces travaux à moins d'un million et demi de francs. Quand on les eut commencés, on vit qu'il était impossible de se contenter du projet primitif et l'on décida, fort raisonnablement, de construire une voie spéciale, répondant à toutes les nécessités ordinaires des chemins de fer. Il fallut, en conséquence, modifier les conditions financières. Il fut entendu entre les entrepreneurs et l'administration coloniale que les entrepreneurs feraient toutes les avances de fonds; il leur serait délivré, au fur et à mesure de l'exécution des travaux payés par eux, des titres dont le modèle fut arrêté par le ministre des finances, certifiant que le Protectorat leur devait telle somme qui leur fût payée à une date fixée par le titre. Afin de ne pas imposer une charge trop lourde au Protectorat, le remboursement de ces *certificats* était échelonné de façon à représenter 1 million par an, sans compter les intérêts qui étaient fixés à 5 p. 100. Pour se procurer des fonds, les entrepreneurs escomptaient les certificats à leurs risques et périls.

Il fut procédé de cette façon jusqu'à la fin de 1893. En 1891, 1892 et 1893, le protectorat remboursa chaque année pour 1 million de francs de certificats, plus 180,000 à 200.000 francs d'intérêts.

A la fin de 1893, le sous-secrétaire d'État des colonies refusa tout à coup de délivrer aux entrepreneurs les certificats correspondant aux travaux exécutés; et leur déclara qu'il n'admettait pas les conventions signées par ses prédécesseurs. Il donnait avis de cette décision au gouverneur général, lui prescrivait de faire payer directement au Tonkin les travaux déjà faits et ceux qu'il restait à faire, et il déposait sur la tribune de la Chambre une demande de crédit de 8 millions et demi de francs destinés à faire face aux paiements. En attendant que ces crédits fussent votés, le Protectorat était obligé de faire, avec ses ressources normales, l'avance des sommes considérables absorbées par les travaux qui, précisément, venaient de prendre une très grande activité; il y avait alors de cinq à six mille ouvriers sur les chantiers. En juin 1894, les sommes avancées de la sorte par le Protectorat atteignaient plus de 1.200.000 piastres; le trésor était épuisé; il était urgent de lui permettre de rentrer dans ses avances. Le gouvernement eut recours à la banque de l'Indo-Chine et aux établissements financiers avec lesquels elle est en rapport. Ceux-ci mirent à la disposition du Protectorat 6 millions de francs remboursables par lui à raison de 2 millions par an, y compris les intérêts calculés à 5 p. 100, à partir du 1er janvier 1895. Ces sommes permirent au Protectorat de rentrer dans ses avances et de continuer à payer les travaux faits en 1894. Le budget de 1895 contient les crédits nécessaires au remboursement de la première annuité.

Lorsque les 6 millions eurent été absorbés, le gouvernement n'ayant pris aucune mesure pour modifier la situation créée par la suppression des certificats, le Protectorat dut, sous peine de laisser interrompre les travaux, recommencer à faire des avances pour leur paiement. A la fin de février 1895, il se trouve avoir avancé plus de 2 millions de francs; le trésor se trouve de nouveau dans un embarras d'autant plus grand que les premiers mois de l'année sont ceux pendant lesquels les impôts rentrent avec le moins d'activité. La nécessité s'impose donc de nouveau de prendre des mesures pour que le Protectorat puisse rentrer dans les avances qu'il a faites et continuer à payer les derniers travaux.

Le gouvernement n'a que deux moyens à sa disposition. En premier lieu, il peut autoriser encore une fois le Protectorat à avoir recours aux établissements financiers. Ceux-ci s'étaient engagés à l'assister autant qu'il en aurait besoin, dans les conditions exposées plus haut, et sans aucune garantie de l'État; il est probable que, si rien n'est venu enrayer leur bonne volonté, ils sont toujours dans les mêmes dispositions qu'il y a six mois.

En second lieu, le gouvernement peut demander aux Chambres les crédits nécessaires pour remettre dans les caisses du Protectorat les sommes dont il a fait l'avance et celles que nécessitent les derniers paiements.

Le premier de ces deux moyens serait plus conforme au principe principal qui devrait, selon moi, présider à l'organisation de nos colonies, et qui consiste à leur laisser le soin de faire face elles-mêmes aux besoins financiers créés par leurs travaux publics, sans autre intervention de la métropole qu'un contrôle assidu.

Quoi qu'il en soit, si le trésor du Protectorat a été,

depuis la fin de 1893, deux fois dans l'embarras, malgré une situation budgétaire brillante, cela est dû à l'intervention de l'administration centrale. C'est donc à elle qu'incombe le devoir de faire cesser une situation dont elle est seule responsable.

Voies de communication et chemins de fer à construire en Indo-Chine.

Etendue entre la mer de Chine et le Mékong sur une longueur de plus de 2.000 kilomètres, l'Indo-Chine a d'autant plus besoin d'avoir toutes ses parties reliées les unes aux autres par des voies terrestres que ses côtes sont très mauvaises et que ses fleuves sont tous dirigés dans le même sens.

Pendant six mois de l'année, de novembre à juillet, le cabotage des jonques est absolument impossible en raison du mauvais état permanent de la mer. Aussi, malgré le nombre considérable de jonques (17.000) qui cabotent entre les divers ports de l'Annam et entre ses ports, le Tonkin et la Cochinchine, l'Annam n'a avec les autres parties de l'Indo-Chine et ses diverses provinces n'ont entre elles que de très insuffisantes relations. Pendant l'hiver, les navires à vapeur eux-mêmes ne fréquentent pas volontiers les côtes d'Annam. Il est impossible alors de se rendre à Hué autrement que par Tourane et le col des Nuages, la barre de Thuan-An étant si constamment mauvaise que les paquebots ne tentent même pas de s'arrêter devant la rivière de Hué ainsi qu'ils le font pendant l'été. Même au cours de cette dernière saison, les communications maritimes entre la Cochinchine, l'Annam et le Tonkin sont rendues pénibles par la longueur du trajet. Les annexes de la compagnie des Messageries maritimes ne mettent pas moins de cinq jours pour aller de Saïgon à Haïphong ou inversement, avec trois escales. Les navires de la Compagnie nationale qui font le trajet directement et sans arrêt mettent plus de trois jours pour aller du cap Saint-Jacques à Haïphong. Ils sont obligés de calculer très exactement les dates de leur arrivée au Tonkin, sous peine d'attendre plusieurs jours, devant la barre du Cua-Cam, le moment de monter jusqu'à Haïphong.

D'autre part, tous les fleuves et rivières de l'Indo-Chine, sauf le Mékong, ont une direction à peu près transversale par rapport au grand diamètre de notre établissement indo-chinois; ils ne peuvent par conséquent pas servir à mettre en rapport les diverses parties de ce long ruban que l'on a, non sans raison, comparé à un tænia. Les anneaux de ce tænia sont superposés du nord au sud, séparés les uns des autres par des chaînes montagneuses transversales partant de la chaîne annamitique pour aboutir à la mer. Chaque anneau a ses fleuves et ses rivières propres, formant une circulation utile quoique incomplète, mais aucun n'a de relations avec les anneaux voisins. Tous sont à peu près isolés les uns des autres; les deux plus grands, aux deux extrémités, représentés, du côté de la mer, l'un par le delta du fleuve Rouge et l'autre par le delta du Mékong, les autres formés par les petits deltas du Song-Ma, du Song-Ca, de la rivière de Hué, de celles de Tourane, de Quinhone, etc. Du côté du Mékong, ils sont représentés, avec des limites moins bien définies, par les bassins du Sé-Bang-Hien, du Sécong, etc., etc.

Cependant aucun pays n'a plus besoin que l'Indo-Chine de relations suivies entre ses parties constituantes et aucun ne saurait tirer plus de profit de ces relations. Chacun des anneaux de ce ruban de 2.000 kilomètres et même chacune des deux moitiés de chaque anneau présente des conditions spéciales de sol et d'irrigation, de population et de productions agricoles, de richesses minérales, etc., à ce point qu'aucune des parties ne saurait se suffire à elle-même, tandis que, mises en relations commodes, elles sont susceptibles de se rendre mutuellement les plus grands services en se fournissant les unes aux autres ce qui leur manque. Le delta du Tonkin, trop peuplé, consomme presque tout le riz qu'il produit. Il en est à peu près de même dans tous les petits deltas de l'Annam, tandis que le delta de la Cochinchine et du Cambodge ne possède pas le tiers de la population qu'il pourrait nourrir tout en augmentant dans de larges proportions son exportation de riz. Le Tonkin est susceptible, grâce à la douceur relative de son climat, de faire vivre presque toutes les plantes industrielles et les fruits des régions tempérées, tandis que le climat torride de la Cochinchine et du Cambodge ne convient qu'aux productions des pays les plus chauds. Les populations trop peu denses du Cambodge et celles très raréfiées des montagnes du Tonkin et du Laos annamite sont indolentes, rebelles au travail, tandis que celles de la Cochinchine, du versant oriental de l'Annam et du delta du Tonkin sont aussi laborieuses que prolifiques et toujours disposées, comme en témoigne l'histoire, à s'épancher en dehors des limites de leur empire. Le Tonkin est d'une richesse exceptionnelle en mines de houille, tandis que les mines de fer paraissent être plus riches dans les montagnes du Cambodge que partout ailleurs. Les Européens ne vivent que péniblement en Cochinchine où ils perdent vite l'activité cérébrale et la capacité au travail, tandis que grâce à l'hiver du Tonkin et à son été moins humide, ils peuvent vivre, faire souche et même travailler la terre dans cette partie de notre domaine. Envisagées chacune séparément, les différentes parties de l'Indo-Chine présentent encore des conditions très variables. Au Tonkin, par exemple, il n'y a rien de commun entre le Delta et les territoires montagneux qui l'environnent : le premier pourvu d'une population annamite trop dense, les seconds n'ayant qu'une population trop peu nombreuse pour les mettre en valeur; le premier productif surtout en riz, les seconds propres à toutes les cultures industrielles, etc. Dans l'Annam, du nord au sud, il y a une différence non moins grande entre la moitié de chaque province qui regarde la mer et celle qui est tournée vers le Mékong, etc.

N'est-il pas évident que, pour tirer parti d'un empire ainsi constitué, la première obligation qui s'impose est d'en relier toutes les portions par des voies de communication aussi nombreuses et aussi commodes que possible?

Les Annamites eux-mêmes ont, depuis longtemps, compris la nécessité de relier les unes aux autres, par des communications terrestres, toutes les parties de leur immense territoire. Je n'en veux d'autre témoignage que la route, dite « mandarine »; construite au commencement de ce siècle par Gia Long et Minh Mang, entre Hanoï et Saïgon, en passant par Thanh-Hoa, Vinh, Hué, Quang-Nam, Binh-Dinh, etc. et suivant, d'un bout à l'autre, toute la côte de la mer de Chine, sur une longueur de plus de 1.600 kilomètres. Au delà de Hanoï, cette chaussée se prolonge jusqu'à Langson et jusqu'à Caobang. On en trouve encore des traces entre Thaï-Nguyen et Caobang.

La route mandarine dont je parle n'était que très insuffisante Elle franchissait les chaînes transversales par de simples rampes de dalles ou de pierres que les chevaux peuvent à peine suivre et qu'un véhicule quelconque serait incapable de grimper. Au niveau des fleuves et rivières de quelque importance, les ponts faisaient défaut, et la traversée s'opérait avec des bacs de petite dimension. Sur beaucoup de points de la côte d'Annam, la route se confondait avec les dunes du bord de la mer ou se perdait dans les sables de la plage. La route de Gia-Long et de Minh-Mang n'était, en réalité, praticable que pour les piétons et les cavaliers et ne jouait que très imparfaitement le rôle que nous attribuons aux routes. Aussi les diverses parties de l'Annam étaient-elles, et sont-elles encore, à peu près entièrement isolées les unes des autres. D'ailleurs, à cette artère principale n'aboutissaient que des sentiers serpentant à travers les plaines, incapables de donner passage aux plus rudimentaires chariots. D'où l'absence complète de voitures et de charrettes dans tout l'Empire, les transports se faisant exclusivement à dos d'homme, partout où les barques ne peuvent pas être employées.

Je crois pouvoir dire, sans crainte d'être accusé de malveillance ou d'exagération, qu'avant mon arrivée en Indo-Chine, les autorités françaises ne s'étaient guère occupées de la question que je traite en ce moment. En Cochinchine, où nous sommes depuis plus de trente ans, il n'y avait pas une seule route dépassant les limites du Delta, soit dans la direction de l'Annam, soit dans celle du Cambodge ; il semblait qu'on eût pris à tâche d'isoler ce coin de terre. Dans l'intérieur même du Delta, il n'existait, et il n'existe encore de routes qu'autour des centres administratifs, mais ces centres ne sont nullement reliés entre eux ; ils sont restés isolés systématiquement les uns des autres, comme la colonie elle-même restait isolée des pays contigus. Au Tonkin, on avait presque adopté comme un principe que les routes étaient inutiles et dangereuses ; les premières que je fis faire soulevèrent les objections d'une foule de gens qui m'accusaient de travailler au profit de la piraterie et de préparer l'invasion du Tonkin par les troupes chinoises.

Aujourd'hui les idées sont modifiées. On connaît mieux les conditions économiques des diverses parties de l'Indo-Chine, on sait que la majorité de ses fleuves n'est composée que de torrents difficilement navigables, on ne craint plus que des chemins de fer traversant le Delta et l'Annam fassent concurrence à la batellerie, car on connaît l'impuissance de cette dernière à établir des communications suffisantes entre le Tonkin, l'Annam, la Cochinchine, et le Cambdoge. Le moment était donc favorable pour établir le programme des voies terrestres à construire, routes ou chemins de fer, lorsque j'ai tracé ce programme, il y a un an, auprès du gouvernement métropolitain.

La première ligne ferrée à construire dans l'Indo-Chine est, à mon avis, celle qui en reliera toutes les parties du nord au sud, depuis la frontière de Chine jusqu'à Saïgon, en passant par Langson, Hanoï, Nam-Dinh, Ninh-Binh, Thanh-hoa, Vinh, Hué, Tourane, puis en traversant la chaîne annamitique et en pénétrant dans la vallée d'Attopeu pour atteindre de là Saïgon, par le tracé le plus commode, à travers les régions les plus fertiles, sans faire concurrence à la navigation du Mékong. Cette ligne peut être commencée simultanément du côté de Saïgon et du côté d'Hanoï. Si son utilité n'avait pas été contestée, même dans des documents officiels, il me paraîtrait inutile de la mettre en relief. Ce que j'ai dit plus haut des conditions du cabotage à voile ou à vapeur sur les côtes de notre domaine indo-chinois répond suffisamment à l'objection d'après laquelle ce railway ferait concurrence au cabotage. Quant à l'avantage qui résulterait de la mise en relations par lui de toutes les parties de notre empire, il ressort clairement de son seul tracé. Mais, en dehors de ce premier et très grand avantage, cette ligne en offre d'autres, non moins dignes d'intérêt.

C'est, en premier lieu, par elle seulement que nous pourrons espérer voir les populations trop denses du grand delta du Tonkin et de tous les petits deltas de l'Annam se répandre dans la Cochinchine et le Cambodge qui sont insuffisamment peuplés et dans le Laos qui l'est à peine. Les émigrations des peuples ne se font guère par mer; il est à peine besoin de dire qu'elles se font d'autant plus vite par terre que les voies de communication sont plus sûres et plus rapides. Aussi, dans tous les pays du monde, les voies ferrées sont-elles les éléments les plus favorables à la dispersion des populations. Le tracé que j'ai indiqué plus haut à partir de Tourane et de Hué, à travers les montagnes de l'Annam et la vallée d'Attopeu ou, peut-être, le plateau des Bolovens, pour rejoindre Saïgon, offre à ce point de vue l'immense avantage de traverser les parties les plus riches du Laos, celles qui semblent le plus susceptibles d'avenir en raison de la nature du sol et de la présence des mines. Je ne parle pas seulement de l'or de la vallée d'Attopeu, mais surtout des mines de houille, de fer et probablement d'autres minéraux encore qui paraissent exister dans les plateaux de la haute Cochinchine et du Laos annamite inférieur. Mais ces régions ne sont que très insuffisamment peuplées; elles n'auront leur valeur que le jour où les laborieuses populations annamites consentiront à s'y répandre. Actuellement, cela est impossible. Le jour où elles seront traversées par une voie ferrée, la chose se fera d'elle-même, très rapidement.

Ce tracé offre sur celui qui suivrait le bord de la mer, dans le sud de l'Annam. l'avantage de relier économiquement l'Annam méridional à la Cochinchine, de même que l'Annam septentrional serait relié au Tonkin.

Le tronçon le plus septentrional de la ligne dont je parle, celui qui rattachera Hanoï à la portion navigable de la rivière de Long-Tchéou sur la frontière de Chine, n'aura pas une moindre importance politique. Il nous met au cœur de la région la plus importante des provinces chinoises qui touchent au

Tonkin. Sans parler de l'avantage militaire, les résultats commerciaux seraient considérables, tant au point de vue des relations intérieures de l'Indo-Chine qu'à celui de ses rapports avec le Quang-Si et le Quang-Tong. Enfin, point important, la majeure partie de cette ligne serait assurée, dès le premier jour, de recettes importantes.

De la voie principale s'étendant ainsi de la frontière de Chine à Saïgon et représentant en quelque sorte l'épine dorsale de l'Indo-Chine, toutes les autres routes ou voies ferrées partent naturellement pour s'enfoncer en toutes directions jusqu'aux limites du pays, les unes pénétrant du côté de la Chine, les autres vers le Mékong, à travers le Laos.

La plus importante de ces voies, celle qui exige le plus impérieusement et dans le délai le plus court la construction d'un chemin de fer, est celle qui partant d'Hanoï, traversant le fleuve Rouge au niveau de Sontay, puis la rivière Claire au-dessus de Viétri, près de Tuyen-Quan, gagnera la rive gauche du fleuve Rouge au-dessus de Yen-Bay et se prolongera jusqu'à Laokay. C'est par cette voie que se fera le transit du Yunnan beaucoup plus facilement que par le fleuve Rouge qui, quoi qu'on fasse, sera toujours d'une navigation peu commode. Le tracé que j'indique est celui qui a paru le plus fructueux en recettes à tous les hommes compétents qui ont étudié la question. C'est, au point de vue politique, celui auquel je donnerais également la préférence, car il enveloppe le Delta dans toute sa partie supérieure et il longe la rive du fleuve Rouge qui exige le plus de surveillance.

Cette ligne aurait l'avantage de pouvoir servir de

point de départ à deux autres voies de communication fort importantes et déjà commencées, en tant que routes, en attendant les railways. Je veux parler de la route Hanoï, Thaï-Nguyen, Nganson et Caobang, d'une part, et de la route Sontay, Hong-hoa, Cho-Bo, Van-Bu, Laï-Chau, Luang-Prabang, d'autre part.

La première de ses deux voies est d'une extrême importance au point de vue de la répression de la piraterie chinoise ; en outre, elle traverserait les territoires des chefs soumissionnaires Luong-tam-Ky et Baky en les mettant dans l'impossibilité de faire un seul mouvement sans s'exposer à être écrasés. Enfin, cette ligne traverse une région extrêmement riche en bois de construction et d'ébénisterie et en mines de diverses sortes.

La seconde voie, celle qui se dirigerait vers Luang-Prabang en partant de Sontay et en passant par Hong-Hoa, Cho-Bo, Van-Bu, le long de la rivière Noire, est d'une importance moindre. Peut-être pourrait-on lui en substituer une autre qui, partant de Laokay, irait rejoindre Luang-Prabang en passant par Laï-Chau et Dien-Bien-Phu. L'une et l'autre d'ailleurs exigeront des dépenses très considérables et il ne me paraît pas possible d'y songer en ce moment ; la simple construction de routes le long de ces trajets sera extrêmement coûteuse et n'a pour le moment qu'une importance secondaire si, comme j'en ai le ferme espoir, il nous est possible de remonter jusqu'à Luang-Prabang avec les bateaux à vapeur du Mékong.

J'en dirai autant d'une route qui, partant de Vinh, traverserait le Tran-Ninh et, passant par Muong-Hett, irait rejoindre Luang-Prabang pour le rattacher au nord de l'Annam. Les études déjà faites sur ce trajet tendent à faire penser qu'il sera très difficile d'y établir une route quelconque.

Il en est autrement du tracé Camlo, Ai-Lao, Muong-Pinh, Song-Khône. Une route est déjà commencée à travers cette partie du Laos annamite avec les crédits mis à la disposition du gouvernement général par la cour d'Annam. Si, plus tard, une voie ferrée était substituée à cette route, elle nous mettrait en communication rapide avec le cœur même du Laos.

La ligne principale de l'Indo-Chine pourrait encore, au-dessous de Tourane, être reliée par des voies secondaires, d'une part aux provinces de l'Annam méridional par une voie longeant le pied de la chaîne annamitique, d'autre part au Mékong par la vallée d'Attopeu.

La rive gauche du Mékong devra elle-même être parcourue d'un bout à l'autre par une voie longeant le fleuve et rattachant les uns aux autres tous les segments transversaux que séparent les affluents de gauche du grand fleuve.

Avec les voies secondaires et tertiaires qu'il comporte, soit au Tonkin, soit dans l'Annam central et le Laos, soit dans la Cochinchine et le Cambodge, ce programme est celui que la nature du pays nous impose de remplir, mais c'est un programme d'avenir dont la réalisation ne pourra être obtenue qu'en y employant beaucoup d'années et en faisant de très grandes dépenses.

Il importe seulement d'en commencer tout de suite l'exécution, de manière à ne pas laisser le pays retomber dans la misère et l'abandon qu'il a connus pendant tant d'années.

Notre premier soin doit donc être d'entamer, sans délai, la construction des deux prolongements du chemin de fer de Phu-Lang-Thuong à Langson. Celui de Hanoï à Phu-Lang-Thuong pourra être fait dans un laps de temps très court.

Les 45 kilomètres à construire sont en terrain plat, dans un pays extrêmement peuplé où les terrassements pourront être entrepris sur tous les points à la fois, car on dispose d'autant de milliers de bras qu'on en aura besoin.

Le deuxième prolongement, celui de Langson à la frontière de Chine (31 kilomètres), exigera plus de travail, car il traverse un pays montagneux, réclamant de nombreux ouvrages d'art et d'importants travaux de terrassement. Les études ont été faites avec grand soin. On partira de Langson, point où le matériel, les travailleurs, etc., pourront être amenés sans peine par le chemin de fer. On n'aura donc pas à lutter contre les difficultés matérielles et l'absence d'études préalables qui ont occasionné tant de retards et de faux frais dans la construction du railway de Phu-Lang-Thuong à Langson. Enfin, le pays traversé est beaucoup plus sain, les postes et les blockhauss destinés à protéger les travailleurs sont déjà construits, les entrepreneurs et les services techniques ont une expérience qu'ils n'avaient pas quand on a entrepris le chemin de fer de Langson. La construction du tronçon de Langson à Nacham pourra donc être menée avec rapidité.

Pendant qu'on y travaillerait, il serait facile de procéder à la transformation en voie de 1 mètre du Decauville de Phu-Lang-Thuong à Langson. Grâce à la voie actuelle, le matériel pourra être approvisionné d'avance sur autant de points qu'on le jugera nécessaire et la pose de la voie pourra marcher très rapidement, se faisant pour ainsi dire partout à la fois.

Lorsque ces travaux seront achevés, Hanoï se trouvera relié directement et sans interruption avec le point de la frontière de Chine le plus important pour nous stratégiquement et commercialement.

Pendant mon dernier séjour en France, je m'étais mis d'accord, avec l'assentiment du ministre des colonies, pour l'exécution de tous ces travaux, avec une très importante et honorable société industrielle française. En vue des paiements des travaux déjà faits et de ceux à faire, il a été inscrit au budget du protectorat un crédit de 2 millions de francs. A cette somme viendront s'ajouter les bénéfices réalisés sur l'exploitation du tronçon Phu-Lang-Thuong à Langson, bénéfices qui, dès 1895, s'élèveront à plus de 325.000 francs.

Si l'on entreprenait tout de suite la construction du tronçon de Hanoï à Phu-Lang-Thuong, on en retirerait, dès le premier jour de l'exploitation, des bénéfices importants qui viendraient s'ajouter aux sommes réservées pour le paiement de ces grands travaux.

Le tronçon d'Hanoï à Phu-Lang-Thuong (45 kilomètres) et celui de Langson à Nacham (31 kilomètres) ne devront pas coûter, avec les œuvres d'art, plus de 20 millions de francs au maximum. La transformation de la voie Decauville du tronçon de Phu-Lang-Thuong à Langson en voie de 1 mètre est évaluée à 4.500.000 francs. Ces trois ordres de travaux, destinés à établir une communication par voie ferrée non interrompue entre Hanoï et la frontière de Chine, représentent donc une dépense totale de 24 à 25 millions de francs, remboursée à raison de 2 à 3 millions par an. En y ajoutant les 11 millions qui restent à payer pour les travaux du tronçon Phu-Lang-Thuong à Langson, on voit qu'en quinze ans au maximum, le Protectorat aurait entièrement remboursé toute la ligne de Hanoï à la frontière de Chine.

Dans tous les calculs qui précèdent, on n'a compté, pour le remboursement du chemin de fer Hanoï-Nacham, que sur les crédits qui lui seront affectés dès 1895 et sur les revenus produits par la ligne elle-même.

Il n'est pas permis de douter que les recettes locales du Protectorat iront sans cesse en augmentant à mesure que l'agriculture, l'industrie et le commerce progresseront. En me basant sur ce progrès peu douteux je pense qu'on devrait entamer tout de suite la construction d'une voie ferrée entre Hanoï et Hué.

Le premier tronçon de cette ligne, de Hanoï à Vinh (350 kilomètres), a déjà été étudié à l'état d'avant-projet. Les travaux de terrassement sont même en partie faits jusqu'à Ninh-Binh; il suffira d'exhausser la chaussée. Ce travail et celui du terrassement jusqu'à Vinh pourront être conduits avec une grande rapidité en raison de la densité des populations. Le tracé jusqu'à Vinh est d'ailleurs constamment en plaine, si l'on adopte le tracé par Phat-Diem, au lieu de la route mandarine actuelle, entre Ninh-Binh et Thanh-Hoa. D'après les premières études faites par le service des travaux publics du Tonkin, la dépense pour la section Hanoï-Vinh ne devrait pas dépasser, ouvrages d'art compris, une vingtaine de millions de francs.

Le deuxième tronçon de la ligne, celui de Vinh à Hué, coûtera, sans aucun doute, beaucoup plus cher, à cause des difficultés plus grandes du terrain sur certains points. Ces derniers sont cependant peu nombreux. Sur la majeure partie de son étendue, le tracé pourra suivre le pied des montagnes en terrain à peu près plat et sans avoir à traverser aucun grand fleuve.

J'avais trouvé, avec l'assentiment du ministre, pendant mon dernier séjour en France, les entrepreneurs et les capitaux nécessaires pour l'exécution de la ligne Hanoï-Hué, le Protectorat en restant propriétaire, comme de celle de Hanoï à Nacham, les entrepreneurs faisant eux-mêmes les avances des capitaux pour la construction et le matériel, et le prix forfaitaire par kilomètre devant être déterminé, à la suite des études, par un accord de l'administration et des entrepreneurs, avec recours, si besoin en était, à un jury d'experts nommés par l'administration elle-même.

Ne pouvant compter, pour rembourser les avances à faire par les entrepreneurs, que sur les augmentations des recettes locales certaines mais impossibles à déterminer à l'avance, j'ai eu soin d'introduire dans le contrat une clause en vertu de laquelle l'administration aura le droit de limiter, chaque année, la somme à dépenser en travaux, au triple du crédit inscrit au budget en vue du remboursement. Si, par exemple, le Protectorat ne pouvait inscrire à son budget qu'un million de francs, les entrepreneurs ne devraient pas dépenser dans l'année plus de 3 millions. La marche du travail est ainsi réglée sur les revenus du Protectorat.

Il n'y aurait lieu d'entreprendre tout de suite que la section Hanoï-Vinh. Elle est assurée d'un trafic considérable et rapportera, dès le premier jour de l'exploitation, des bénéfices qui viendront s'ajouter aux crédits de remboursement. Elle offre, en outre, l'immense avantage de traverser les deux provinces du nord de l'Annam qui nous ont donné de tout temps le plus d'embarras et qui sont les plus riches et les plus peuplées, celles qui se prêtent le mieux à toutes les cultures industrielles et à l'élevage et que nous avons, par conséquent, le plus d'intérêt à relier au centre industriel en train de se créer à Hanoï.

Chemins de fer à construire immédiatement.

En résumé, il est nécessaire, politiquement et économiquement, de commencer sans délai : 1° la construction des tronçons Hanoï à Phu-Lang-Thuong et Langson à Nacham qui nous assurent une situation prépondérante vis-à-vis de la Chine ; 2° la construction du tronçon Hanoï-Vinh qui traverse les deux plus belles provinces de l'Annam. Ces tronçons étant assurés de réaliser des recettes importantes, on n'a pas à craindre, en les entreprenant, de faire des sacrifices improductifs. Le Tonkin ne réclame pour cela aucun secours de la métropole.

Dans ces conditions, le Parlement ne saurait hésiter à donner au Protectorat la seule autorisation que celui-ci ait à demander, celle de procéder à ses travaux à l'aide de ses propres ressources financières.

En Cochinchine, il y aurait lieu d'entreprendre sans délai la construction d'un chemin de fer qui, partant de Saïgon, se dirigerait vers le haut Mékong, suivant le plan général indiqué plus haut. Notre colonie de Cochinchine est restée beaucoup trop isolée. Sous l'influence de diverses préoccupations d'ordre secondaire, elle a de tout temps consacré la presque totalité de ses ressources à des dépenses de personnel excessives. Des économies pourraient être réalisées sur le personnel; mais les réductions de cette nature ne peuvent être opérées que par voie d'extinction; elles seraient inutiles si l'on n'avait pas soin d'attribuer tout de suite les économies qui en résulteront à des travaux d'utilité publique qui une fois commencés ne peuvent plus être arrêtés, comme c'est le cas pour les chemins de fer.

J'ai été assez heureux, l'an dernier, pour amener le conseil colonial à émettre un vœu favorable à la construction d'une voie ferrée de Saïgon vers le Laos, avec engagement de consacrer à ces travaux une somme importante chaque année. Il serait bon de profiter de ces dispositions et d'entreprendre aussitôt que possible la voie ferrée en question. La métropole ferait un acte sage en abandonnant, de son côté, à la Cochinchine, le contingent annuel que celle-ci lui paie, à la condition qu'il serait appliqué au paiement des travaux du chemin de fer dont je viens de parler.

Tels sont les travaux par lesquels doit commencer l'exécution du plan général des voies ferrées indochinoises indiqué plus haut. Pendant qu'on y procéderait, on aurait le temps de faire les études des autres parties du réseau. Les ressources financières s'accroîtraient, la confiance dans l'avenir de notre belle colonie se répandrait dans la métropole et l'Indo-Chine atteindrait, en travaillant, le moment où les capitaux de France, encouragés par les bénéfices de ceux qui lui sont déjà fournis, s'offriront d'eux-mêmes pour lui permettre d'achever son outillage économique.

Je crois devoir insister, en terminant, sur l'intérêt qui s'attache à ce que les capitaux exigés par les chemins de fer de l'Indo-Chine soient demandés directement au public français et non puisés dans une caisse de l'État, comme il paraît qu'on se propose, en ce moment, de le faire.

Tous les faits exposés dans ce chapitre prouvent que l'Indo-Chine française jouit déjà d'un crédit propre considérable. Tous les travaux déjà faits ou en voie d'exécution ont été payés par le Protectorat, soit directement, avec les ressources de son budget, soit avec des capitaux mis à sa disposition sans aucune autre garantie que la sienne.

Le crédit de l'Indo-Chine existe donc ; il est indéniable ; mais il n'existe encore qu'auprès d'un petit nombre de personnes. Le moment me paraît venu d'étendre son horizon en faisant appel au public pour les capitaux dont ses chemins de fer ont besoin. Les plus grands établissements financiers de Paris sont disposés à agir ; le public les suivra. L'Indo-Chine aura conquis tous les suffrages le jour où quelques centaines de mille de capitalistes français y trouveront une rémunération de leurs capitaux que la métropole ne peut plus leur donner.

Les colonies doivent servir la nation qui les crée de trois façons : en faisant vivre un certain nombre de nationaux (c'est la moins utile) ; en consommant les produits nationaux ; en faisant fructifier, par des emprunts employés en travaux d'utilité publique, l'argent des nationaux.

L'Indo-Chine sert déjà la France des deux premières façons ; j'estime qu'il y a lieu de l'utiliser de la troisième façon, c'est-à-dire en lui demandant de rémunérer les capitaux français.

CONCLUSIONS

On dit souvent que les Français ne sont pas colonisateurs. Sans parler du Canada, des Antilles, de la Réunion, de Pondichéry, de l'Amérique du Sud, où tant de familles françaises ont formé des souches vivaces, les faits qui se passent, aujourd'hui même, dans l'Indo-Chine, donnent un démenti formel à cette assertion.

La ville de Saïgon est éminemment française ; elle l'est par le confortable coquet de ses habitations, la beauté de ses larges rues plantées d'arbres superbes, la magnificence — le mot n'est pas excessif — de ses monuments publics et de ses jardins, la gaieté de ses habitants, toujours prêts pour les fêtes, les concerts et les bals, très amateurs du théâtre et des courses ; elle l'est aussi, au plus haut degré, par l'élégance et l'amabilité de sa nombreuse population féminine. Les charmes incontestables de cette ville, dont les Français de là-bas sont justement fiers, séduisent tous les étrangers.

Au Tonkin, les villes d'Hanoï et d'Haïphong tentent déjà de rivaliser avec la capitale de la Cochinchine. Elles aussi veulent être et sont déjà de jolies et agréables villes françaises.

Les marécages qui couvraient, il y a quelques années, l'emplacement d'Haïphong ont été remplacés par de belles voies que bordent un grand nombre de maisons européennes très confortables. En raison du climat, on a pu les bâtir sur des modèles tout à fait semblables à ceux de nos maisons de France. Aussi l'Haïphong de 1895, avec son éclairage électrique, son port que les navires commencent à fréquenter, son spacieux champ de courses, sa plage de Doson couverte de villas, ferait bonne figure dans n'importe quel département côtier de la France.

La ville d'Hanoï doit un aspect très pittoresque aux deux jolis lacs entre lesquels elle s'étend et à ses 50.000 habitants annamites. Le climat du Tonkin étant meilleur que celui de la Cochinchine, les Français de ces villes ont plus de santé, de vigueur, d'activité cérébrale et physique, et mènent une existence plus semblable à celle de la métropole que les habitants de Saïgon. Haïphong et Hanoï sont déjà de jolies villes; dans vingt ans, si leur développement actuel ne s'arrête pas, elles n'auront rien à envier ni à Saïgon ni aux plus belles cités anglaises de l'Extrême-Orient.

La bonne humeur et l'activité joyeuse de nos villes françaises indo-chinoises agit puissamment sur l'esprit des indigènes. Ils acquièrent, à ce spectacle et à notre contact, des sentiments et des goûts qu'on chercherait vainement parmi les populations des plus grandes villes de l'Inde. S'il est vrai que les rivaux de la France en colonisation, Anglais et Hollandais surtout, savent mieux que nous se faire respecter par les indigènes de leurs colonies, les Français ont, malgré des défauts graves, le don de se faire aimer. Cela tient à la facilité avec laquelle nous entrons en contact avec les populations. Un Anglais peut vivre dans l'Inde pendant dix ans, sans sortir du « cantonnement » où ses congénères sont agglomérés et sans mettre les pieds dans la ville indienne contiguë. Les Français, au contraire, se mêlent aux indigènes, les recherchent, les fréquentent, se mettent visiblement en frais pour leur être agréables.

S'il n'avait pas, avec ces qualités, les défauts qui en découlent presque naturellement, c'est-à-dire trop de défiance alternant avec trop de confiance, trop de violence succédant à trop d'abandon et d'amabilité, le Français tiendrait, sans contredit, le premier rang. au point de vue des facultés assimilatrices, parmi tous les peuples colonisateurs. Néanmoins, même avec ses vices de caractère, il n'a, sous ce rapport, que peu de chose à envier à ses rivaux.

Il ne leur est guère inférieur, quoi qu'on en ait dit, au point de vue du goût pour les aventures, des dispositions à s'expatrier et de l'attachement aux pays lointains dans lesquels il s'établit. En Cochinchine, il ne manque pas de fonctionnaires et de colons tellement attachés à cette nouvelle France qu'ils ne veulent plus la quitter. Le chef actuel de la colonie est resté vingt ans en Cochinchine sans avoir même l'idée de venir en France. Certains administrateurs ont demandé à y reprendre du service après avoir obtenu leur retraite et y sont morts en fonctions. Les colons français ayant quinze, vingt et vingt-cinq ans de séjour dans la colonie ne sont pas rares. Le président du conseil colonial y est fixé depuis plus de vingt-cinq ans; et il n'a rien perdu ni du caractère ni de l'activité de notre race. Je dirais volontiers que les plus gais, les plus ardents Français de l'Indo-Chine sont aussi les plus anciens dans le pays. Ayant traversé sans succomber la période où forcément on songe à la patrie lointaine, par habitude et pour les affections qu'on y a laissées, ayant vu se rompre l'un après l'autre les liens qui les attachaient à la France, ils sont devenus Cochinchinois avant tout.

J'ai remarqué, au cours de mes voyages à travers le monde, que le Français est plus susceptible peut-être que tous les autres peuples de subir l'évolution dont je viens de parler. Cela tient probablement à la vivacité de toutes ses impressions et à la faculté qu'il a de s'approprier très vite au milieu dans lequel les hasards de la vie le conduisent. Il n'aime guère à quitter son village, mais si la destinée le pousse au dehors, il s'y fixe assez volontiers. Très nombreux sont les soldats partis avec répugnance pour le Tonkin, qui cherchent, leur service terminé, à y rester, soit en se faisant attacher à l'administration locale, soit en se plaçant dans les industries ou les maisons de commerce, ou bien même en s'établissant à leur compte avec les quelques sous qu'ils peuvent tirer de leur famille. J'en connais qui, établis de la sorte, sont venus, après avoir gagné quelque argent, se marier en France. Leurs femmes les aident maintenant, là-bas, dans leur négoce; ou bien elles ont créé près du mari une petite industrie venant en aide à la famille. Au Tonkin, on n'aura pas de peine à mettre au bas de ce tableau des noms estimés par toute la colonie. Ceci m'amène à noter un trait de mœurs des Français d'où ressort bien la fausseté de l'accusation qui leur est adressée de n'être pas colonisateurs. Les Français mariés amènent presque tous avec eux leurs femmes dans les colonies, quand des raisons majeures ne s'y opposent pas. De là vient le très grand nombre d'Européennes de toutes les classes qui existent déjà en Indo-Chine. J'ai, au contraire, constaté que les Anglais de l'Inde laissent très volontiers leurs femmes et leurs enfants en Europe.

Quant aux Français célibataires, il n'est pas rare de les voir s'unir d'une façon durable et par de véritables mariages morganatiques avec des femmes du pays dont ils élèvent et souvent reconnaissent les enfants. A Saïgon les métis de cette origine sont déjà nombreux; beaucoup portent légalement le nom de leur père.

Enfin, ceux qui contestent la faculté colonisatrice des Français n'ont qu'à faire le relevé des maisons bâties dans nos villes indo-chinoises par des Français que la propriété rive désormais à leur nouvelle patrie; qu'ils fassent le compte des colons français établis en Indo-Chine, en le comparant à celui des colons anglais de l'Inde, de Singapore, de Hong-Kong, ils seront bientôt convaincus de l'erreur qui leur a été inculquée par des écrivains ignorants.

Le Français, en vérité, n'est pas moins colonisateur par nature que l'Anglais ou le Hollandais. Il n'y a pas une seule de nos colonies qui n'en compte un nombre égal, sinon supérieur, à celui qu'elle peut faire vivre. Mais la métropole, il faut bien le dire, n'a jamais su doter ses colonies du régime gouvernemental, administratif et économique dont elles auraient besoin. Elle a la prétention de les tenir toujours en tutelle comme des enfants mineurs, alors qu'elles ont besoin d'une indépendance d'autant plus grande qu'elles sont plus éloignées. Au point de vue politique et administratif, elles les soumet à des législations faites pour la métropole, ne répondant ni aux besoins particuliers des populations indigènes et des colons, ni aux nécessités imposées par le climat, la situation géographique, le voisinage de tels ou tels peuples, le degré de développement de la colonie, etc. De ce régime découlent des entraves à la colonisation dont ceux qui l'imposent ne peuvent même pas se douter. Dois-je citer cette circulaire adressée en 1893, par l'administration métropolitaine à tous les gouverneurs des colonies françaises, leur prescrivant d'acheter en France tout ce dont elles auraient besoin, avec désignation des villes dans lesquelles les achats devaient être faits? les briques à Bordeaux et à Marseille, le porc salé au Havre, la paille et le foin ailleurs, etc. L'Indo-Chine, dont tout le sol est fait de terre à brique et qui produit d'énormes quantités de riz, devait s'approvisionner en France de briques et de riz!

Sans contredit, les Français de la métropole trouveraient leur avantage dans cette façon de procéder, mais n'y a-t-il pas aussi dans nos colonies des Français auxquels il faut songer? N'est-il pas, également, peu équitable d'imposer à nos administrations coloniales des méthodes d'approvisionnement ou de passation des marchés de travaux qui vont à l'encontre de tous les intérêts des colons français? Au Tonkin, depuis dix ans, les adjudications faites conformément aux règles imposées par la métropole ont servi beaucoup plus les intérêts des Chinois que ceux de nos compatriotes ; sur dix adjudications il n'y en a pas moins de sept ou huit qui se terminent en faveur des traficants ou des entrepreneurs chinois. Les colons français en souffrent et se plaignent justement, mais les règlements veulent qu'il en soit ainsi.

Parlerai-je des tarifs douaniers ? Certes, il est indispensable que la métropole trouve dans ses colonies un écoulement pour ses produits ; j'ai prouvé dans le cours de ce livre que j'étais fort partisan de cette manière d'agir ; mais n'est-il pas équitable aussi que nos colonies trouvent dans les tarifs métropolitains un encouragement au progrès de leur agriculture et de leur commerce ? Or, à part quelques denrées spéciales, de consommation peu étendue, comme le poivre, le thé, le café qui jouissent d'une détaxe de moitié du tarif, les matières premières que nos colonies pourraient produire ne sont nullement privilégiées à leur entrée en France : le coton, les huiles oléagineuses, le jute et les autres textiles des pays chauds, etc., provenant de nos colonies, ne jouissent d'aucun avantage par rapport aux produits similaires venant des colonies étrangères.

Enfin, les grands travaux d'utilité publique, en particulier les chemins de fer, sont toujours enrayés par l'obligation imposée à nos colonies de les soumettre à l'approbation des pouvoirs publics métropolitains.

Ceux-ci ont des préoccupations de toutes sortes et sont soumis à des fluctuations parlementaires qui les détournent des affaires coloniales les plus urgentes. Peu importe à la Chambre que tel chemin de fer colonial soit commencé plus tôt ou plus tard ; quant au ministère, il a tout intérêt à retarder les discussions de cet ordre, car elles ne peuvent que lui causer des tracas et peut-être occasionner sa chute, toutes les armes étant bonnes pour une opposition résolue à renverser les cabinets. Pendant ce temps la colonie est arrêtée dans son développement, les colons qui comptaient sur les travaux dépensent dans l'inaction les bénéfices déjà réalisés, ou s'endettent en attendant ceux qu'ils espéraient faire. Les populations ne travaillant pas, ne gagnent rien; les impôts ne tardent pas à s'en ressentir. Ce tableau n'est pas tracé par ma fantaisie; je l'ai eu sous les yeux en 1891, au Tonkin, alors que depuis plus de deux ans on y soupirait après l'emprunt promis par le gouverneur général et le sous-secrétaire d'Etat des colonies, emprunt que la Chambre ne voulut pas consentir. D'un autre côté, les capitalistes français que personne ne sollicite et ne pousse ignorent cette colonie si lointaine, dont il n'est question dans les feuilles publiques que pour en éloigner par dénigrement colons et capitaux. Il n'en serait pas ainsi, à coup sûr, j'en vais donner tout de suite la preuve, si la colonie jouissait d'assez d'indépendance pour gérer elle-même ses affaires, tracer le programme de ses travaux, se procurer les capitaux nécessaires à leur exécution, procéder à celle-ci sans avoir besoin de recourir à des autorités qui ne sauraient connaître ses besoins et ses ressources aussi bien qu'elle-même et qui n'ont aucun intérêt à ce que les questions soient plus ou moins vite réglées.

Sans sortir de l'Indo-Chine, je prétends faire toucher du doigt au lecteur, par un simple détail, le vice du régime auquel la métropole soumet ses colonies. Lorsque j'arrivai à Hanoï, en 1891, le service de santé et celui de l'artillerie se querellaient, depuis cinq ans, à propos du lieu où il conviendrait de bâtir l'hôpital. Le premier voulait que ce fût sur les bords du fleuve, où les conditions hygiéniques seraient excellentes; le second que ce fût dans la citadelle. Les arguments de l'un et de l'autre étaient, chaque année, transmis à Paris, par le gouverneur général qui n'avait pas alors autorité pour trancher la question. A Paris, la querelle, chaque année, recommençait entre les grands chefs des deux services; le sous-secrétaire d'Etat se trouvait fort embarrassé pour conclure, car il ne pouvait connaître la question que par les rapports des parties adverses. Puis, il n'avait pas d'argent; il fallait en demander aux Chambres qui discuteraient à leur tour la question, et sûrement en profiteraient pour jeter des bâtons dans les roues du char gouvernemental. Malgré les meilleures dispositions, les sous-secrétaires d'Etat se transmettaient, depuis cinq ans, le problème sans le résoudre; les malades continuaient à souffrir dans de vieux magasins à riz, délabrés et infectés, laissant passer le soleil à travers leurs toitures et recevant la fièvre des marécages dont ils étaient enveloppés. Le décret du 21 avril 1891 m'avait donné le droit de décider, sans appel, entre les propositions en présence. Un mois après mon arrivée au Tonkin, l'emplacement était choisi conformément à l'avis des médecins qui me paraissaient les plus compétents en la matière; quelques mois plus tard, les travaux commençaient, et, le 22 décembre 1894, nous inaugurions l'hôpital occupé déjà depuis plusieurs mois par les malades. Détail curieux à noter: il était presque achevé que le service de l'artillerie, à Paris, nous querellait encore au sujet de son emplacement. Si l'on avait dû attendre son approbation, la première pierre de cet hôpital ne serait probablement pas encore posée.

Autre exemple : lorsque j'eus signé les contrats relatifs aux docks, aux eaux d'Hanoï et d'Haïphong, à l'amélioration des fleuves et canaux du Tonkin, l'administration centrale contesta, pendant un instant, mon droit de prendre ces mesures.

Fort heureusement, la majeure partie des travaux était en train. Plus tard, le ministre des Colonies reconnaissait la légitimité de mes actes et je signais, à Paris, le contrat relatif à l'amélioration du cours du Mékong dont l'importance était supérieure à celle de tous les autres. Que serait-il advenu si l'administration centrale avait dû approuver tous ces travaux? Ou bien elle aurait donné son assentiment de confiance, ce qui le rendait inutile ; ou bien elle aurait voulu se rendre compte des détails de toutes les affaires ; dans ce cas, il aurait fallu envoyer de Paris des agents de contrôle, des ingénieurs, etc., et la colonie attendrait encore des travaux dont quelques-uns sont achevés.

Je termine par une dernière considération. Ainsi que le lecteur a pu s'en rendre compte par la lecture de ce livre, *tous* les travaux qu'il m'était possible d'engager, en vertu des pouvoirs concédés au gouverneur général de l'Indo-Chine par le décret du 21 avril 1891, sont les uns achevés, les autres en voie d'exécution.

Pour tous, j'ai trouvé sur place les ressources financières qu'ils exigeaient, avec la seule garantie du Protectorat.

Pour tous, les revenus ordinaires du budget local font face aux dépenses sans aucune gêne, car tous nos budgets, à partir de 1891, se sont soldés par des excédents notables de recettes.

Les seuls travaux qu'il ne m'ait pas été possible de mettre en train sont ceux des chemins de fer, la loi de finances de 1890 exigeant pour eux l'approbation du Parlement. Ne pouvant pas les entreprendre, j'ai pensé du moins qu'il était de mon devoir d'en préparer l'exécution. Lorsque je quittai Paris, le 28 septembre 1894, j'avais, d'accord avec le ministre des Colonies, préparé tous les actes relatifs au prolongement du chemin de fer de Langson jusqu'à Hanoï d'une part, jusqu'à la frontière de Chine de l'autre et à la construction du chemin de fer de Hanoï à Hué. Les ressources financières elles-mêmes étaient assurées. Je considérais comme indispensable, dans l'intérêt de la colonie, qu'aucun intervalle ne fût mis entre la terminaison de la ligne de Phu-Langson à Langson et la continuation des deux tronçons qui doivent la compléter. Il importait, en effet, de ne pas laisser sans travail les ouvriers, contremaîtres, ingénieurs, etc., de cette ligne. Or, les travaux de celle-ci sont terminés, l'exploitation est commencée sur tout le trajet et le Parlement n'est même pas saisi des projets relatifs aux nouvelles constructions. Quand ces projets seront-ils discutés ? quand seront-ils votés ? quand pourra-t-on se mettre au travail ? jusqu'à quelle époque durera le chômage dans lequel sont entrés déjà les ouvriers ?

Si le Protectorat avait été maître de ses destinées en matière de chemins de fer comme pour les autres travaux, on serait depuis longtemps à la besogne.

Je conclus que pour avoir des colonies prospères il faut leur accorder une grande indépendance. La métropole doit entourer leurs actes de toutes les garanties nécessaires ; elle peut les doter de conseils aussi forts qu'elle le voudra, où tous les intérêts, y compris les siens, seraient représentés, elle doit les surveiller et les contrôler, mais, cela fait, elle doit les laisser libres d'agir au mieux de leurs intérêts et sous leur responsabilité.

Les capitaux sont prudents, ils n'iront que dans les colonies susceptibles de leur offrir des garanties sérieuses; ils prendront leurs précautions, mais ils iront où la confiance les poussera.

J'ai acquis la preuve qu'ils sont disposés à se diriger vers le Tonkin, sans autre garantie que celle du Protectorat; car ils ont confiance, comme tous les colons de là-bas et moi-même, dans l'avenir de la colonisation française en Indo-Chine. Je souhaite que rien ne les arrête et ne trouble l'avenir de notre France d'Extrême-Orient.

DÉCRET DU 21 AVRIL 1891

RAPPORT

AU PRÉSIDENT DE LA RÉPUBLIQUE

Paris, le 2 avril 1891.

Monsieur le Président,

Les pouvoirs du gouverneur général de l'Indo-Chine ont été successivement définis, d'abord en ce qui concerne le protectorat de l'Annam et du Tonkin, par le décret du 27 janvier 1886, puis, pour l'ensemble de nos possessions d'Extrême-Orient, par les décrets des 17, 20 octobre et 12 novembre 1887.

Il ne semble pas néanmoins que la situation créée par ces actes ait été, jusqu'à présent, suffisamment nette, et le gouvernement a eu plus d'une fois à se préoccuper des difficultés qu'elle laissait subsister. Le Parlement a, d'autre part, manifesté à diverses reprises son désir de voir donner au gouvernement général de l'Indo-Chine plus d'autorité et de liberté d'action.

S'inspirant de ces idées, mon administration a soumis récemment au Conseil supérieur des colonies un projet de loi relatif à l'organisation de l'Indo-Chine française et ce projet a été, de la part d'une des sections de ce Conseil, l'objet d'un examen approfondi.

Mais, sans attendre que le projet ainsi élaboré et qui sera prochainement soumis au Parlement, ait reçu la sanction législative, ce qui entrainera des retards inévitables, il importe de tirer immédiatement parti des études déjà faites et de rassembler, dans un texte unique, les dispositions essentielles qui règlent les pouvoirs du gouverneur général de l'Indo-Chine. Tel est l'objet du décret que j'ai l'honneur de vous soumettre.

L'article premier détermine les règles qui président aux rapports du gouverneur général, soit avec le gouvernement de la métropole, soit avec nos agents diplomatiques et consulaires d'Extrême-Orient.

L'article 2 spécifie qu'aucune nomination ne pourra être faite dans le personnel de l'Indo-Chine si ce n'est par une décision du gouverneur général, ou s'il s'agit de nomination où un décret doit intervenir, sans qu'il ait exercé son droit de présentation.

Les articles 4 et 5 précisent et fortifient les pouvoirs militaires du gouverneur général.

L'article 8, emprunté comme les autres dispositions du présent décret au projet élaboré par les sections de l'Indo-Chine au Conseil supérieur des colonies, crée un directeur du contrôle spécialement chargé, sous l'autorité immédiate du gouverneur général, de vérifier et de centraliser la comptabilité des différents services.

Le rétablissement de cette fonction, qui avait été créée en 1886 par Paul Bert, comblera une lacune qui a été très justement signalée à la Chambre lors de la discussion du budget.

Si vous approuvez les conclusions du présent rapport, j'ai l'honneur de vous prier de revêtir de votre signature le projet de décret ci-joint.

Veuillez agréer, Monsieur le Président, l'hommage de mon profond respect.

Le ministre du Commerce, de l'Industrie et des Colonies,
JULES ROCHE.

DÉCRET

Le Président de la République Française, vu le rapport du ministre du Commerce, de l'Industrie et des Colonies :

DÉCRÈTE :

Article premier. — Le Gouverneur général est le dépositaire des pouvoirs de la République dans l'Indo-Chine française. Il a seul le droit de correspondre avec le gouvernement. Il communique avec les divers départements ministériels, sous le couvert du ministre chargé des colonies.

Il correspond directement avec les ministres de France, consuls généraux, consuls et vice-consuls de France, en Extrême-Orient. Il ne peut engager aucune négociation diplomatique en dehors de l'autorisation du gouvernement.

Art. 2. — Le Gouverneur général organise les services de l'Indo-Chine et règle leurs attributions.

Il nomme à toutes les fonctions civiles, à l'exception des emplois ci-après : lieutenant-gouverneur, résidents supérieurs, directeurs du contrôle, résidents et vice-résidents, administrateurs principaux et administrateurs, magistrats et chefs des principaux services. Les titulaires de ces emplois sont nommés par décret, sur sa présentation. En cas d'urgence, le Gouverneur général peut les suspendre de leurs fonctions. Il doit en rendre compte immédiatement au ministre chargé des colonies.

Art. 3. — Le Gouverneur général peut déléguer, par décision spéciale et sous sa responsabilité, son droit de nomination au lieutenant-gouverneur de la Cochinchine et aux résidents supérieurs de l'Annam, du Tonkin et du Cambodge.

Il peut également déléguer à ces fonctionnaires, dans la même forme, le droit de régler et d'organiser les attributions de leurs services.

Art. 4. — Le Gouverneur général a sous ses ordres directs le lieutenant-gouverneur, les résidents supérieurs, le commandant supérieur des troupes, les commandants de la marine et les chefs des services administratifs.

Il peut déléguer tout ou partie de ses pouvoirs au lieutenant-gouverneur de la Cochinchine et aux résidents supérieurs.

Art. 5. — Le Gouverneur général est responsable de la défense intérieure et extérieure de l'Indo-Chine. Il dispose, à cet effet, des forces de terre et de mer qui y sont stationnées.

Aucune opération militaire, sauf le cas d'urgence où il s'agirait de réprimer une agression, ne peut être entreprise sans son autorisation.

Il ne peut, en aucun cas, exercer le commandement direct des troupes. La conduite des opérations appartient à l'autorité militaire qui doit lui en rendre compte.

Art. 6. — Le Gouverneur général est chargé de l'organisation et de la réglementation du service des milices affectées à la police et à la protection des populations, à l'intérieur de nos possessions de l'Indo-Chine. Il nomme à tous les emplois dans ce corps.

Art. 7. — Des territoires militaires pourront être déterminés par le Gouverneur général, après avis du résident supérieur compétent et de l'autorité militaire.

Dans ces territoires, l'autorité militaire exerce les pouvoirs du résident supérieur. Ces territoires rentreront sous le régime normal, par décision du Gouverneur général.

Art. 8. — Le directeur du contrôle est chargé, sous l'autorité immédiate et exclusive du Gouverneur général, de la surveillance des services financiers, y compris le service du trésorier-payeur, de la vérification et de la centralisation de la comptabilité tenue par les différents services.

Il peut être chargé par le Gouverneur général de procéder à toutes vérifications dans les différents services financiers du Tonkin, de l'Annam, de la Cochinchine et du Cambodge.

Art. 9. — Le Gouverneur général dresse, chaque année, conformément à la législation en vigueur, les budgets de la Cochinchine et des protectorats.

Après approbation de ces budgets par le gouvernement, il prend toutes les mesures nécessaires pour leur exécution. Il soumet à la ratification du gouvernement tous projets de travaux, contrats, concessions et entreprises de toute nature, qui excèdent les ressources des protectorats.

Art. 10. — Sont abrogés les articles 1, 2 et 3 du décret du 20 octobre 1887, ainsi que toutes les dispositions contraires au présent décret.

Art. 11. — Le Président du Conseil, le ministre de la Guerre, le ministre du Commerce, de l'Industrie et des Colonies, le ministre des Affaires étrangères et le ministre de la Marine, sont chargés, chacun en ce qui le concerne, de l'exécution du présent décret.

Fait à Paris, le 21 avril 1891.

CARNOT.

Par le Président de la République.

Le Président du Conseil, ministre de la Guerre,
DE FREYCINET.

Le ministre du Commerce, de l'Industrie et des Colonies,
JULES ROCHE.

Le ministre des Affaires étrangères,
RIBOT.

Le sénateur, ministre de la Marine,
BARBEY.

TABLE DES MATIÈRES

CHAPITRE PREMIER

Situation de l'Indo-Chine au début de 1891. 1

CHAPITRE II

Pacification du Delta et des pays annamites. — Conduite tenue à l'égard des autorités et du peuple annamites. 6

CHAPITRE III

Pacification des régions montagneuses du Tonkin. — Conduite tenue à l'égard des populations sédentaires de ces régions. 56

CHAPITRE IV

Situation financière du protectorat de l'Annam-Tonkin. — Budget militaire et budget local du Protectorat de l'Annam-Tonkin. — Rendement des impôts. — Budget de l'Annam central. — Budget du gouvernement annamite et réforme financière de l'Annam central. — Situation financière de la Cochinchine. — Réforme budgétaire du Cambodge. — Budget du Laos 113
   Budget militaire du Protectorat de l'Annam-Tonkin. 117
   Budget local du Protectorat de l'Annam-Tonkin . . 124
   Budget de l'Annam central et du gouvernement annamite 151
   Réforme financière du Cambodge. 165
   Situation financière de la Cochinchine 171
   Budget du Laos 175

TABLE DES MATIÈRES

CHAPITRE V

Situation du commerce de l'Indo-Chine française. — Moyens de le développer. 177
   1° Situation commerciale de l'Annam-Tonkin. . . . 177
      Importations et exportations du Tonkin seul. . 178
      Transit du Tonkin. 191
      Importations et exportations de l'Annam central. 197
   2° Situation commerciale de la Cochinchine et du Cambodge. 200
   3° Moyens de développer le commerce de l'Indo-Chine. 204

CHAPITRE VI

Situation de l'agriculture indigène et européenne en Indo-Chine et moyens de la développer 211
   Moyens de développer l'agriculture 226

CHAPITRE VII

Situation de l'industrie indigène et européenne en Indo-Chine au commencement de 1895 et moyens de la développer. 237

CHAPITRE VIII

Constructions militaires et civiles. — Travaux d'utilité publique. — Moyens financiers mis en œuvre pour leur exécution. — Travaux à faire pour doter l'Indo-Chine de tout l'outillage nécessaire au progrès de son agriculture, de son industrie, de son commerce et à l'utilisation de ses richesses naturelles 278
   Constructions militaires et civiles. 280
   Aménagement d'Haïphong. 291
   Amélioration des voies fluviales. 296
   Port d'Haïphong. 299
   Construction des digues, des routes et des lignes télégraphiques. 301
   Chemin de fer de Langson. 306
   Voies de communication et chemins de fer à construire en Indo-Chine. 321
   Chemins de fer à construire immédiatement. . . 336

Conclusions 341
Décret du 21 avril 1891. 353

ÉVREUX, IMPRIMERIE DE CHARLES HÉRISSEY

www.ingramcontent.com/pod-product-compliance
Lightning Source LLC
Chambersburg PA
CBHW060056190426
43202CB00030B/1816